바람의 딸, 우리 땅에 서다

해남 땅끝에서 민통선까지 한비야가 만난 우리 땅 우리 사람들

바람의 딸,
우리 땅에 서다

푸른숲

함께 걷는 이들에게 무한한 동지애를 느끼며

"《바람의 딸, 우리 땅에 서다》, 개정판 내야 할 것 같아요."

어느 날 출판사 편집자가 말했다.

"개정판이요?"

"벌써 7년 전 책이라 새로 단장도 해야 하고……."

"그래도 하고 싶은 말을 잘 하고 있는데 개정판은 무슨 ……."

그러나 그날 밤 잠자리에 들려는데 갑자기 이런 생각이 들었다.

'개정판 얘기, 그렇게 무 자르듯 단번에 자르지 말고 책을 다시 읽어보고 결정하는 게 어떨까.'

한밤중에 벌떡 일어나 책을 찾아 다시 읽기 시작, 뿌옇게 동트는 새벽에 마지막 페이지를 덮으며 내 머리를 세게 한 대 쥐어박고 말았다.

"이그, 내가 창피해서 못 살아. 왜 여태 개정판 낼 생각을 못했단 말인가."

곳곳이 아쉬운 것투성이다. 우선 저자 소개가 완전히 옛날 얘기다. 오지여행가라니? 긴급구호 요원이 된 지가 언젠데. 삽화도 그렇다. 당시 최고의 작가가 그린 그림인데 지금 보니 내용에 맞지 않게 분위기가 너무 딱딱해 보였다(그동안 내 취향이 달라진 건가?). 부록 글씨도 너무 작고 본문 글씨도 좀더 시원하게 키우면 좋을 것 같고…….

내용도 마찬가지다. 국토종단은 세계일주의 마무리였기 때문에 당연히 《바람의 딸, 걸어서 지구 세 바퀴 반》을 읽은 독자가 이 책을 이어서 볼 거라고 생각했다. 그래서 앞뒤 설명 없이 본론으로 바로 들어간 얘기들이 많이 눈에 띄었다. 예를 들면 악착같이 숙박비를 깎았던 것도 실은 세계일주를 마친 직후라 우리나라 숙박비가 상대적으로 너무 비싸다는 생각이 들어서였다. 전작을 읽은 독자들이라면 이런 내 마음을 일일이 밝히지 않아도 다 이해하려니 했다. 얼굴이 화끈거리고 그동안 이 책을 읽은 분들에게 몹시 미안한 마음이 들었다. 갑자기 하루 빨리 개정판을 내고 싶어졌다.

처음 책을 낼 때는 국토종단에 대한 기록이 별로 없으니 나라도 기록을 남겨야겠다는 생각이었다. 더불어 국토종단이 젊은이들이나 시간 많은 사람들만이 할 수 있는 것이 아니라, 모든 사람들이 각자의 체력과 사정에 맞게 즐기면서 할 수 있는 것, 한 마디로 만만한 것이라는 걸 알려주고 싶었다.

그런데 예상보다 훨씬 많은 독자들이 이 책을 읽으면서 나와 같은 길을 걷는 사람들이 많아졌고, 이들끼리 땅끝에서 통일전망대까지 즐겁게 걷는 길을 '한비야 루트'라는 애칭으로 부른다는 것을 알게 되었다.

"내가 정말 끝까지 할 줄은 몰랐어요. 내 자신이 대견해요."

"앞으로 내 인생에서 어떤 일을 만나든 국토종단 때처럼 한 발 한 발 나가면 된다는 자신감이 생겼습니다."

이렇게 길 위에서 띄운 독자 메일을 받을 때마다 같은 길을 걸으

며 나와 비슷한 경험을 했을 이들에게 각별하고도 무한한 동지애
가 느껴진다. 앞으로도 이런 메일 많이 받고 싶다.

　개정판을 준비하는 동안 즐거웠다. 덕분에 그때 그 시절의 일기
장과 수첩, 사진, 맨 처음 썼던 원고까지 찬찬히 훑어보았다. 예전
의 나와 마주 앉아 있자니 낯설기도 하고 반갑기도 했다. 땅끝에서
통일전망대까지 그 길도 다시 가보았다. 길목길목 크고 작은 사연
이 있던 곳과 그때 만났던 사람들이 나를 반갑게 맞아주었다. 단
한 번의 국토종단으로 전국이 이렇게 추억의 장소가 될 줄은 꿈에
도 몰랐다. 정말 대단한 보너스다.

　그동안 풍경과 사람들은 물론 내 모습과 생각도 많이 변해 있었
다. 그러나 그 속에는 변하지 않은 것, 변할 수 없는 것도 분명히 있
었다. 그 변하는 것과 변하지 않는 것을 발견하고 묵상하는 시간이
특별히 좋았다. 마치 깜깜한 밤길에 번개가 번쩍하며 주위를 환히
비추듯, 한순간 머릿속이 환해지면서 복잡하게 보이던 일들이 선명
히 정리되는 느낌을 여러 번 받았다(이 생각들은 이 책 맨 끝에 새 글
로 덧붙여 정리했다).

　이 책을 깔끔하게 손질해 다시 세상에 내놓는다. 내 마음에는 쏙
드는 개정판이다. 여러분도 좋아했으면 좋겠다.

　이제부터 나와 함께 걷는 국토종단 길, 길목길목 좋은 추억 많이
만드시길 바란다.

2006년 9월 북한산을 바라보며

한비야

끝에서 끝까지,
신발 끈 바짝 매고 함께 걸어요

세계를 한 바퀴 돌아보고 싶다!

누구라도 한 번쯤 이런 꿈을 가져보았을 것이다. 나도 마찬가지였다. 늘 주위에 있던 세계지도와 지구본 때문이었을까. 나는 어릴 때부터 세계가 아주 친숙한 곳, 그리고 마음만 먹으면 한 바퀴 획 돌아볼 수 있는 넓지 않은 곳이라는 생각을 갖고 있었다.

어느 날 아버지에게 말했다.

"아버지, 나 크면 세계일주 꼭 해볼 거예요."

그 당시는 각국의 비자는커녕 여권을 내는 것 자체가 하늘의 별 따기만큼 어려웠을 뿐만 아니라, 항공권 삯이 천문학적인 숫자였다. 허황될 수도 있는 초등학생의 꿈을 아버지는 이렇게 대답하여 북돋워주셨다.

"그래, 꼭 해보렴. 아버지하고 약속한 거다."

어른이 되고 보니 세계일주는 마음먹는다고 되는 만만한 일이 아니었다. 여행이라는 것은 돈과 시간과 호기심의 삼박자가 맞아야 하는 것인데 학생 때는 돈이 없고, 직장을 다니면 시간이 없고, 두

가지가 다 갖춰질 때까지 기다리다가는 다리 힘이 빠지고 호기심이 떨어져 돌아다닐 수 없는 나이가 될 테니까. 그래서 나는 유학을 끝내고 한국으로 돌아와 회사에 들어갈 때부터 이런 마음을 먹었다. 3년만 열심히 다니면서 내 분야의 경험을 쌓고 그사이 번 돈으로 세계일주를 떠나리라.

전공을 십분 발휘할 수 있는 국제 홍보 회사의 일은 아주 매력적이었다. 마침 회사를 그만두려던 시점에는 부장 승진도 거의 확정되어 있었다. 하지만 나는 흔들릴 수 없었다. 세계일주는 즉흥적인 결정이 아니라 열 살 때부터 꾸준히, 그리고 차근차근 준비해온 것이기 때문이다. 계획대로 회사를 그만두었다. 그리고 한 달 후, 3년간 알뜰히 모은 돈 2천5백만 원을 종자돈 삼아 드디어 세계를 향하여 길을 떠났다. 주체할 수 없는 호기심과 어렸을 적 아버지와의 약속과 꿈을 배낭 가득 넣고서.

여행을 떠나기 전 나는 세 가지 커다란 원칙을 세웠다. 첫째, 비행기를 타지 않는다. 둘째, 한 나라에서 적어도 한 달 이상 머문다. 셋째, 오지 마을 중심으로 다니며 현지인과 똑같이 먹고 자고 생활한다.

이렇게 다니다 보니 시간이 무한정 들었다. 가고 싶은 곳도 점점 늘어났다. 그래서 원래 3년을 계획했던 여행 기간이 두 배가 되어 버렸다. 1993년 7월에 시작하여 1998년 6월까지 만 5년간 북아메리카, 남아메리카, 아프리카, 중동, 중앙아시아, 동남북 아시아 등 65개국 이상을 다니면서 세상에 좋다 하는 곳은 샅샅이 찾아다녔다. 경이로운 자연 경관, 화려했던 문명의 흔적, 눈으로 보고 있으면서도 믿을 수 없는 세계 7대 불가사의의 현장 등등. 별의별 축제

에 끼어서 놀고 별의별 음식들을 먹고 별의별 데서 자고 온갖 교통
수단으로 돌아다녔다. 잘 알려지지 않은 곳만 골라 다니니 문화 충
격과 충돌은 오죽했겠는가. 비명횡사할 뻔한 일만 꼽아도 열 손가
락이 모자란다.

　그러나 그 여행을 돌아볼 때 제일 많이 생각나는 것은 다름 아닌
사람들이다. 같이 다녔던 배낭족이나 여행객은 물론, 오지에서 사
귄 수많은 현지인 친구들은 내 여행을 풍요롭게 만들어주었다. 풍
습도 종교도 생김새도 다르고, 말 한 마디 통하지 않지만 서로에게
진심으로 귀를 기울인다면 얼마든지 마음이 통한다는 것을 배울
수 있었다. 이렇게 다녀 보니 세상은 넓은 것이 아니라 좁고도 좁
은 지구촌, 아니 지구집이었다. 그리고 이제 나의 무대, 우리의 무
대는 전 세계라는 생각이 자연스레 들었다.

　대륙에서 대륙으로 땅이 붙어 있는 한 육로로만 이동한 2,100일
동안의 여행이 거의 끝나갈 무렵 티베트에서 생긴 일이다. 한 여행
자에게 내가 한국 사람이라고 하니까 자기 친척이 한국의 임실이
라는 곳에서 일을 했다며 아주 반가워했다. 하지만 그 순간 나는
임실이 어딘지 몰라서 뭐라 말을 이을 수 없었다. 등잔 밑이 어둡
다더니 오대양 육대주를 누비고 다니면서 정작 제 나라에는 이렇
게 무관심했다. 그리고는 갑자기 이런 생각이 스쳤다.

　'그래, 우리나라 국토종단으로 세계여행을 마무리하자.'

　제 나라 땅을 끝에서 끝까지 걸어본다는 것은 그 자체만으로도
의미 있고 가슴 벅찬 일이다. 국토를 한 줄로 쭉 이어 걸으면 그동
안 내 머릿속에 조각 상태로 들어 있던 우리나라가 하나의 그림으

로 잘 맞춰질 것이다. 전라도부터 강원도까지 우리 강산의 파노라마를 충분히 감상할 수 있을 것이며, 거기서 뿜어져나오는 강한 에너지도 여과 없이 받을 것이다. 서서히 변해가는 사투리와 먹을거리들을 즐길 수 있을 것이며, 국토종단 하는 나를 보는 사람들의 갖가지 반응도 재미있을 거다. 순박하고 정직하게 살고 있는 사람들을 많이 만나면서 푸근한 인정도 느낄 테고, 달고 쓴 갖가지 경험을 하면서 내 생각이 좀더 깊고 넓어지겠지. 또 걸으면서 앞으로 내가 무엇을 하며, 어떻게 살고 싶은가도 곰곰히 생각할 수 있는 좋은 기회가 될 것이다.

그러나 무엇보다도 이번 국토종단은 등잔 밑을 환히 밝히는 여행이 될 게 분명하다. 6년 동안의 세계여행이 낯선 곳에서 만나는 낯선 감상과 풍광들로 기억된다면, 이번 여행은 낯익은 곳에서 만나는 낯익은 사람들과 느낌으로 가득 채워질 거니까. 항상 곁에 있어서 그 소중함을 잊고 사는 가족들처럼 늘 보던 강산, 그 안에 사는 사람들과 그 사는 모습들이 새삼스레 귀하게 느껴질 것이다.

한 걸음 한 걸음 걷고 걸어서 마침내 목적지에 도착했을 때의 기분은 어떨까. 이건 직접 해본 사람만이 알 수 있는 것이다.

전라도 땅끝마을부터 강원도 통일전망대까지 2,000리 길!

자, 신발 끈을 바짝 매고, 마음의 문을 활짝 열고 나와 함께 떠나보지 않겠는가.

1999년 11월
한비야

2장 _ 구름 길, 바람 신발

3장 _ 한 걸음의 힘을 나는 믿는다

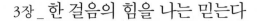

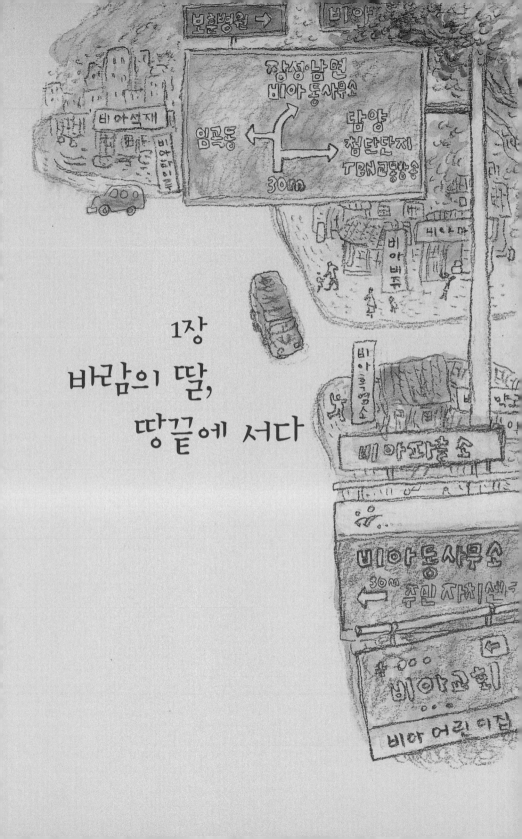

1장
바람의 딸,
땅끝에 서다

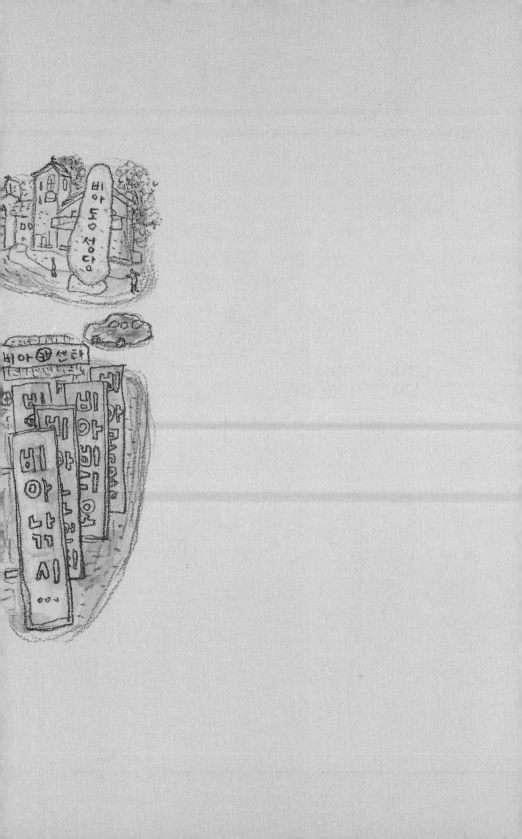

반갑다, 바다야 섬들아!

3월 2일 땅끝에 서다

끝이라니. 나에게는 설렘으로 가득 찬 시작이다. 전라남도 해남군 송지면 갈두리, 우리나라 남쪽 땅 끝인 여기는 6년 걸린 세계여행의 대미를 장식하는 국토종단의 출발점이자 2,000리 도보여행의 첫발을 내딛는 곳이니까.

걸어서 우리나라 끝에서 끝까지 가보자는 계획은 세계일주를 하던 중 티베트에서 세웠다. 같은 방에 묵게 된 미국인 여행자가 내가 한국 사람이라고 하니까 뛸 듯이 반가워하는 것이었다.

"삼촌이 한국에서 평화봉사단으로 일했어요."

그러면서 임실이 내가 사는 데서 먼 곳이냐고 묻는다. 속이 뜨끔했다. 임실이 전라남도인지 경상북도인지, 어디쯤 있는 덴지 한순간 확실치 않아서였다. 미국의 덴버, 버펄로, 뉴올리언스 등의 위치는 눈 감고도 훤히 알면서 정작 내 나라의 꽤 이름난 곳조차 헷갈리다니.

그 덕분에 그날 밤 나는 아주 멋진 생각을 해냈다.

'가봤던 곳이라면 이렇지는 않을 텐데……. 아, 그래, 세계일주의 끝을 우리 국토종단으로 장식하면 되겠네. 마라톤 선수가 전 구간을 다 뛰고 나서 스타디움을 한 바퀴 도는 것처럼.'

당장 지도를 꺼내 펴보았다. 우리나라 육지의 남쪽 끝은 전라남도 해남 땅끝마을, 북쪽 끝은 함경북도 온성이지만 지금으로서는 강원도 고성까지가 되겠구나. 우선은 여기까지 가는 거다. 순전히 걸어서만 가야지. 한 발짝 한 발짝 지문을 찍듯 제 땅을 밟아가는 성취감도 대단할 것이다.

생각할수록 그럴 듯한 계획이었다.

'왜 예전에 이 생각을 하지 못했을까? 이제라도 생각이 났으니 정말 다행이다.'

혼자서 무릎을 쳤다. 그러고는 한시바삐 식구들과 친구들에게 이 계획을 말하고 싶어서 잠을 이루지 못했다. 날이 새자마자 집으로 국제전화를 해서는 다짜고짜 내 결심을 발표했다.

"큰언니, 나 이번 여행 끝나면 우리나라 국토종단 할 거야. 순전히 걸어서."

나를 이미 잘 알고 있는 언니의 한 마디.

"국토종단이라니 다행이다, 얘. 우리는 네가 다음에는 우주여행 한다고 나설 줄 알았지."

그때 티베트의 라사·냉골 기숙사 방에서 마음먹었던 일을 내일부터 실제로 하게 되다니 정말 기분 좋다. 아니, 좀더 적나라하게 말해볼까. 기분 째진다!

우리나라 땅을 걸으면서 강과 산에서 얼마나 순수하고 강렬한 에

너지를 얻게 될까. 길 위에서는 또 어떤 만남과 깨달음이 펼쳐질
까. 도대체 무엇이 나를 기다리고 있을까.

열 감기로 몸이 불덩이 같은데 마음도 그 못지않게 뜨겁게 달아
오른다.

3월 3일 도보여행 원칙 제1장 1조

비나이다 비나이다.
꺼질세라 바위틈에
향불을 피워놓고
꺼질세라 바위틈에
촛불을 밝혀놓고
동서남북 사방에다
각각 삼배 정히 하고

천지신명(天地神明)님 전에 비나이다.
일월성신(日月星辰)님 전에 비나이다.
바다신께 비나이다.
땅신께 비나이다.
산신께 비나이다.
강신께 비나이다.

이제부터 지나가는
고을고을 터줏대감,

마을신께 비나이다.
모두에게 비나이다.
간절하게 비나이다.

58년 무술년 생
청주 한씨 집안의 딸
한남희, 홍복란의 셋째 딸이
6년간 세계일주
무사히 끝마치고
마지막 마무리로
우리 땅을 제 두 발로
땅 끝에서 땅 끝까지
걸어가려 하옵나니

부디 예뻐 봐주시어
기특하다 봐주시어
가는 길을 흔쾌하게
허락하여주시기를
비나이다 비나이다.
정성 다해 비나이다.

가는 길 밟는 길에
발병도 나지 않고
가는 동안 다니면서

마음병도 나지 않고
가지각색 인연 만나
가지각색 일을 겪어
보고 듣고 배우면서
그렇게 느낀 것을
마음속에 고이 담아

알릴 것은 잘 알리고
실천할 건 실천하여
저에게도 득이 되고
남에게도 득이 되고
세상에도 득이 되게
굽어 살펴주옵소서.

비나이다 비나이다.
이 땅의 모든 신께
위에서 아뢴 것을
간절하게 비나이다.
정성 다해 비나이다.

토말 땅끝탑을 지나 바닷가 자갈밭으로 내려갔다. 바람을 막아줄
적당한 바위를 찾아 초와 향을 피워놓고 바다를 향해 삼배, 땅을
향해 삼배, 동서남북으로 각각 삼배를 했다. 공손한 마음으로 사방
에 술을 한 잔씩 바치고는 미리 써 간 '비나리'를 큰 소리로 읽어내

렸다. 이 여행을 계획할 때부터 염두에 두고 있던 작은 의식이다.

천주교 신자라면서 뜬금없이 웬 고사냐고 비난해도 좋다. 산사람이 높은 산에 오르기 전에 산제를 지내듯, 뱃사람이 먼 바다로 나가기 전에 바닷제를 지내듯, 이건 옛날부터 먼 길 떠나는 사람들이 마을 성황당이나 길목에서 해오던 옛 풍습에 따른 내 나름의 길제이다. 로마에 가면 로마법을 따르라는데, 외국도 아닌 제 나라에서 예부터 하던 대로 하는 것이 더 옳지 않겠는가. 그리고 내가 믿는 하느님은 이런 일로 노여워할 '쫀쫀한(?)' 분이 아니라는 것을 잘 알고 있는 까닭이기도 하다.

비나리를 마친 후 심호흡을 크게 하여 가슴 가득 바닷바람을 담고 성큼, 한 발을 내딛었다. 강원도 통일전망대까지 약 800킬로미터. 그 여정의 첫 발짝이다. 10킬로그램의 배낭을 지고도 발걸음이 가벼운 것은 신발 끈을 바짝 맸기 때문만은 아닐 거다.

바닷가에서 땅끝탑 위로 올라와 주차장 조망대에 서서 오른쪽 바다를 내려다보고는 흠칫 놀랐다.

'아, 저건 새였구나.'

바다와 맞닿은 땅 모양이 마치 큰 새가 날개를 활짝 펴고 힘차게 나아가려는 옆모습처럼 보였다. 커다란 거북이가 날개처럼 생긴 앞발을 벌리고 바다로 들어가려는 것 같기도 하다.

이상하다. 예전에도 여러 번 바로 이 자리에서 저 바다를 보곤 했지만 오늘처럼 보인 적은 한 번도 없다. 왜일까? 새로운 여행을 떠난다는 설렘 때문일까? 혹시 아까 비나리의 응답이 벌써 저렇게 새와 거북이의 모양으로 나타난 건 아닐까? 갑자기 내가 하늘과 바다의 축복 속에서 길을 나서고 있다는 생각이 든다. 조금은 숙연해지고 조금은 가슴 벅찬 출발이다.

땅끝마을을 지나자마자 구불구불하고 오르락내리락하는 길이 시작된다. 바다가 보였다 안 보였다 하는 것이 마치 술래잡기하자는 것 같다.

길가 밭에는 벌써 봄을 준비하는 사람들이 분주하다. 한 할머니가 일손을 멈추고 걷고 있는 나를 의아한 눈으로 쳐다본다.

"안녕하세요?"

내가 먼저 인사를 건넸다.

"워디 등산 갔다 오요?

"아니오. 영전까지 가는 길이에요."

"어느 산에 가시오?"

"산이 아니라 강원도까지 걸어서 가는 중이에요."

"뭐시라고라? 강원도? 워메 못 간당께. 워쩔라고 그라시오."

"괜찮아요. 안녕히 계세요." .

"그라지 말고 차 타고 가랑께."

"안녕히 계세요, 할머니."

조금 더 가니 경운기를 타고 가던 동네 할아버지가 말을 건다.

"워디까지 가시오?"

"영전까지요."

"타시오."

"아니에요. 저는 걸어서만 가요. 도보여행 중이거든요. 고맙습니다."

"거기가 워딘디 걸어가시오? 타시오."

"할아버지, 저는 차 타면 반칙이에요."

"아, 그라요……."

할아버지는 영 미덥지 않다는 표정이다. 그렇게 헤어졌던 할아버지가 저만치 가서 경운기를 멈추고 기다리시더니 나를 보자 또 한 마디 하신다.

"그라지 말고 타시오. 내 아무한테도 말 안 할랑께."

투박하고 구수한 남도 사투리가, 그리고 알지도 못하는 '야타족' 할아버지의 따뜻한 마음에 더욱 신이 나서 씩씩하게 걷는다. 손을 앞뒤로 저으며, 싱글벙글하면서.

오늘의 목표는 영전까지의 14킬로미터, 약 네 시간 거리다. 보통 성인이 한 시간에 별로 힘들이지 않고 걷는 거리가 10리, 즉 4킬로미터란다. 이번 여행에서는 하루에 여섯 내지 일곱 시간 정도를 걷기로 했다. 거리로는 60~70리, 25킬로미터 남짓이다. 그렇지만 장기간 걷는 여행에 무리 없이 적응하려면 오늘부터 삼사 일 정도는 하루하루 조금씩 거리를 늘려가는 편이 좋을 것 같다.

길 옆은 누런 흙밭, 그 바로 뒤로 잔디만큼 자란 푸른 보리 싹의 물결, 그 뒤로는 파란 바다, 그 위에 장난감처럼 예쁘게 떠 있는 까만 섬들이 눈에 들어온다. 무슨 재미있는 얘기를 들려주는 듯 오순도순 정겹다. 바다의 돌김 양식장이 마치 육지 밭의 연장인 것처럼 느껴진다.

가끔씩 보이는 붉은 동백꽃, 반짝반짝 윤기 나는 초록색 이파리가 꽃보다 더 예쁘다. 갈아서 엎어놓은 흙에서 풍기는 냄새가 구수하고, 소나무에 스치는 바다 냄새는 싱싱하다. 정다운 전라도 길이다.

이 바닷길이 마음에 쏙 들어 나는 도보여행 중에 반드시 지켜야 할 원칙을 하나 어기고 있다. 차가 가는 방향으로 걷고 있는 것이다. 도보여행 원칙의 제1장 1조는 찻길을 따라 걸을 때 반드시 차가 다니는 반대 방향으로 걸어야 한다는 거다. 그래야 오는 차를 볼 수 있어 안전하고, 위험한 순간에도 쉽게 피할 수 있기 때문이다. 그걸 잘 알면서도 바다를 조금이라도 가까이 보려는 서울 촌놈 욕심에 '오늘 하루만'이라며 반칙을 하고 있다. 그 덕에 한번은 전속력으로 달려오는 트럭의 백미러가 내 어깨를 아슬아슬하게 스치고 지나가서 간 떨어질 뻔하기도 했다. 그것뿐인가. 같은 방향으로 걸으니 경찰차를 포함해서 가는 곳까지 태워주겠다고 서는 차들마다 거절하느라 속도를 제대로 못 낼 정도였다. 내일부터는 원칙대로 해야겠다.

오후 4시쯤 영전에 도착. 한 발 한 발 아장아장 걸어서 오늘의 목적지에 왔다는 사실이 신기하다. 발에 물집이 잡히려는지 껄끄럽고, 장딴지와 종아리가 당기기는 해도 마음만은 날아갈 것 같다. 꽃샘바람과 바닷바람에 감기가 도져서 하루 종일 코를 푸느라 머리가 멍했지만, 가슴은 무언가로 꽉 차 있는 듯하다. 단 하루를 걸었을 뿐인데.

"어머, 웬 아이들이에요?"

내가 인사 대신 물었다. 동네 구멍가게 '영전 백화점'에서 과자를 살 때는 너무 많이 사는 것은 아닐까 하면서 영전성당 공소 사택을 찾았다. 오늘 묵어가기로 한 친구의 친구의 친구인 김소라 씨 집에는 갓난아이부터 중학생까지 열댓 명의 아이들이 바글거리고 있었다. 손에 든 과자 보따리가 무색할 지경이다.

"어서 오세요. 동네 아이들이에요."

소라 씨가 환하게 웃으며 처음 보는 나를 맞는다. 아이들도 합창으로 인사를 해온다.

"안녕하세요? 평화를 빕니다."

어리둥절해 있는 내게 소라 씨의 간단한 설명이 이어진다.

자기는 주일 미사 준비와 성경학교 등의 공소 일 이외에 근처에 사는 아이들을 아침부터 저녁까지 돌보고 있는데, 보통 15명에서 20명 정도란다. 세 살, 다섯 살 난 자기 아이들도 있는데, 태어나자마자 엄마가 정신병원에 입원했다는 갓난아이와는 아예 몇 년째 함께 살고 있었다. 방학이 지난 지금은 그래도 한가한 편이라고 한다.

놀랍게도 국가 보조나 성당 보조 없이 거의 사비(私費)로 운영하고 있었다. 아이들 간식값만도 만만치 않을 텐데 어떻게 감당하느냐고 물었더니 공무원인 남편이 월급을 받아 오니 괜찮단다. 말은 그렇게 하지만 괜찮긴 뭐가 괜찮겠는가. 둘러보니 변변한 살림살이도 없다.

"아니, 성당에서 일을 맡겼으면 돈도 보태주고, 빨래라도 도와줘야 하는 것 아닌가요?"

저녁을 먹으면서 한 마디 했더니 펄쩍 뛴다.

"아니에요. 성당에서 하라는 일 아니에요. 누가 시키면 이거 하겠어요? 제가 좋으니까 하지요."

알고 보니 소라 씨 부부는 여기 가난한 영천 공소를 자원해서 온 것이고, 아이들 돌보는 것도 순전히 자기들 생각이란다. 기가 막히다. 고생을 사서 해도 분수가 있지.

"제가 특별히 신앙심이 깊거나 봉사 정신이 강한 건 절대 아니에요. 이건 정말 하고 싶어서 하는 거예요. 그전부터 저랑 남편은 우리를 필요로 하는 곳에서 일하자 했거든요. 몸 조금 고생되는 것은 아무것도 아니에요. 이런 우리 마음을 시부모님이 이해해주셔서 정말 고맙죠. 아이들도 가끔씩 말썽을 피우지만, 그러지 않으면 어디 아이들인가요? 아침에 왔다 밤에 가는 아이들이지만 잘 지내주어서 고마워요."

때거리도 간신히 마련하는 사람이 말끝마다 고맙단다.

그런 소라 씨 얼굴을 자세히 들여다보았다. 내 눈길이 쑥스러운지 입을 가리고 웃는다. 웃는 모습이 천진하다. 어디서 그런 힘이 나오는 걸까. 이렇게 한 줌도 되지 않는 몸 어디에서 그런 강한 힘이 나오는 걸까. 자기는 절대로 그렇지 않다고 하지만, 저것이 바로 사랑의 힘이 아닐까. 그리고 사랑을 묵묵히 실천할 때 느끼는 행복의 힘이 아닐까.

소라 씨는 나보고 왜 이렇게 돌아다니는 일을 하느냐고 묻는다. 나도 소라 씨처럼 좋아서 한다니까, "워메 징한 거" 하면서 눈을 굴리며 믿을 수 없다는 표정을 짓는다. 그러고는 곧 이렇게 말한다.

"참 좋겠네요."

그래, 소라 씨라면 이 맛 알겠지. 하고 싶은 것 하면서 사는 맛. 자기도 똑같은 사람이니까.

추운 날 하루 종일 바닷바람을 맞고 왔던 터라 뜨끈한 방에 몸을 지지면서 자고 싶었는데, 냉방이나 겨우 면한 방에서도 보일러를 조금만 더 올리고 자자는 말을 차마 할 수 없었다. 하기야 소라 씨에게 보일러가 무슨 필요가 있을까. 늘 마음속에서 뜨거운 것이 용솟음치고 있을 텐데. 부럽다.

3월 4일 해보지도 않고 어떻게 알아

하루 종일 배가 고프다. 어젯밤에 잔뜩 먹고 잤는데도 아침에 배가 고파서 깼다. 10시에 길을 떠나 지금이 11시, 이른 아침밥을 먹고 나서 이미 한 번 컵라면으로 허기를 달랬는데도 소용이 없다. 하루 만에 바지가 헐렁거리는 걸 보니 걷는 것이 대단한 체력 소모인가 보다. 그러나 배가 고플 때마다 뭘 먹느라고 시간을 지체할 수는 없다. 국토종단 하려고 떠났지, 먹으려고 길 떠났냔 말이다.

오늘도 꽃샘바람이 불어 머플러로 목을 꽁꽁 싸매고 걷는다. 배낭을 쌀 때 이 머플러를 넣었다 뺐다 마지막까지 망설였는데 이제 보니 정말 구세주다. 어제처럼 다시 오르락내리락 길, 바다도 보였다 안 보였다 한다. 길 옆 마을은 땅밭, 바다밭을 함께 일구고 사는 전형적인 반농반어촌이다. 무덤도 많이 눈에 띈다.

오늘은 20킬로미터를 걷기로 하자. 발가락 두 개에 물집이 잡혔지만 아침에 거뜬히 일어나지는 것을 보면 어제 걸은 거리가 큰 무리는 아니었던 것 같다.

영전에서 시작되는 아랫길은 걷기 좋은 시골길이다. 차가 많이 다니지 않을뿐더러 한쪽으로 달마산이 다정하게 둘러 있고 그 산 품안에 한 뼘쯤 자란 쪽파와 마늘 싹이 초록 들판을 이루고 있다. 경치는 좋은데 내가 제대로 감상할 형편이 아니라는 것이 아쉬울

뿐이다. 오늘 새삼 금강산도 식후경이라는 말의 깊은 뜻을 절실히 깨달았다. 주린 배를 움켜쥐고 두 시간 반을 더 걷고 나서야 드디어 밥 먹을 만한 곳이 나타났다.

남창 사거리 기사식당. 전국 어디든 '기사식당'은 음식이 빨리 나오는데, 맛도 좋고 값도 싸다. 여기서도 열다섯 가지나 되는 반찬에 오곡밥이 나오는 백반이 단돈 5천 원. 밥을 하도 허겁지겁 먹으니 예쁘장한 아기 엄마가 얼른 밥 한 그릇을 더 가져온다. 그것까지 뚝딱 먹어치우는 걸 보더니 조심스럽게 말을 붙여왔다.

"워디서 오는 길인데 그리 시장하시오잉?"

등산복 차림이며 큰 배낭이며, 그렇게 밥을 달게 먹는 것이 이상했는지 아까부터 계속 말을 붙일까 말까 하는 표정이다. 내가 걸어서 강원도까지 갈 생각이라니까 내 얼굴을 빤히 쳐다보며 의아한 표정으로 묻는다.

"무슨 말이디야?"

설명을 할까 하다 손님이 많아 그만두었다. 밥을 잘 먹고 돈을 내려니까, 이 아기 엄마 무슨 생각에선지 손을 내젓는다.

"이 5천 원이 얼마나 도움이 될랑가는 모르겠지만 밥값은 안 받을라요."

"어머, 왜 돈을 안 받아요? 놀러 다니는 사람이 밥값 없이 다닐까 봐요?"

억지로 돈을 쥐어주려고 하니 아예 부엌으로 쏙 들어가버린다.

"아이구, 시아버지 나온당께요. 그만 넣어두쇼잉."

그 바람에 고맙다는 인사도 제대로 못 했다.

이 아줌마에게 내가 어떻게 보인 걸까? 내 행색이 5천 원을 못

낼 만큼 궁하게 보이지는 않았을 텐데. 이런 공짜 밥과 인정이 내 복인지, 전라도 인심인지, 아니면 우리나라 시골 인심인지 헷갈린다. 내가 네팔이나 인도를 여행할 때 구걸하는 아이들에게 돈을 주는 대신 밥을 사 먹인 적이 여러 번 있는데, 혹시 그때 지어놓은 복을 지금 돌려받는 건 아닐까? 이유야 어찌 됐든 마음이 찡해지면서 배가 두 배로 불러왔다.

'마음씨 고운 아줌마, 내내 건강하시고 돈 많이 버세요(그런데 그렇게 공짜 밥 자꾸 주면 돈은 원제 버는감요?).'

남창부터 신월 가는 도로에는 큰 차들이 많이 다녀 걷기가 매우 불편하다. 무엇보다 갓길이 인색하기 짝이 없다. '추레라(트레일러 트럭)'라는 대형 트럭이 지나가면 피할 곳이 없어서, 그게 한번 지나갔다 하면 모자도 벗기고 몸까지 마구 흔들어놓는다. 한번은 트럭 운전사가 장난을 하려는 건지 경적을 마구 울리면서 달려오더니, 내가 충분히 비켜섰는데도 옷깃에 닿을 정도로 아슬아슬하게 지나갔다. 순간 너무 당황하고 놀라서 외마디 소리가 저절로 나왔다. 내가 놀라는 모습이 재미있어서 일부러 그랬다면 그 운전사는 나쁜 놈 정도가 아니라 '살인미수범'이다. 혼자 씩씩대며 트럭 꽁무니에 대고 온갖 욕을 퍼부어봐도 들어주는 사람이 없으니 분이 풀리지 않는다. 번호판 잘 봐둘걸.

비까지 한두 방울 떨어지기 시작한다. 혼자 툴툴거리다 우산을 하나 사려고 가게에 들어가서는 영문도 모르는 할머니에게 한바탕 하소연을 늘어놓았다.

"할머니, 글쎄 조금 아까 길에서 옷깃에 스칠 정도로 트럭이 바싹 지나가서 얼마나 놀랐는지 몰라요. 그놈 진짜 나쁜 놈이죠?"

"워따메, 그런 썩을 놈."

"내가 바라던 대로 놀랐으니까 더 좋아했겠죠? 그 썩을 놈이."

"육시럴 놈이구만. 글씨 그런 잡것들이 있당게. 그러니 걸어서는 못 댕긴당께여. 여자 혼지 워찌 위험해야지."

할머니가 장단을 맞춰주니 더욱 신이 났다. 한참 육두문자를 섞어가며 욕을 퍼부은 후에야 분이 좀 가라앉는 것 같아 우산 하나 달라고 했더니, "등산 갈 때는 아무거나 쓰셔. 요놈이 헌 거지만 제법 쓸 만헌게" 하며 헌 우산 하나를 건네준다. 제 마을에서 험한 일을 당했다고 내 하소연도 들어주시고 우산까지 기꺼이 헌납하시는 할머니. 해남 인심 물감자 인심 풋나락 인심이라더니, 나에게 해남 인심의 실체는 '할머니 헌 우산 인심'이다.

"할므니, 증말 고맙습니다요."

잘 하지도 못하는 전라도 사투리로 인사를 하고 돌아서는 나에게 할머니가 한 마디 덧붙이신다.

"아참, 안 쓰는 모자도 있는디."

4시 30분쯤 오늘 계획한 20킬로미터를 가뿐하게 마쳤다. 이제부터의 문제는 묵을 곳을 찾는 일이다. 신월이 오늘 지나온 마을 중에서 제일 큰 곳인데도 여관이나 모텔이 하나도 없다. 두리번거리며 걷다 멀리 산 밑에 교회 하나를 보았다. 밑져야 본전인데 목사님께 부탁해볼까?

"그렇게 하시죠."

길게 설명도 안 했는데 내 나이 또래의 목사님과 사모님이 쾌히 승낙을 한다. 사모님의 웃는 얼굴이 보기 좋다. 따뜻한 물로 샤워를 하고 족욕을 하니 하루의 피로가 말끔히 가시는 것 같다.

족욕은 많이 걷는 사람이 꼭 알아두어야 할 훌륭한 피로 회복법이다. 우선 대야에 견딜 수 있을 만큼 뜨거운 물을 발목이 잠길 정도로 붓고 약 10분간 발을 담그고 있는다. 그 다음엔 참을 수 있을 만큼의 찬물에 약 30초간 발을 담갔다가 뺀다. 이것은 간이 사우나 효과로, 근육을 이완 수축시키면서 혈액 순환을 돕는단다. 뜨거운 물만 있으면 되니까 돈도 들지 않고 간편하게 할 수 있다. 감기가 들려고 할 때나 스트레스를 풀고 싶을 때도 효과 만점이다.

도보여행을 하는 사람들은 족욕 하는 동안 발에 물집이 생긴 곳을 충분히 불릴 수 있어서 일석이조다. 이왕 말이 나온 김에 물집 손질법도 소개한다. 군대를 갔다 왔거나 걸/보이스카우트 활동을 한 사람들은 이미 알고 있는 얘기일 것이다. 물집이 생기면 잘 익은 것(물이 많이 잡힌 것)만 골라 실을 꿴 바늘로 찌른다. 거기에 실을 길게 매단 채로 두면 실을 타고 물집 안의 물이 빠져나와 다음 날 말끔해진다. 물집이 많이 생긴 사람이 색색가지 실로 물집들을 꿰놓으면 아주 볼 만하다. 이번 여행 중에 나도 물집에 총천연색 실을 달아 기념 사진을 찍을 계획이다.

어제보다 5킬로미터 이상 더 걸었지만 그다지 피곤하지 않다. 좀 더 자신도 붙었다. 내일은 몇 킬로미터 더 늘려보아야지. 하루 묵게 해준 것이 고마워 그 집 아이들에게 세계지도를 가지고 오게 해서 내가 다닌 곳 얘기를 해주니까 아이들 입이 쫙 벌어진다.

"아줌마가 정말 걸어서 지구 세 바퀴를 돌았어요?"

"그렇다니까."

"다리 안 아팠어요?"

"아프지만 참는 거지."

"나도 할 수 있나요?"

"물론이지."

"와, 나도 크면 세계일주 해야지."

"그래, 꼭 해보렴."

"난 안 할 거야. 지구가 이렇게 넓은데 어떻게 걸어서 다녀요?"

다른 아이 하나가 미심쩍다는 듯 볼멘소리를 한다.

"어머, 해보지도 않고 어떻게 알아?"

말을 하고 보니 전에도 바로 이런 똑같은 일이 있었던 것 같아 고개를 갸우뚱한다.

'해보지도 않고 어떻게 알아?'

이건 나와 내 동생이 생생히 기억하고 있는 우리 아버지의 '명언' 중의 하나다. 어렸을 때 우리는 금호동에 살았다. 여름이면 나룻배를 타고 한강을 건너가 야영하면서 닭 몇 마리를 푹 고아 먹는 것이 우리 집 피서였다. 어느 해 초여름, 비가 왔는지 춥다고 아무도 강물에 들어가려고 하지 않았다. 꼬마였던 나와 동생은 물에서 놀고 싶은 마음이 굴뚝같았지만 차가울 것만 같아 망설이고 있었다. 그때 우리를 보고 있던 아버지가 하신 한 마디.

"들어가보지도 않고 어떻게 알아?"

일단 들어가봐서 물이 정말 차가우면 나오면 그만인 것을, 지레 겁먹고 들어가보지도 않는다면 집에 돌아가서 내내 후회할 거란 뜻이었다. '물이 차갑지 않았을지도 모르는데' 하면서 말이다. 그날 우리가 물에 들어갔다가 그냥 나왔는지, 물속에서 신나게 놀았는지 기억은 나지 않지만 아버지의 그 한 마디는 지금도 뚜렷이 남아 있다.

표현법도 유전이 되는가. '해보지도 않고 어떻게 알아?'는 지금 내가 애용하는 말이 되었다. 새로운 일을 시작할 때, 힘에 부칠 것 같은 일을 계획할 때, 혹은 무언가 조금 늦었다고 생각될 때, 그래서 포기하고 싶을 때마다 내가 나에게도 하는 말이다.

실제로 자신의 능력이 어디까지인지 해보기 전에는 모르는 경우가 대부분이다. 쉬운 예를 들어보자. 곤충학자에 따르면 어떤 종류의 벌은 몸집에 비해 날개가 너무 작아 날 수 없는 신체 구조를 가지고 있단다. 하지만 그 벌은 자신이 날 수 없다는 생각을 하지 못하기 때문에 날 수 있는 거란다.

반대로 서커스단의 코끼리는 충분히 할 수 있는데, 단지 못 한다는 생각 때문에 평생 묶여 사는 신세로 산다. 서커스단에 아기 코끼리가 처음 들어오면 굵은 쇠밧줄에 묶어놓는단다. 얼마간 도망치려고 발버둥 치던 아기코끼리는 쇠밧줄은 자기 힘으로 못 끊는 것이라 생각하고 그 후로는 아예 도망갈 생각을 하지도 않는단다. 그래서 제 몸집이 집채만 해져 아주 쉽게 끊을 수 있는 얇은 헝겊 밧줄로 묶어놓아도 절대 도망가지 못한다고 한다. 어떤 밧줄도 자신은 끊을 수 없다는 생각 때문에.

사람도 마찬가지다. 원래부터 할 수 있는 일이건만 단지 '난 못해' 하는 생각 때문에 할 수 없게 된다면 너무 억울하지 않은가. 이런 일을 원천봉쇄하는 주문이 바로 '해보지도 않고 어떻게 알아?'다.

경험한 사람들은 잘 알겠지만 일단 해보자는 엄두만 내면 가속도가 붙고 자신도 몰랐던 괴력이 나온다. 물론 열심히 해봐도 안 되는 일이 있다. 하지만 사람이 할 수 있는 모든 노력을 다했다면 적어도 후회는 없는 것이다. 세상에는 하고 후회하는 일보다 하지 않아서 후회하는 일이 훨씬 많은 법이니까. 오래전부터 하고 싶었지만 여러 가지 이유로 망설이고만 있는 일이 있다면, 지금 한번 해보라. 눈 딱 감고 저질러보라. 될지 안 될지, 해보지도 않고 어떻게 알겠는가.

"워메, 뭐 땀시 고로코롬 다닌다요?"

3월 5일 100년을 넘나드는 시간여행

"우리나라의 무엇을 어떻게 볼 생각입니까?"

길을 걷다가 아까 아침밥을 먹을 때 목사님이 묻던 말을 곰곰이 생각해본다. 이번 여행을 떠나기 전 많이 받았던 질문이다. 정말 무엇을 어떻게 보면 좋을까? 솔직히 나는 미리 정해놓은 것은 아무 것도 없다. 백지 상태로 시작하여 여행 중에 보고 듣고 느낀 것을 고스란히 마음에 담아 오고 싶다는 바람이 있을 뿐. 단 하나 미리 정해놓은 목표라면 우리나라를 끝에서 끝까지 한 줄로 쭉 걸어보는 거다.

물론 몇 가지 기대는 있다. 세계일주를 하고 국토를 보면 우리나라를 좀더 객관적으로 볼 수 있지 않을까 하는 기대. 제 땅을 제 발로 걸으면서 내 나라를 있는 그대로 사랑할 수 있지 않을까 하는 기대. 국토의 정기(精氣)를 받아 인생의 후반부에 쓸 에너지를 재충전할 수 있을 거라는 기대 등이 그것이다. 그 외에 얻는 것이 있다면 그건 순전히 보너스다.

어제 한 족욕 덕분인지 아침에 뻗정다리가 되지 않고 가뿐하게 일어나지는 것이 신기하다. 내가 밤새 기침을 하더라면서 사모님이 생강차를 끓여 한 병 넣어주셨다. 건강이 좋지 않아 지금은 바깥출입도 삼가는 중이라는데, 불쑥 찾아든 나그네를 위해 차까지 끓이게 했으니 미안하고도 고맙다.

오늘은 강진까지 간다. 길을 나서자마자 왼쪽으로 어제부터 보이던 돌산들이 믿음직스럽게 이어진다. 길가 밭에서 일하는 사람들은 내가 지나가면 의아하다는 듯 쳐다본다. 일요일도 아니고 근처에 산도 없는데 등산복 차림으로 길을 걷고 있는 여자가 신기하기도 하겠지. 그것도 혼자서. 사람들을 향해 손을 흔들며 "안녕하세요" 하면 같이 손을 흔들어주는 사람도 있고, 얼른 고개를 돌려 열심히 밭 매는 시늉을 하는 사람도 있다.

지금의 나를 보고도 저렇게 기이하게 생각하는데 100년 전에 이런 도보여행을 했다면 어땠을까? 행색부터 달랐겠지, 상상하다가 혼자 정신 나간 사람처럼 배꼽 잡고 웃었다.

우선 떠오르는 것이 허리에 꿰찬 짚신 몇 켤레. 그 다음은 배낭 대신 괴나리봇짐이나 걸망이겠는데, 걸망이 좀 낫겠다. 더 많이 들어갈 테니까. 그 안에는 무엇을 꾸려 넣었을까? 갈아입을 옷 한 벌, 여벌의 버선 한 켤레, 지도도 하나 있어야 할 테니 대동여지도 한 장이면 되겠다. 일기를 쓰려면 공책과 붓이 있어야 하는데 그러면 벼루와 먹까지 이고 지고 다녀야 하나. 하여간 이것만으로도 짐이 만만치 않은데……

먹을 것은 어떻게 할까. 물은 동네마다 샘물이 있어 상관없지만 인적이 드문 곳을 가다 허기질 때를 대비해서 미숫가루 정도는 가지고 가야겠다.

제일 중요한 돈. 엽전 꾸러미로 노잣돈을 가지고 다니려면 얼마나 무거울까. 금이나 은을 가지고 다니면서 장날에 현금으로 바꾸는 것이 좋겠다. 아참, 호신용 은장도도 챙겨야겠군.

옷차림은 어땠을까? 많이 걸으려면 우선은 발이 부르트지 않도록 헌 버선을 여러 겹 대어 만든 길목버선을 신고, 종아리 부분은 바지가 걸치적거리지 않도록 친친 감았겠지. 짚신 발등에 끈을 맨 '들메'라야 걷기가 편하겠군. 이 차림에 걸망을 매면 그럴듯한 여행자 차림이겠다.

가만있자. 그때는 여자들이 외출을 하려면 모두 장옷을 뒤집어써야 했을 텐데, 그렇게 되면 손이 자유롭지 못하다. 이건 내가 해봐서 안다. 이란을 여행할 때 어느 동네에서 '차도르'라는 장옷 같은 까만 망토를 입어야 했는데, 그 옷이 흘러내릴까 봐 두 손으로 혹은 한 손과 입으로 여미고 다녀야 했다. 여행은 두 팔을 저으면서 활기차게 다녀야 제 맛인데 이런 옷을 입으면 불편할 것이다.

할 수 없군. 천주교 박해 때 외국인 신부님들처럼 부모상을 당한 남자로 변장하는 것이 제일이겠다. 저녁에 주막이나 여각, 봉놋방에서 남자들 틈에 끼여 자려 해도 역시 이 방법밖에 없을 것 같다.

그나저나 만에 하나 내가 여자라는 것이 밝혀져서 뭐하는 사람이냐고 물으면 어떻게 대답해야 할까. 여자 김정호라고 할까, 여자 김삿갓이라고 할까. 그냥 우리나라 남쪽 끝에서 북쪽 끝까지 가고 있다고 하면 제 정신이라고 할 사람이 없을 거다. 걸망 속에 지도와 지필묵이 들었으니 첩자라고 할지도 모르겠다. 관가에 끌려가 물고문을 당하는 건 아닐까. 좌우지간 여자들은 일곱 살이 되면 문밖에 나가지도 못했던 시절이니 팔도를 삶은 메주 밟듯이 돌아다니는 여자를 얼마나 기이하게 생각했을까. 몸은 전라도 길을 걸으면서 마음은 100여 년을 넘나드는 '시간여행'을 하고 있다.

도암에서 강진까지는 다산초당을 지나는 뒷길을 택했다. 석문 버스 정거장을 지나자 백련사 길로 북일에서 올 때 몇 시간을 트럭들과 씨름하고 온 것이 먼 옛날인 양 한적한 길이다. 길에 오가는 사람들이 없으니 오히려 이상하게 느껴진다. 이곳 흙은 시뻘건 황토. 거기에 새파란 쪽파밭과 붉은 동백꽃이 기가 막힌 색상 대비를 이룬다.

동백꽃이 이렇게 많이 피어 있는 것은 난생 처음 본다. 동네 집 담장 안에도, 바깥에도 온통 동백꽃이다. 이렇게 자세히 들여다보기도 처음이다. 붉은 꽃 안에는 마치 시루에서 자라는 콩나물처럼 나란히 서 있는 노란 꽃술이 들어 있다. 땅에 떨어진 꽃잎은 핏방울 같아 섬뜩하기까지 하다. 해남과 강진의 마을꽃이 동백이란다. 어쩐지.

강진을 향해 걷기를 몇 시간. 공공근로나 하루 품팔이 하러 나갔던 아줌마들이 머리에는 수건을 쓰고 손에 손에 조그만 보따리를 든 채 엉덩이를 빼고 엉거주춤한 걸음으로 집으로 돌아가는 저녁이다. 경운기 뒤에 탔던 아줌마들은 경운기가 마을 어귀에 설 때마다 한 무리씩 우르르 내린다. 날이 저무는데 오늘은 또 어디에서 자나. 헛다리품을 팔지 않으려고 길가에서 묵을 곳을 찾자니 그게 정말 큰일이다. 관광지라면 국도변이라도 돈 주고 자는 '영업용' 민박집이 있을 텐데. 여관이야 강진 읍내에 가면 있겠지만 힘들어서 거기꺼정 못 가겠당께. 세계일주 하는 동안 갈고닦은 민박 찾기 실력을 발휘해볼까나.

"할머니, 이 동네에 혼자 사시는 할머니 안 계세요?"

두리번거리며 걷다가 '호산'이라는 조그만 마을에 도착했다. 삼거리에 있는 가게로 무조건 들어갔다. 예쁘장한 육십대 할머니가 가게를 지키고 있어 안심하고 용기를 내어 물었다.

"뭐 땀시 그런다요?"

"저는 걸어서 월출산까지 가는 사람인디 오늘 날이 저물어서 하룻밤 끼여 자려구요."

"아, 여그서 버스 한 번 타면 강진인디, 강진에는 여관 많어야."

"그런데 저는 버스를 안 타거든요. 혼자 사시는 할머니 계시면 하루 묵고 대신 제가 청소도 해드리고 친구도 해드리고 용돈도 조금 드리면 서로 좋잖아요. 제가 여관에서 자면 어차피 그 돈 드는 거니까요."

"으음, 그라요? 그라면 잠시 기다리시오잉. 이 동네 아주 착한 할머니 있응께."

할머니는 내게 일단 방으로 들어오란다. 나와 마주 앉자마자 쏟아 붓는 질문.

"혼자시오?"

"네."

"워메, 미쳤는갑소. 뭐 땀시 요러코롬 혼자 다닌다요?"

"그렇게 됐어요."

"월렐레, 애기들은 워쩌고 이러고 다니시오."

"저는 결혼을 안 했어요."

"뭐여? 여즉 큰애기란 말이여? 이거 뭔일이여."

마치 내가 무슨 큰 잘못이나 하고 있다는 듯한 할머니의 진지한 표정이 귀엽다. 조금 있으니 또래의 할머니 한 분이 가게로 들어선다.

"이보세, 이 큰애기 큰일 나겠구만. 자네 집에서 하루 재워줘야 쓰겠는디. 우리 집은 영감이 있어놔서."

이웃집 할머니는 얘기를 듣고는 나를 한번 힐끔 보더니 혀를 차시며 바로 앞장서신다.

"쯧쯧쯧. 월매나 뺏치겠소(얼마나 힘들겠소). 가세."

나는 얼른 가루비누를 큰 걸로 한 통 사 들고 뒤를 따랐다.

집은 툇마루가 달린 전형적인 일자식 시골집인데, 집 안에는 싱크대도 들여놓고, 화장실도 있고, 보일러로 난방을 하는 개량집이었다. 자식들은 다 도시로 가고 지금은 막내딸과 사신단다. 할머니는 서둘러 저녁 준비를 하시면서 "찬이 없어서 워쩔까이"를 연발하신다.

염치불구하고 할머니에게 물을 좀 끓여달래서 족욕을 했다. 그동안 할머니는 배추된장국에 묵은 김치, 오리 알 부침으로 상을 차려오셨다. 머슴밥 같은 고봉밥을 푹푹 퍼 먹으니 좋아하신다.

"끼니는 제때 찾아 먹는감?"

"그럼요. 너무 먹어서 탈이에요."

"동무도 없이 뭐 땀시 혼자 다니요?"

"할머니, 사실은 제가 세계일주를 했거든요. 이번에 우리나라만 돌면 끝나는 거예요. 지금은 마지막으로 걸어서 강원도까지 가고 있는 중이구요."

내가 국가 기밀을 털어놓듯 조심스럽게 낮은 목소리로 말했다.

"워어메, 환장허겄는 것. 그러고 다니면 돈이 나오요, 쌀이 나오요?"

당장 큰 목소리가 건너온다.

"……."

"시집도 안 가고 그러고 다니면 못쓴당께."

할머니는 고개를 설레설레 젓는다. 내가 발이 뻣뻣해졌다고 하니까 눈을 흘기는 척하시며 한 말씀.

"실컷 놀다 와서 워디서 뻣친다 그려."

그러면서도 오늘 밤은 보일러를 '이빠이' 틀고 자야겠단다. 그러고는 또 잔소리처럼 덧붙이신다.

"세상에 왔다가 간 흔적이 있어야지. 딸이라도 하나 있어야 한당께."

내가 결혼하지 않은 것에 대해 세계 오지 마을 사람들보다 여기 전라도 할머니들이 더 놀라고, 더 신기해하고, 더 안타까워하신다.

설거지를 하고 싱크대에 낀 물때를 빡빡 문질러 지워내고 난장판 수준인 싱크대 주위를 정리정돈하고 있는데 동네 할머니들이 들이닥쳤다. 작은 마을에서는 소문이 빠른 법. 혼자 사시는 할머니 친구들 세 명과 삼거리 가게 할머니와 함께 데일 만큼 쩔쩔 끓는 방에서 밤늦도록 이리저리 뒹굴면서 몸을 지졌다.

"이렇게 지져야 낼 아침에 가뿐하당께."

동네 할머니들은 요즘 일당 2만 원을 받고 비닐하우스에서 일을 하신단다. 어떤 때는 목포까지 원정을 가기도 한다. 일은 고되지만 "집에서 놀면 뭘혀. 몸을 놀릴 수 있을 때 한 푼이라도 더 벌어야지" 하신다.

"세상 참 좋아졌어야. 옛날에는 어림도 없지, 여자가 워딜 다녀야."

할머니들은 호기심을 이기지 못해 묻는다.

"뭐 땀시 그렇게 다니요?"

"여행이 좋아서요."

다른 할머니가 이어서 묻는다.

"여행이 뭐 땀시 좋으요?"

여행을 하면 몸과 마음이 자유로워져서 좋다고 하려다 그냥 웃고 만다. 그 다음에 나올 질문들은 내가 더 잘 알고 있기 때문이다. 외국 오지여행을 하면서 그곳 사람들과도 수없이 주고받은 얘기니까.

질문 : 몸과 마음이 자유로워지면 뭐가 좋으냐?

답 : 자유라는 것이 바로 인간이 궁극적으로 추구하는 것이 아닌가.

질문 : 도대체 자유가 왜 그렇게 중요하냐?

여기까지 가다 보면 '행복의 필수 조건'은 물론, '인간 본질과 존재의 이유'까지 거론해야 하는 심오한 철학 강의가 된다. 사실 정답은 나도 모른다. 그저 이렇게 얘기하고 만다.

'그냥 좋으니까 좋아요.'

그런데 요즘에는 이게 정답일지 모르겠다는 생각도 든다.

3월 6일 한비야의 난초론

여기 전라남도 지명은 영전 · 남전 · 송전 · 성전 등 밭 전(田) 자
나, 북평 · 월평 · 함평 · 신평 등 고를 평(平) 자가 들어가는 이름이
너무 많아서 하루에도 몇 번씩 비슷한 이름의 마을을 지나게 되어
헷갈린다. 성전에서 영암까지는 도로 확장 공사 중이다. 아직 개통
이 안 된 길이라 중앙선도 긋지 않은 길, 이정표도 길잡이도 없는
새 아스팔트 길을 씩씩하게 걸어간다. 길 아닌 길을 가는 기분. 길
없는 길을 가는 이 기분! 누가 뭐래도 꿋꿋이 '나의 길'을 가고 있
다는 그럴듯하고 조금은 비장한 기분이 된다. 좋은 시작이다.

길가에 영구차가 고장 나서 길 한 켠에서 상주와 상객들이 앉아
시간을 때우고 있다. 호상이었는지 눈이 마주치니까 상주인 듯한
여인이 곱게 웃는 것이 전혀 어둡지 않은 분위기다. 남자들은 삼베
로 만든 두루마기를 입었고, 십여 명의 여자들은 하얀 소복을 입고
풀밭에 앉아 있다. 꼭 목화 송이 같다. 몇십 년 전만 해도 우리나라
사람들 전부가 저렇게 흰 옷만 입고 살았다지. 1900년 전후 우리나
라에 왔던 외국인들 중 입 달린 사람이면 누구든지 한 마디씩 하는
게 바로 남자들이 쓰고 다니는 '비도 막을 수 없고 바람도 막을 수
없는 이상한 까만 모자' 갓과 '자기 남근의 모양과 크기로 틀어올
린' 상투, 그리고 바로 흰 옷이었다.

고종의 주치의였던 미국인 알렌과 《꼬레아 꼬레아나》를 쓴 이탈
리아인 카를로 로제티 두 사람은 특히 흰 옷에 대해 나름대로 그럴
듯한 분석을 하고 있다. 한국 사람이 흰 옷을 입는 것은 언제나 상
중(喪中)이어서 그렇다는 것이다. 거상 기간이 보통 3년이니 일생

의 오랜 기간을 상복을 입고 지내야 했을 것이다. 게다가 왕족이 죽으면 전 국민이 3년 동안 흰 옷을 입어야 하는데, 옛날 왕들은 대부분 일찍 죽었으니 10년에 세 번 국상을 당하는 경우도 있었을 것이다. 이래서 상복이 평상복처럼 되어 계속 흰 옷을 입게 되었다는 설명이다.

우리나라 사람들의 해석은 물론 완전히 다르다. 삼국시대 이전부터 우리 백성은 흰 옷을 보편적으로 입었다고 하는데, 고려 때는 동쪽을 상징하는 색인 청색을 입어야 한다며 흰 옷 금지령까지 내렸다. 그 후 조선시대에는 사대사상에 의해 중국 천자의 색인 노란색을 비롯해 보라색, 회색 등을 금지했기 때문에 입을 수 있는 색이 제한되었다. 게다가 옷 색깔로 신분과 지위 고하를 나타냈던 이유로 힘없는 백성들은 흰색밖에 달리 고를 수 없었다는 해석이다. 또 어떤 사람들은 염료 기술이 발달되지 않았을뿐더러 값이 너무 비싸서 서민들은 색깔 있는 옷을 입을 수 없었을 거라고도 한다. 육당 최남선은 흰 옷의 흰색은 빛과 밝음을 상징하는데, 이는 태양 숭배와 경천사상에서 나왔다고 설명했다.

내가 오지를 다녀보니 소위 '개화가 덜 된 곳'일수록 같은 공동체 사람들의 생활양식이 비슷한 것을 많이 보게 되었다. 옷 색깔만 하더라도 아프리카의 마사이족은 빨간색을, 중동 남자들은 흰색이나 회색을, 아프가니스탄 여자들은 비둘기색을, 베트남 북쪽의 멍족은 까만색을, 중남미 원주민들은 무지개색을 한결같이 입고 있었다. 이런 획일성이 고립된 문화의 특징일 거라고 생각했는데, 우리나라 흰 옷의 경우도 여기에 해당되는 것은 아닐까.

어쨌거나 100년 전의 우리나라는 서양인들이 보면 들어갈 수도 나올 수도 없는 오지 중의 오지였다. 《하멜 표류기》의 하멜처럼 한국에 올 생각이 전혀 없이 사고로 표류한 사람도 이 땅에 일단 발을 들여놓으면 '절대로 돌려보내지 않는 것'이 국법인 나라였으니 말이다. 이래서 알렌의 추측은 서양인들 사이에서 그대로 받아들여졌을 것이고, 본격적인 연구가 이루어지기 전까지는 의심할 바 없는 정설로 믿어졌을 것이다.

이처럼 다른 문화를 잠깐 들여다보고 전하는 것은 얼마나 많은 의도하지 않은 오류를 낳는 것인가. 나 역시 마찬가지다. 오지여행을 하면서 겪은 여러 가지 이야기를 보고 듣고 느낀 대로만 전하려 애쓰고 있지만 현지인이 보기에는 '한국 사람들이 흰 옷을 입는 이유'처럼 코미디 같은 억측도 없지 않았을 것이다. 그러니 한 나라의 언어나 역사, 전통 등 문화에 대한 지식 없이 그곳에 대해 이야기한다는 것은 얼마나 어렵고도 위험한 일인가. 비록 선의와 애정을 가졌다 하더라도 말이다.

그나저나 몇 시간째 월출산을 보고 걷는데 아무리 가도 입구가 나타나지 않는다. 길을 잘못 든 것이 분명하다. 두 시간 전에 만난 사람에게 물었을 때 월출산 무위사까지 한 시간 정도 가면 된다고 했는데 방금 전에 물으니 여기서도 또 한 시간 남았단다. 맥이 빠진다. 내가 뱅글뱅글 돌지 않은 다음에야 이럴 수가 있나? 전라도 시골길이 고무줄 길이든지. 내가 못 살아!

고생 끝에 무위사를 거의 다 찾아가는데 여기가 입구가 아니라는 말을 들었다. 무위사 등정로가 폐쇄되어 산을 오르려면 다른 방향인 월남사 입구로 가야 한다는 것이다. 길가 가게에서 만난 인상 좋은 총각이 말해주지 않았다면 한동안을 더 걸을 뻔했다. 이미 몇 시간 헛고생한 끝이라 그 총각이 등산로를 폐쇄시킨 것도 아닌데 일러주어서 고맙다는 말은커녕 얼굴을 잔뜩 찌푸리고 돌아섰다. 몇 걸음 가지도 않아 미안한 마음이 들었지만 돌아서서 고맙다고 말하기가 괜히 뻘쭘해서 그만두었다. 그냥 말할걸 그랬나, 자꾸 마음에 걸린다.

또 걸어서 몇십 분, 지친 몸을 이끌고 월남사인지 캄보디아사인지를 가고 있자니 기가 막혀 투우장에 나가는 소처럼 씩씩거려진다. 그런데 가만! 그러고 보니 내가 요즘 엄살이 심해지는 것 같다. 해외 오지여행이었다면 이만한 일에 이렇게 툴툴거리지는 않았을 것이다. 몇 시간 더 걸어야 하는 일보다 훨씬 중요하고 다급한 일이 얼마든지 있을 테니까. 다 호강에 겨워서 이러는 거다. 이런 생각을 하면서도 씩씩거리며 걷다 발끝에 걸린 돌멩이를 '웬수'인 양 힘껏 차버렸다.

길 떠난 후 처음으로 여관 방에서 혼자 묵는다. 자기 전에 일기를 쓰려는데 갑자기 코끝이 찡해지면서 나도 모르게 눈물이 한 방울 뚝, 떨어진다.

아, 왜 이러지? 지난 6년간을 여행하면서 수없이 많은 밤을 혼자 묵었는데, 그래서 혼자 있는 것에는 이력이 날 만큼 났을 텐데. 게다가 전화만 걸면 당장 그리운 식구들과 친구들 목소리를 들을 수 있는 곳에서 왜 눈물이 나는 걸까?

생각하면 외국여행 중에는 우리나라 자체가 그리웠다. 사람들, 산, 음식, 음악, 한글로 된 책이나 신문 등은 물론 출퇴근길의 붐비는 지하철, 늦은 밤 취객들의 고함까지 친숙한 모든 것들이. 그런데 지금은 사람만이 그리운 것 같다. 한 송이 한 송이 향기롭고 아름다운 나의 난초들.

사람과 사람의 관계는 난초를 키우는 일과 같다고 나는 생각한다. 시간과 정성을 들인 만큼 아름다운 꽃을 얻을 수 있듯 좋은 인간관계도 마찬가지다. 내게 이런 생각을 갖게 한 분은 지금은 은퇴해 알래스카에 사시는 양부모님이다. 그분들은 근무 차 한국에 왔다가 클래식 다방에서 디제이를 하던 나와 인연을 맺은 후, 대학 입시 공부를 할 때부터 관심을 보이다 4년 뒤 내가 미국 유학생이 되었을 때 개인 장학금 형식으로 나에게 '투자'를 실현하셨다.

유학 생활은 언제나 윗튼 부부와 네 명의 아들딸과 함께였다. 완전히 새로운 생활을 시작하는 나는 갖가지 보살핌이 필요한 '아이'였고, 윗튼 부부는 단순히 학비를 대주는 사람이 아닌 정신적으로 큰 힘이 된 '부모'였다. 세상에서 제일 질긴 인연이 부모 자식 간이라는데 나는 피 한 방울 섞이지 않은 그분들을 지난 20년 동안 한결같이 마음의 부모님으로 여기고 있다. 이 인연은 내 인생을 매우 풍요롭고 따뜻하게 해주었다.

그런데 그게 긴 세월이 저절로 만들어준 것일까? 아니다. 남 돕기를 좋아하는 이분들이 한국에서 인연을 맺은 사람이 어디 나 하나뿐이겠으며 내가 만난 외국인이 이들 부부뿐이겠는가. 우리가 지금까지 서로 아껴주고 고마워하는 사이가 된 것은 바로 인연을 귀하게 여기고 잘 키워가려고 노력했기 때문이다. 인연의 싹은 하늘이 준비하지만 이 싹을 잘 키워 튼튼하게 뿌리내리게 하는 것은 순전히 사람의 몫이다. 인연이란 그냥 내버려두어도 저절로 자라는 야생초가 아니라 인내심을 가지고 공과 시간을 들여야 비로소 향기로운 꽃을 피우는 한 포기 난초인 것이다. 이것이 바로 나와 친한 사람이면 귀가 무르도록 들었을 '한비야의 난초론'이다.

나와 남과의 관계가 난초를 키우는 공이 들진대, 하물며 이 세상에서 제일 가까운 자기 자신과는 어떻게 지내야 하는가. 나 자신과 사귀는 것도 비슷한 만큼, 아니 그 이상으로 시간과 노력을 들여야 마땅하지 않을까? 굳이 헤르만 헤세의 《싯다르타》를 예로 들지 않아도 자신을 제대로 알기란 무척 어렵고, 따라서 자신과 잘 지내기도 쉽지 않은 일이니 말이다.

나 역시 열심히 노력하는 중이다. 그 노력의 첫 번째는 일기 쓰기다. 국가에는 국사가 있고 세계에는 세계사가 있듯이 개인에게는 개인사가 있으며 그것이 바로 일기장이다. 일기를 쓸 때는 데이트하는 것처럼 행복하다. 노트와 연필이 애인이 되어 그날 좋았거나 자랑스러운 일을 뻐기면 같이 기뻐하고, 억울하거나 가슴 아픈 일은 같이 슬퍼한다. 반성도 하고 다짐도 한다. 초등학교 때부터 해온 일이라 일기를 쓰지 않으면 속이 답답해지는 증세까지 나타난다.

두 번째는 여행이다. 그것도 지금처럼 혼자 떠나는 여행. 만나는 모든 상황과 사람들 사이에서 나 자신도 몰랐던 나를 발견하게 되기 때문이다. 나와의 끊임없는 대화를 통해 스스로에 대한 고정 관념이 많이 깨지고 있다. 또 일상에서는 잘 보이지 않는 내가 객관적으로 보이고 때때로 예상치 않게 멋진 자신을 만날 수도 있다.

나는 나에게 편지도 쓴다. 대학 들어가기 전 영어와 한국어를 서로 가르쳐주던 영국인 선교사에게 배운 '삶의 기술'이다. 무엇인가를 결정해야 할 때, 판단이 흐려질 때는 '사랑하는 비야에게' 혹은

'고민에 빠진 친구에게', '정말 알 수 없는 너에게'로 시작하는 긴 편지를 쓴다. 설득의 말을 할 때도, 맹렬히 비난할 때도 있지만 보통은 '네가 아무리 미운 짓, 엉뚱한 짓을 해도 어떤 결정을 내린다 해도 널 사랑하는 마음에는 변함이 없다'는 톤으로 끝난다. 그러고 는 우표를 붙여 우체통에 넣는다. 며칠 후 배달된 편지를 받는 기분은 해본 사람만이 안다. 어떤 선택이나 결심을 하는 데 '나에게서 온 편지'는 많은 경우 결정적인 영향을 주었다.

기도하듯 열심히 나는 누구인가, 무엇을 하고 싶은가, 어디로 가고 있는가, 올바른 방향에 들어섰는가, 이런 끊임없는 질문을 던질 때 그리고 그 대답을 절실히 원할 때, 자기 안에 들어 있는 또 다른 자기가 이야기를 시작할 것이라고 믿는다. 아니 반드시 그럴 것이다. 진심으로 원한다면.

시골길에서 돈 주고도 못 사 먹는 것

3월 7일 길 떠날 때는 눈썹도 빼고 가라

땅끝마을부터 강원도 통일전망대까지 자를 대고 일직선으로 그어 될수록 짧은 길로 간다는 것이 내 계획이다. 가는 도중에 산이 놓여 있으면 돌아가지 말고 넘어가야지 마음먹었다. 높고 험하지도 않을뿐더러 길어야 이틀이면 넘을 수 있는 산들이니까. 걸린 산들을 살펴보니 지금 넘어갈 월출산을 비롯 충청도 월악산, 그리고 강원도의 오대산과 설악산이다.

이건 우리나라니까 가능한 일이다. 내가 만일 네팔 사람이라면 도보종단 중에 걸리는 산들, 그 7~8천 미터의 히말라야 봉우리들을 어떻게 넘어갈 수 있겠는가. 국토종단 자체도 그렇다. 내가 만약 미국 사람이라면 몇 년이 걸릴지 모른다. 내가 중국인이라면, 내가 오스트레일리아인이라면? 생각만 해도 오금이 저린다. 다른 때는 우리 땅이 작아서 불만이었는데, 지금은 그래서 잘됐다는 생각까지 든다.

자기 나라를 끝에서 끝까지 걸어본다는 것은 대단한 기쁨과 성취
감을 줄 것이다. 뭔가 목표한 것을 해낸 후 오는 자신감도 커질 것
이다. 또 자기 안에 있는 줄도 몰랐던 자기 땅에 대한 사랑이 싹트
고 꽃필 것이다. 그것이 나라 안에서 살든 밖에서 살든 대단한 자
긍심을 줄 것도 분명하다. 그 외에 예상치 않은 깜짝 선물도 준비
돼 있을 것이다. 여행이 언제나 그렇듯이.

자고 일어나니 내리던 비가 어느새 진눈깨비가 되어 흩날린다.
오늘은 산을 넘어야 하는데 어떻게 할까 하다가 일단 떠나기로
했다.

월출산. 진눈깨비 때문에 걷기가 불편했지만 푸른 산죽잎에 눈
이 새하얗게 앉은 모습을 보느라 올라가는 길은 즐거웠다. 월남사
에서 천황봉 입구까지 두 시간 가량 길에서 한 사람도 만나지 못
해 오히려 좋았다. 한적한 산길이 무섭지 않냐고? 이런 비 오는
날에 산까지 올라와서 해코지할 사람을 찾는 부지런한 깡패가 있
을까?

능선에 올라서니 갖가지 형상의 기암괴석이 보인다. 이름하여 미
니 금강산의 면모가 유감없이 나타난다. 멀리 앞으로 갈 나주평야
와 영산강이 보인다. 천황봉 정상에는 눈이 펄펄 내리고 있다. 나
뭇가지마다 탐스러운 눈꽃이 피어난다. 어제가 경칩이었는데.

전라도에서는 운도 좋다. 네다섯 시간에 걸쳐 호젓하게 산을 넘
어 내려와서 그런지 단체 관광객들이 들끓는 번잡스런 산 아래
식당에서는 괜히 밥 먹기가 싫었다. 그냥 터덜터덜 조용한 식당

을 찾으며 걸어 내려간 덕에 또 공짜 밥도 먹고 공짜 잠도 자게 되었다.

밥 먹으러 들어간 식당 주인 아줌마가 내 정체를 몹시 궁금해해서 밥 나오는 동안 이 얘기 저 얘기 해주었더니 신기해하면서 식당 옆 자기 모텔에서 묵고 가라며 나를 붙잡았다. 조금 더 이야기를 해달라며 자기도 그렇게 자유롭게 다니면 얼마나 좋겠느냐면서 자기도 10년만 젊으면 그렇게 하겠다면서.

참 이상하다. 왜 사람들은 나만 보면 못 도와주어서 안달일까. 내가 언제 공짜로 밥 먹여달라고 했나, 재워달래길 했나. 돈을 내면 죽자 하고 받지 않는 적이 한두 번이 아니다. 한국에서만 그런 게 아니다. 우리보다 훨씬 형편이 어려운 나라에서도 번번히 당하는(?) 일이다. 늘 혼자 다니는 게 딱해 보이나 보다.

나는 가끔 내가 아주 지체 높은 집안에서 태어나 '로열 패밀리'로 자라지 않은 것을 오히려 다행이라 생각한다. 나의 노력과 상관없이 나를 특별하거나 잘난 사람으로 착각하게 할 것이기 때문이다. 어느 때는 내가 일류 학교에 다니지 않은 것이 다행이다 싶다. 사회에서 주는 그 많은 특혜와 예외적인 친절이 마치 내 인간적 가치가 높아서 그렇다고 생각할 수 있기 때문이다. 나도 여자인지라 예뻐지고 싶은 마음이 굴뚝같지만 눈에 띄는 미인이 아니라 도리어 잘되었다고 생각한 적도 있다. 외모 한 가지가 나의 진짜 장점을 가릴 수도 있고, 사람들의 친절이 단지 내 얼굴 덕분이라고 생각할 수도 있기 때문이다.

이렇게 보면 여행 중에서나 일상생활에서 내게 친절을 베푸는 사람들은 다른 계산 없이 순수하게, 그저 인간 한비야를 보고 그러는

것이다. 그러니 더욱 고마울밖에. 이 아줌마도 마찬가지다. 그리고
이 모두 내가 언젠가 다른 사람에게 갚아야 하는 마음의 빛이라는
것 역시 잘 알고 있다.

천왕사 쪽으로 내려오면서 만난 사람 몇 명이 큰 배낭을 진 내게
한 마디씩 해왔다. 하루 산행 오면서 '뭐 땀시' 그렇게 큰 배낭을
짊어지고 왔느냐고. 어떤 아저씨는 같이 온 일행한테 아는 척하면
서 나 들으라는 듯한 소리를 한다.

"배낭은 모름지기 가볍게 매야 한당께."

아저씨, 배낭 가볍게 싸기로는 나도 일가견이 있답니다요. 지금
도 두 달간의 살림살이가 들어 있는 배낭의 무게가 약 10킬로그램.
세계일주할 때는 큰 가방 25킬로그램, 작은 가방 5킬로그램 해서
도합 30킬로그램이었다. 그 무거운 배낭을 6년간 이고 지고 다녀서
10킬로그램 정도는 거저일 줄 알았다.

그런데 그게 아니었다. 오늘만 해도 어깻죽지가 뻐근하다. 배낭
이 무거우면 사실 어깨보다 무릎에 더 무리가 간다. 발걸음을 뗄
때마다 배낭 무게의 세 배가 무릎에 실린다니 한 걸음당 30킬로그
램의 부담이다. 배낭 무게 1킬로그램만 줄여도 3킬로그램이 덜어
진다는 계산이다. 조금 편리하려고, 조금 예쁘게 보이려고 크게 소
용없는 물건을 넣고 다니다가는 평생 써야 할 무릎이 절단 날 수도
있다.

이번 여장을 꾸릴 때도 행여 쓸데없는 것을 넣었나 몇 번씩 확
인했다. 그것도 못 미더워 여행 중에도 사이사이 점검을 한다. 이
번에 가방에 넣은 물건은 20만분의 1 지도, 일기장, 카메라, 휴대
폰과 충전기, 갈아입을 옷 한 벌, 양말 두 켤레, 속옷, 비상약, 미

니 부탄가스 버너와 조그만 주전자, 컵, 판초용 비옷, 자외선 차단제, 베이비 파우더 등의 화장품, 수건 하나, 세면도구, 180센티미터×100센티미터 되는 기저귀 감으로 만든 간이 침낭(이건 여관 이부자리가 께름칙할 때 안에 들어가서 자려고 만든 것이다), 감잎차(피로 회복에 좋은 비타민C가 감보다 더 많이 들어 있다고 한다), 가스총과 호루라기(이것으로 신변이 보호된다기보다는 '마음의 평화' 차원이다), 책 한 권, 배낭 방수 커버, 대형 비닐봉지, 우산, 손전등이 전부다.

길 떠날 때는 눈썹도 빼놓고 가라는 속담이 있다. 가방을 쌀 때마다 나도 명심한다. 조금만 욕심을 내거나 방심하면 배낭은 금방 넘쳐나니까. 일단 가져갈까 말까 망설여지는 것은 무조건 빼놓고 될 수록 현지 물건을 쓰도록 한다. 한 가지가 여러 용도로 쓰이는 물건을 꾸리는 것도 좋은 방법이다. 많이 생각을 하고 넣었어도 실제로 며칠 여행을 하는 동안 생각만큼 자주 쓰지 않는 것은 일찌감치 다른 여행자와 바꾸거나 팔아버리거나 집으로 돌려보낸다.

이번 가방에도 벌써 필요 없는 것들이 보인다. 우선은 가스버너와 주전자. 세계여행만 생각하고 차를 타 마시거나 라면을 끓여 먹을 요량으로 넣었는데, 국도변의 주유소에서 자판기 커피나 컵라면은 언제든지 사 먹을 수 있다. 또한 판초형 비옷과 대형 컵은 없어도 견딜 만하다. 샘플용 화장품만 남기고 병에 든 스킨로션은 누구 주자. 간이 침낭은 아직 좀 두고 봐야겠다. 생수 살 때도 물값 아낀다고 1리터짜리로 샀는데 반 리터짜리로 사면 그것만도 500그램 이상 무게를 줄일 수 있겠다. 오늘 중간 점검으로 배낭 무게가 1킬로그램은 줄어들었다. 짭짤한 수확이다. 하여간 명심하라. 여행은 갈까 말까 할 때는 무조건 가고, 여행 가방에 넣을까 말까 하는 것은 무조건 뺀다!

3월 8일 물 사려다 당한 봉변

오늘은 월평을 거쳐서 군계까지만 걸어야지. 16킬로미터 길, 딱 네 시간 거리다.

평소에 워낙 물을 많이 먹기도 하거니와 반 리터짜리 물을 사니 지나는 가게마다 들르게 된다.

"할머니, 생수 작은 병으로 하나 주세요."

가게를 보던 할머니가 물을 줄 생각은 않고 되묻는다.

"어디 가는 길인감?"

"강원도 고성이오."

"거기는 왜서 가는가?"

'왜'를 '왜서'라고 하는 것이 꼭 연변 사투리 같다. 강원도 사투리 같기도 하고. 하여간 이런 질문이 좀 지겨워졌다. 국토종단 중이라면 또 비슷한 말이 나올 것 같아서 이번에는 다른 대답을 해봤다.

"책 쓰느라구요."

할머니는 나를 한 번 빤히 보시더니 말씀하신다.

"곱상하게 생긴 걸 보니 작가는 아니고 테레비 아나운서 아니여?"

그러고는 갑자기 목소리를 한 옥타브 높이신다.

"내 아들 가게니까 물을 팔기는 팔 것지만 이 물하고 저기 수도에서 철철 나오는 물하고 뭐가 다르남. 돈이 썩어나서 물을 사 먹나? 하여간 지 손으로 돈 벌지 않는 놈들은 돈 무서운 줄 모른다니까."

냉장고에서 생수 병을 꺼내면서도 계속 큰 소리다.

"내 나이 지금 일흔다섯 살이야. 이렇게 늙은 나도 요즘같이 이른 봄이면 남의 비닐하우스에서 일하지. 좀 있으면 냉이, 두릅, 취나물, 고사리 같은 산나물을 캐서 하루에 2~3만 원을 벌어. 하여간 한시도 몸을 놀리지 않지. 그래도 내가 어디 물 사 먹는 것 봤어?"

물 한 통 사려다 이런 꾸중을 듣고 있자니 약간 억울하다. 내가 언제부터 내 손으로 돈을 벌었고, 얼마나 돈을 아껴 쓰는 줄 아신다면 이렇게 야단을 치실 수는 없을 거다.

초등학교 때까지 우리 집은 동네에서 제일 잘사는 집이었다. 전화와 텔레비전이 있는 유일한 집이었고, 나는 동네에서 사립학교를 다니는 유일한 학생이었다. 집안일을 돌봐주는 아줌마와 언니가 있었고, 우리 형제들은 양장점에서 모자까지 갖춘 옷을 맞춰 입었다. 크리스마스 때는 깜빡이등을 집 둘레에 달았고, 전축에서는 늘 팝송이 흘러나왔다. 이 모두는 부잣집 막내딸이자, 당시로는 흔치 않던 대졸 신여성이던 엄마의 취향이었다.

그런데 중학교 2학년 때 아버지가 갑자기 돌아가셨다. 정신적인 충격도 충격이려니와 돈을 어떻게 벌어야 하는지, 있는 돈은 어떻게 관리해야 하는지 전혀 모르는 엄마와 우리 형제들은 그제야 '돈이 없다는 것이 무엇인가'를 온몸으로 알게 됐다. 부지런하고 헌신적인 큰언니 덕분에 끼니를 굶거나 학교를 그만두지는 않았지만 용돈 따위는 언감생심 기대할 수도 없었다. 명절날 친척집에서 받아오는 세뱃돈 등을 고스란히 생활비로 써야 했으니까.

고등학교 졸업 후, 내 손으로 처음 돈을 벌었을 때의 벅찬 기억은 지금도 새롭다. 대학 입시에 보기 좋게 떨어지고 나니 눈앞이 깜깜했다. 절벽 끝에 선 기분이 그럴까, 천길 구덩이 속으로 처박힌 기분이 그럴까. 정말 답답하고 어디론가 도망가고만 싶을 때였다. 수중에 돈 한 푼 없었지만 누구한테 돈 달라기는 너무나 창피하고 자존심이 상했다. 궁여지책으로 초등학교 과외 지도를 하겠다고 집 근처에 방을 붙였지만 몇 주일이 지나도 전화 한 통 없었다. 하기야 대학생도 쌔고 쌨는데, 어느 부모가 고등학교 졸업생에게 과외를 시킬 것인가.

생각 끝에 성당의 사무장님과 신부님을 차례로 찾아갔다. 사정을 말씀드리고 주일날 미사 후에 귤을 팔 수 있게 해달라고 졸랐다. 수익금의 절반은 성당 청년회에 내기로 했다. 신부님께 장사 밑천으로 1만 원까지 빌렸다. 귤 장사는 참 좋은 장사다. 비타민C의 보고(寶庫)를 파는 거니까. 수익도 두 배 장사였다. 팔다 못 팔면 내가 먹어도 되는 거니까 전혀 밑질 것이 없었다. 한 달간 허락을 받았는데 두 주 동안 하고는 '권리금 없이' 같이 판을 벌인 청년회 회장에게 인계했다. 그사이 운 좋게 과외 공부시킬 아이들이 생긴 것이다.

사실 귤 장사는 쉬웠다. 안면이 있는 신자들을 대상으로 하는데다 끼닛거리를 위한 절박한 장사는 아니었으니까 말이다. 나는 용돈이 궁해서 한 일이었는데, 다른 아이들은 '비야는 참 특이하게 논다'고 생각했단다. 그러나 이 주일간의 귤 장사는 내게 아주 중요한 것을 가르쳐주었다. 제 손으로 돈을 버는 것이 매우 즐거운 일이라는 것과 제 몸을 움직여서 하는 일이면 아무리 하찮게 보이는 일일지라도 당당할 수 있다는 것이다.

나는 세계여행 중에도 돈이 똑 떨어지면 가지고 다니던 물건 중에서 다른 배낭족에게 유용할 것을 팔아서 어려운 때를 넘기곤 했다. 길거리에서 장사하는 것이 하나도 부끄럽지 않았다.

세계여행 간다고 직장을 그만둘 때 사람들이 '노느라고' 좋은 직장 때려치우느냐고, 실컷 놀다 와서는 뭐 먹고 살려고 그러느냐고 했을 때도 나는 겁나지 않았다. 여행 후 마땅한 일을 찾다가 뜻대로 안 되면 번역이나 통역을 할 수도 있고, 그것도 여의치 않으면 과일 좌판을 벌이면 된다는 배짱이었다. 일의 종류가 어떤 것인가가 왜 창피한가, 멀쩡한 사지로 아무 일도 하지 않으려는 것이 창피한 일이지. 그것이 인간 기생충이지.

경제적 독립은 정신적 독립의 기본이라는 것이 변함없는 내 생각이다. 자유롭고 싶은가? 그러면 돈을 벌어라. 작은 돈이라도 일단 제 손으로 벌기 시작해라. 어쩔 수 없이 타서 써야 하는 경우라면 최소의 최소를 써라. 자기 용돈도 못 버는 젊은 아이들이 명품으로 치장하고 기름값까지 타서 쓰는 주제에 자가용을 굴리는 건 웃기는 일이다. 그건 우쭐할 일이 아니라 '나는 인간 빈대요' 광고하고 다니는 일이니 말이다.

먹고사는 문제로부터 조금이라도 자유로우려면 우선 경제 규모를 작게 하면 된다. 돈이 많이 필요하지 않으니 많이 벌지 않아도 큰 걱정이 없다. 내 경우에는 미혼에다 반드시 부양해야 할 사람이 없기도 하지만, 나 스스로도 많은 돈이 필요하지 않을 만큼 생활이 간단하다.

한두 가지 예를 들어볼까? 우선 나는 차가 없다. 가끔씩 불편할 때도 있지만 대중교통을 이용하는 편이 훨씬 좋다. 차 안에서 책도 읽고 생각도 하고, 주차비나 차량 할부금 및 유지비 걱정을 하지 않아도 되니 말이다.

외출복도 계절별로 두 벌 정도다. 연예인도 아니고 회사를 다니는 것도 아니니 더 이상은 필요 없다고 생각한다. 그래서 나는 나갈 때 무슨 옷을 입을까 하는 갈등이 전혀 없다. 그 계절의 '교복'을 입고 나가면 그만이니까(텔레비전에 출연할 때는 방송국에서 옷을 빌려준다).

철학자 쇼펜하우어도 짠돌이로 유명하다. 그는 매일 밤, 1원 단위로 가계부를 적었다고 한다. 사람들이 철학자가 돈 계산이나 한다고 흉을 보자 그는 이렇게 대답했다.

"나는 내가 돈 버는 재능이 전혀 없다는 것을 잘 알고 있습니다. 그러니 돈을 아껴 쓰는 법을 터득해야지요."

내가 하고 싶은 말이다.

물론 나도 돈이 좋다. 그것도 많을수록 좋다. 자본주의 사회에서 돈의 힘을 모른다거나 외면하는 것은 순수함이 아니라 무능력자의 변명이거나 위선자의 교언이다. 누군가 그랬다. 돈 잘 버는 것은 기술이고 잘 쓰는 것은 예술이라고. 돈을 많이 벌어서 잘만 쓴다면 그것만큼 멋진 일도 없을 것이다. 나도 그러고 싶다. 그리고 나이가 들면 그에 걸맞도록 외모에 투자를 해야겠다는 생각도 가지고 있다. 하지만 중요한 것은 돈 없이도 마음의 평화와 품위를 유지하며 잘 살 수 있다는 것이다.

내가 경제적으로 어려워도 당황하거나 짜증내거나 기죽지 않고 비교적 잘 지낼 수 있었던 것은 어렸을 때 풍족하지 않은 세월을 보냈기 때문이라고 생각한다. 세계 오지에서 만난 그 가난하고 힘

없는 사람들의 심정을 헤아릴 수 있었던 것도, 오지여행의 육체적 불편함을 달게 견딜 수 있었던 것도 이것과 전혀 무관하지 않을 것이다. 모두가 가난의 경험이 만든 단단함과 따뜻함이다.

할머니, 이래도 제가 돈 무서운 줄 모르는 사람인가요?

월평까지는 또 재미없는 국도길. 그래도 처음 두 시간은 뒤만 돌아보면 나타나는 예쁜 바위산 때문에 그렇게 지루하지만은 않았다. 넓은 들판과 나지막한 산속에서 금강산 만물상을 한 쪽 뚝 떼어다 옮겨놓은 것 같은 아기자기한 월출산이 사랑스럽다.

이 여행을 계획하면서 일주일에 한 번씩은 빨래도 하고 편지도 쓰고 책도 읽으면서 쉬려고 했다. 오늘이 바로 일주일째다. 아침에 일어나 보니 흐린 날씨지만 비는 오지 않을 것 같고 컨디션도 좋아서 일단 반나절만 걷기로 했다. 이렇게 시간을 저금해놓으면 어쩐지 걷기 싫은 날 그만큼은 땡땡이칠 수 있을 거라는 계산에서다.

참 이상하다. 매일 끼니마다 머슴처럼 고봉밥을 먹는데도 살이 쭉쭉 빠진다. 나는 여행 중에 오히려 살이 찌는 편인데 이번에는 좀 다르다. 걷는 것이 에너지를 많이 소비하기는 하나 보다. 무엇을 어떻게 얼마만큼 먹는 것이 도움이 될까? 특히 걷는 여행을 하는 사람이 알아두어야 할 식생활이 따로 있는 건가? 내가 아는 것은 총열량의 50~60퍼센트를 탄수화물로, 10~20퍼센트는 단백질로, 그리고 나머지는 지방으로 먹는 것이 좋다는 상식 수준인데, 지금 형편으로는 딱 맞추어 먹는 것이 불가능하니 일단 많이 먹어두어야 체력이 유지된다는 생각에 무조건 두 그릇씩 먹는다. 다행히 밥맛은 좋다.

그런데 국도변을 걷고 있는 나에게는 영양학 상식이 아무리 풍부해도 소용이 없다. 무슨 음식을 먹느냐는 내 뜻이 아니라 그날의 운에 달렸기 때문이다. 예를 들면 도로변 '가든'에서 도가니탕을 파느냐, 국밥을 파느냐, 불고기나 생등심을 이 인분이라도 만들어 주느냐에 따른 것이다. 오늘만 해도 그렇다. 영양 보충 차원에서 눈 딱 감고 닭도리탕을 시켰더니 식당 할머니가 놀라서 야단을 치신다.

"혼자 먹다가 다 남기려고 2만 5천 원짜리를 시키오? 국밥이나 한 그릇 말아 먹고 집에 가서 잘 자시오잉."

그 바람에 또 국밥으로 때웠다. 내 돈 주고도 골라 먹을 수 없는 것이 시골길 '가든'이다.

길가에 있는 밭에서 어른 키만 한 나무의 가지들을 평평하게 붙잡아 매주는 작업을 하는 농부들이 간간이 보인다. 배밭이란다. 배 얘기를 들으니 나주에 다 와가는 느낌이다. 4월 중하순, 저 배밭 가득 하얀 배꽃이 활짝 피면 얼마나 예쁠까? 생각만 해도 눈이 부시다.

신기하다. 국도에서 조금만 벗어나도 이런 길이 있다니. 도시 사람들이 시골길 하면 떠올리는 모든 것이 거기에 있다. 꼬불꼬불한 흙길, 나지막한 집들, 산처럼 쌓인 볏짚, 그 사이사이 누런 황소와 동네 강아지들이 보인다. 배밭에 거름으로 주었을 구수한 쇠똥 냄새가 구색을 맞춘다.

화장실에 가려고 들른 가게에서 우연히 이 동네에 수녀원이 있다는 말을 들었다. 마침 해도 저물고 있어 말이나 해보자는 생각으로 수녀원을 찾아가는 길이다. 여관에서 묵는 것보다 수녀원에서 하루 얻어 자고 굳은 숙박비를 헌금하면 누이 좋고 매부 좋은 것 아닌가.

한 15분쯤 걸었을까. 벽돌로 말끔하게 지은 수녀원이 보인다. 밭에서 일하시던 수녀님 한 분에게 사정 얘기를 드리고, 하루 저녁 묵어갈 수 있겠느냐고 물었다. 수녀님은 지금 난방이 되는 손님방이 없고, 바로 앞에 사시는 아주머니도 아들네를 다니러 가서 오늘은 안 계시다며 미안해하신다. 불쑥 나타나 하루 재워달라는 내가 더 미안해하며 물러나야 할 대목이지만 웃는 얼굴의 넉넉해 보이는 수녀님한테 억지를 부려도 될 것 같아 되레 마구 졸랐다.

"그럼 어떡해요. 수녀님이 이 동네 신자 집이라도 소개해줘야죠. 저 지금 발 아파서 한 걸음도 더 못 걸어요."

"아이고 저걸 어쩌나. 가만 있자……."

자기를 따라오란다. 그렇게 소개받은 집이 근처에서 소를 키우는 집이다. 아버지, 어머니, 그리고 딸 둘이 사는데 아버지가 수녀님 이야기를 듣고는 "그렇게 하셔요" 하며 쾌히 승낙하신다. 다행히 수녀님 '빽'이 통하는 동네였다.

이렇게 묵을 곳을 구해주신 도미질라 수녀님은 고맙게도 밤참으로 먹으라며 갓난아이 머리통만 한 배까지 네 개나 가져다주셨다. 이것이야말로 오리지널 나주 배, 한국 사람들뿐만 아니라 전 세계가 즐겨 먹는, 아니 즐겨 먹고 싶어도 비싸서 아껴 먹는 한국의 나주 배다. 보기만 해도 반갑다.

미국에서 유학할 때 우리나라 유학생들이 제일 먹고 싶어하는 것은 한국식 자장면과 바로 이 배였다. 일본인 가게에 '나시'라고 파는 것이 있는데 그게 다름 아닌 한국 배다. 문제는 가격. 한 개에 4달러 정도여서 먹고 싶다고 덥석 사기에는 손이 떨리게 비싸다. 망설이다 망설이다 한국 학생 네 명이 1달러씩 돈을 걷어 한 개를 사서 껍질에 조금이라도 살이 묻어날까 최대한 얇게 깎아 4분의 1로 잘라 먹던, 그 향긋한 맛과 팔목을 타고 흐르던 배즙의 느낌이 지금도 생생하다.

나의 미국인 양부모님과 형제들도 모두 한국 배를 좋아한다. 한국에 살 때부터 맛을 들였는데, 미국에 사는 식구들은 한국인 상점에서 산다지만 스위스로 시집간 큰딸은 한국 배를 구할 수 없다고 징징거리는 이메일을 가끔 보내온다.

그날 밤, 하루 묵게 된 주인집 식구들과 이런저런 이야기를 나누다가 큰딸 용희에게 내가 세계일주를 했고 책도 썼다는 얘기를 하게 됐다. 용희가 깜짝 놀라며 제목이 뭐냐고 묻기에 말해주었더니 슬그머니 사라졌다가 한 시간 만에 돌아왔다.

"와, 엄마, 아빠, 미희야, 이것 좀 봐."

바깥에서 떠드는 소리가 났다. 그사이 나주 시내 책방에 가서 내 책 네 권을 몽땅 사왔던 것이다. 아이고, 내가 서울 가면 보내주려고 했는데 여기서 정체가 탄로 나버리면 쑥스럽잖아.

책마다 사인을 해주고 늦게까지 세계여행의 하이라이트를 생방송으로 들려주었다. 용희는 그것 가지고는 성에 안 찼는지 밤을 새워 1권을 읽었단다.

3월 9일 말 한 마디로 만 원을 깎다

아침부터 머리를 감는다. 드라이를 한다. 출근 준비로 바쁜 용희한테 도와달라면서 설쳤다. 광주 KBS에서 촬영을 나오기로 했기 때문이다. 이번 주 토요일 〈아침마당〉에 나갈 꼭지란다.

경험으로 봐서 20분짜리 방송이라면 녹화가 하루 종일 걸릴 테지만 이번 도보여행 모습을 생생하게 기록할 수 있겠다는 생각에 섭외가 왔을 때 그러마고 했다. 아침에 피디와 진행자 등 촬영팀이 용희네 집으로 왔다. 우선 배낭 싸는 모습을 연출하고, 외양간에서 소를 돌보는 모습, 시골길을 걸어가는 모습, 길 가다 나무 밑에서 차를 끓여 먹으며 쉬는 모습, 틈틈이 운동화 끈을 다시 매는 모습, 시골 사람들에게 길 물어보며 이야기하는 모습, 그리고 쭉 뻗은 길을 따라 걸으며 잘 가라고 손을 흔들며 가는 모습 등을, 아니나 다를까 '왼종일' 찍었다.

날이 잔뜩 흐리다가 끝날 때쯤 햇살이 반짝 났는데, 그것으로 아주 좋은 마무리가 되었다고 연출자가 만족해한다. 나도 재미있었다. 이번 주 토요일 아침 8시 25분부터 9시 30분 사이에 방영된단다. 그 전날은 반드시 텔레비전이 있는 여관에 묵어야겠다.

나머지 시간을 부지런히 걸어 영산포에 도착했다. 오랜만에 도시다운 도시를 만났다. 대형 버스터미널도 있고 사우나와 여관도 수두룩하다. 깨끗해 보이는 여관으로 갔더니 사십대 눈이 동그란 주인아줌마가 어서 오란다. 순해 보이는 아줌마에게 주머니에 있던 껌 한 개를 자연스레 건네주면서 다짜고짜 숙박비를 깎아줄 수 없냐고 했다. 얼마면 되겠냐고 하기에 1만 5천 원 정도라니까 펄쩍 뛰는 시늉을 한다. 우리 같은 장급 여관은 2만 5천 원이라 면서.

"아이, 아줌마, 내가 지금 강원도까지 가는데 맨날 2만 5천 원씩 내고 어떻게 다녀요? 아줌마도 한번 생각해보세요."

내가 실실 웃으며 수(?)를 써봤다. 순한 아줌마가 거기 넘어가나 보다.

"뭔 일이여. 돈도 안 가지고 워찌 다니고 하는가."

"돈이 없는 게 아니라 될 수록 아껴야 한다는 거죠."

그러니까 그 동그란 눈을 가늘게 뜨며 그럼 조그만 방이라도 괜찮으면 묵고 가란다.

"근데 아줌마, 방은 작아도 되는데 텔레비전은 꼭 나와야 되는데요."

"워메, 시방 찬밥, 더운밥 가려야아."

그러면서 요즘에 텔레비전 없는 방이 어디 있냐며 심야에 '빨간 비디오'도 나간다고 묻지도 않은 정보까지 준다.

"아참, 아줌마, 신문도 좀 모아다주실래요. 지나간 것도요."

"월렐레, 아주 골고루 찾네잉."

말은 이렇게 하지만 동그란 눈에 웃음이 가득하다.

내가 너무 서울깍쟁이처럼 굴었나? 그런데 아무리 생각해도 한국의 여관비는 너무 비싸다. 특히 저경비 배낭여행자들이 소박하지만 안전하고 깨끗하게 묵을 숙소가 많지 않다. 한국을 찾는 외국 배낭여행자들의 대표적인 불만 사항도 바로 묵을 곳이다. 선택의 폭이 넓지 않을뿐더러 이 인실 기준으로 요금을 받기 때문에 혼자 다니는 여행자들에게는 큰 부담이 된다.

외국에서는 저경비 여행자를 위한 싼 숙소가 아주 잘 갖춰져 있다. 숙박비는 하루 2달러에서 10달러까지 주머니 사정에 따라 다양하다. 2,100일 동안 세계를 여행하면서 어떤 방에선들 안 자보았겠는가. '세계의 숙소'만으로도 책 한 권은 너끈히 쓸 수 있을 정도다.

40명 이상이 넓은 공간에 간이침대만 놓고 자는 병원형 기숙사방, 감옥처럼 창문도 없이 침대만 덩그러니 놓인 방, 베니어합판으로 칸막이만 대충 해놓아 옆방 사람 숨소리까지 들리는 방, 다락방이나 지하방, 옥상에 매트리스만 깔아놓은 '뻥 뚫린 방'도 있다. 이인실이라도 혼자 들면 한 사람 값을 받는 경우가 흔하다. 물론 공동 화장실에 공동 샤워장이 대부분이고, 여름에는 '난방'이, 겨울에는 '냉방'이 잘 되는 숙소들이다. 모기나 침대벼룩 등 물것은 물론 쥐가 나오기도 한다.

그러나 운이 좋을 때는 얼마 안 되는 돈으로 옛 귀족들의 대저택이나 예전의 정부 영빈관에서도 묵을 수 있다. 물가가 싼 나라에서 15달러 정도면 방 안에 샤워장과 화장실이 있고, 에어컨까지 기대해도 좋다. 나라 밖 사정이 이러니 우리나라 숙박비가 너무 비싸다는 생각을 떨칠 수가 없어 지치지도 않고 악착같이 깎게 되는 것이다. 아니, 깎아주지 않더라도 밑져야 본전이니 말이라도 한번 해보게 되는 것이다.

근처 목욕탕에서 파김치가 되도록 길게 사우나를 했다. 그러면 다리 근육이 풀려야 하는데 왜 더 뻣뻣해지는 거지? 오히려 기운이 더 빠진 것 같다. 일기도 길게 쓰기 싫고 배낭 안에 든 화장품 주머니도 꺼내기 싫다. 오랜만에 조용한 방에서 식구들과 친구들에게 전화해서 실컷 수다나 떨고 싶었는데 휴대폰 충전될 때를 기다리다가 그만 잠들어버렸다. 몹시 피곤했다(뭘 했다고).

가는 길만 포기하지 않는다면

3월 10일 전 구간의 6분의 1을 걷다

'가는 길 포기하지 않는다면 꼴찌도 괜찮은 거야.'

착한 아줌마가 아침에야 걷어다준 지난 신문에서 눈에 번쩍 띄는 기사 제목을 보았다. 꼭 지금의 내게 하는 소리 같다. 이번 여행을 여러 명이 함께했다면 나는 꼴찌는커녕 제대로 따라가지도 못했을 거다. 아침에 늦게 일어나지, 가면서 궁금한 건 꼭 물어봐야지, 걷는 속도도 들쭉날쭉이지, 하루에 많이 걷지도 않으니까.

그러나 나는 알고 있다. 내가 가다가 도중에서 그만두지는 않으리라는 것을. 누가 도보여행하라고 등 떠밀었나? 언제까지 끝내라는 기간을 정해주었나? 꼭 어떻게 하라는 규칙이나 지침을 주었나? 다 끝내면 큰 상 준다고 했나? 아니다. 이건 누가 시키거나 지켜봐서가 아니라 순전히 내가 좋아서, 내 식대로 하는 일이다. 한 번 걸어보기로 다른 사람이 아닌 나 자신과 약속한 일이니 얼마가 걸리든 틀림없이 끝까지 갈 거다. 그러니 꼴찌라도 괜찮은 거다. 가는 길만 포기하지 않는다면.

갑자기 정신이 번쩍 든다.

영산포에서 나주, 노안을 거쳐 광주까지 가는 것이 오늘의 목표다. 하여간 오늘은 무리를 해서라도 많이 걸어놓아야 한다. 오늘과 내일에 걸쳐 광주 MBC 녹화 등 인터뷰가 세 개나 잡혀 있기 때문이다.

나주(영산포)부터 송정리까지 오는 길은 정말 재미없었다. 국도라 온갖 차들이 꼬리에 꼬리를 물고 지나갔다. 거기서 뿜어대는 온갖 소음과 매연 때문에 스트레스 지수가 100분의 90은 가뿐히 넘겠다. 기분이 상쾌하지 않으니 걸음이 자꾸 빨라진다. 오히려 잘되었다.

가끔씩 사방을 살펴보아도 배밭은 가뭄에 콩 나듯이 눈에 띨 뿐이다. 나주를 걸으면서 나지막이 겹쳐지는 구릉과 영산강 유역에 펼쳐진 드넓은 나주골을 볼 수 있으리라 예상했는데 입이 딱 벌어질 만큼 '드넓은 나주평야'는 적어도 이 길 위에서는 느낄 수가 없었다.

이정표를 보니 나주 지나서 바로 광주가 시작된다. 아, 나주와 광주가 딱 붙어 있었구나. 지도상으로 보면 상당히 떨어져 보이는데. 나주는 나주읍과 영산포를 합쳐서 된 시로, 옛날에는 광주와 비교도 되지 않을 만큼 크고 번창했다고 한다. 전라도라는 이름도 전주와 나주의 앞 자를 따서 붙인 것이라니 짐작이 간다. 그렇게 따져보니 경상도는 경주와 상주, 충청도는 충주와 청주, 강원도는 강릉과 원주겠구나. 그럼 경기도는? 경주와 기주가 아니라 서울 경(京)

에 경기 지방을 일컫는 기(畿)의 합자란다. 이런 행정 구역은 조선 시대 세조대에 완전히 체계를 잡았다니 지명 하나로도 한 도시의 역사와 흥망성쇠를 엿볼 수 있는 거다.

네 시간 반 정도를 걸었을 뿐인데 20킬로미터 이상을 걸었다. 중간에 식당에서 한 시간 정도 허비한 것을 생각하면 거의 시속 5킬로미터. 점점 능숙한 도보여행가가 되어가고 있다.

이제까지는 잘 걷고 있다. 여태껏 걸어온 길이 어느덧 135킬로미터 남짓. 벌써 전 구간의 6분의 1을 온 셈이다. 신기하다.

3월 11일 나는 지금 뭐하는 사람인가

오후 내내 날씨는 좋았지만 오늘 걸은 거리는 겨우 송정리에서 월곡동까지 3킬로미터. 한 시간도 채 걷지 못했다. 국토종단을 떠나기 직전 몇 군데 신문에 내 기사가 나는 바람에 미리 약속해놓은 인터뷰 때문이다. 정오에 〈주간조선〉 인터뷰를 끝내고 바로 광주 MBC 녹화를 했다. 저녁 6시 〈화제집중〉 시간에 방송할 꼭지란다. 나와 동갑인 피디는 친절하면서도 까다로운 프로여서 재미있었다. 시골길로, 국도변으로 마구 끌고 다니더니 저녁노을 지는 장면을 찍어야 한다고 산 밑에서 좋은 그림을 기다리다가 6시가 넘어서야 끝났다. 그리고 〈무등일보〉 인터뷰. 내일 아침에는 SBS 라디오 이숙영 씨와 전화 인터뷰다.

걷기는 한 시간, 방송은 여섯 시간이라. 웃긴다. 내가 무슨 방송인이라고. 하루를 이렇게 보내고 나니 난 도대체 뭘 하고 있는 사람인가 하는 생각이 저절로 든다. 나는 지금 땅끝마을에서 민통선까지 걷고 있는 사람이 아닌가. 무엇이 주(主)고 무엇이 부(副)인가. 무엇이 우선이고 무엇이 나중인가.

대중매체에 나온다는 것은 나름대로 재미도 의미도 있는 일이다. 하지만 그걸 하느라 TV를 위해서는 장면도 연출하고, 인터뷰를 위해서는 비슷한 얘기를 반복해야 한다. 그러면서 시간이 토막 나고 신경이 분산되어 내 여행의 흐름이 끊어지고 있어 이번 여행의 주 목적인 걷는 것과 생각하는 것에 집중할 수가 없다. 솔직히 처음 약속할 때는 이 정도까지 방해될 줄은 미처 몰랐다. 안 되겠다. 앞으로 국토종단이 끝날 때까지는 더 이상 신문과 방송 인터뷰를 하지 말아야지. 이미 잡아놓은 것들도 미안하지만 다 취소해야겠다. 아, 그러면 국토종단 마지막 날 하기로 한 그 TV 인터뷰도 취소? 이건 중요한 건데. 그 피디, 이제 와서 없던 얘기로 하자면 날 잡아먹으려고 할 텐데……. 아니야. 그래도 무슨 욕을 먹더라도 취소하는 게 좋겠다. 주객이 전도돼서는 안 되는 일이니까.

그날 저녁에는 광주에 사는 친구 집에서 묵었다. 이십대 초반에 서울 응암동 성당을 같이 다닌 친구다. 이곳에 오기 직전 촬영 스태프들과 분식집에서 떡볶이, 만두, 라면, 순대, 오뎅 등으로 포식을 했는데, 여기서도 삼겹살로 진수성찬을 차려놓았다. 물론 두 번째 저녁도 배 터지게 먹었다. 다른 복은 몰라도 먹을 복 하나는 정말 잘 타고났다.

3월 12일 광주시 비아동, 내 홈그라운드

오늘 최고 기온이 영상 19도까지 올라간단다. 그래도 최저 기온은 4도. 아직도 아침저녁 바람은 쌀쌀하기만 하다. 어제까지 본의 아니게 걷는 것을 '땡땡이'쳤으니 부지런히 걸어야겠다. 나주에서 광주까지는 또 재미없고 밋밋한 길이다. 사람과 물건으로 번잡한 거리, 소음과 매연이 싫다. 등산복 차림으로 도심을 가로지르자니 쑥스럽기도 하고. 이런 길은 날개가 있다면 날아서 건너뛰고 싶다. 화가 난 사람처럼 입은 꼭 다물고 잰걸음으로 쫓기는 사람처럼 걸었다.

하남공업단지를 지날 때 길거리에서 공공근로 하러 나온 분들과 어울리게 되었다. 대여섯 명의 아주머니와 서너 명의 아저씨가 그늘에 앉아 쉬고 있다가 먼저 말을 붙여왔다.

"벌써 마치고 가시오?"

내 차림을 보고 공공근로 하는 사람인 줄 알았나 보다. 다리도 쉴 겸 나도 그늘에 아무렇게나 앉았다.

"손을 본께 일 다니는 사람은 아닌 것 같구마."

한 아줌마의 말에 내가 강원도까지 가는 중이라고 했더니, 그 말을 내가 다음 동네인 대치까지 간다는 걸로 들었다.

"뭔 청승의 소리를 듣겠다고 걸어다니요. 버스삯이 540원인디."

이 아줌마는 내가 돈이 없어서 걸어다니는 줄 아는 모양이다.

놀라 동그랗게 뜨고 나를 쳐다보는 눈들이 모두 그렇게 선할 수가 없다. 내 눈도 저 아줌마들에게 그렇게 보일까? 그랬으면 좋겠다.

광주시 광산구 비아동.

국도 13번을 따라 걷다가 광주시 끝에서 반갑게도 '비아'라는 동

네를 만났다. 동네로 들어서니 죄다 '비아'로 시작된다. 비아천주교회, 비아회관, 비아이불집, 비아우체국, 비아초등학교, 비아생막걸리, 비아한의원, 비아낚시, 비아약국, 비아흑염소, 비아노인회, 이건 완전히 내 세상이다.

내 이름 비야는 천주교 영세명인데(본명은 한인순이다), 원래는 이탈리아 이름이고 한글 표기를 비야, 삐야, 삐아, 비아 등으로 한다. 보통은 비아로 쓰는데 영세받을 때 본당 수녀님이 '비야'로 교적에 올려주셨다. 몇년 전부터는 아예 개명해서 호적에 올려 본명으로 쓰고 있다. 그러니 여기가 내 홈그라운드가 아니고 무엇이랴.

너무나 신기해서 동사무소를 찾아갔다. 이름의 유래가 알고 싶어서였다. 동장은 안 계셨지만 친절한 직원 한 분이 차가운 드링크제까지 주면서 성의껏 설명해주었다. 비아는 한문으로 날 비(飛), 까마귀 아(鴉)라고 한다. 예전에 여기 까마귀가 많이 있어서라는데 지금과는 달리 예전에는 까마귀를 길조로 여겼다고 한다. 그런데 우리나라 땅 이름에 관심을 가지고 여러 가지 책을 읽던 중 '비아'라는 지명에 대한 더 신빙성 있는 해석을 발견했다.

그 책에 따르면 비아는 지세가 비탈져서 생긴 이름이란다. '비스듬하다'의 옛 표기는 '빗', 비스듬한 곳에 있는 마을이라는 뜻으로 비스듬한 고을, 즉 '빗+골'이 점차 빗의 골→빗아골→비앗골→빗골→비앗을 거쳐 '비아'가 됐다고 한다. 하지만 일제시대 때 행정 지명을 정하면서 순우리말 이름을 한자인 '飛鴉'로 쓰게 되었단다. 여기뿐 아니라 '비학'이나 '비오'라는 지명도 비슷한 유래라고 한다. '비산(飛山)'이란 지명도 날아갈 듯한 산이 아니라 '비메', 즉 비스듬한 산자락에 위치한 마을, 혹은 산이 반듯하지 못하고 비틀어져 있다고 붙여진 이름이란다. 나는 이 해석이 더 그럴듯하게 들린다. 다른 곳에 있는 비앗골은 지세가 정말 비스듬하다니 말이다.

어쨌든지 이렇게 내 이름과 같은 마을이 있다는 게 신기하면서도 기분 좋다. 인연이라면 이건 보통 인연이 아니다. 이 마을과 어떤 식으로든 좋은 관계를 맺고 싶어졌다. 국토종단이 끝나는 대로 이곳 동사무소나 천주교회에 연락해서 도와줄 사람이나 일을 찾아보아야지. 성의껏 할 수 있는 일부터. 우선 비아초등학교와 마을 도서관에 내 책 한 질씩을 기증해야겠다.

오전에 재미없던 길을 보상이나 하듯 비아부터 대치까지 가는 길은 참 좋았다. 해산, 용산, 중옥리를 거치는 지방도로를 택했는데, 광산 인터체인지를 지나자마자 시골 냄새가 물씬 난다. 오랜만에 아기 업은 여자를 보니 반갑다. 학교를 파하고 오는 초등학생들의 재잘거림도 정겹게 들린다. 논둑길을 지나가는 노인들의 걸음걸이도 여유롭다. 논두렁의 흙냄새가 구수하다. 논을 갈아엎는 트랙터 소리가 요란해도 차 소리보다는 백 배 낫다. 멀리 비스듬한 언덕에서 쑥을 캐는 아줌마들이 무척 한가롭게 보인다.

"길로만 따라 가지 말고 무찔러 무찔러(가로질러) 가랑께."

산도 아닌 논두렁을 배낭 메고 걷는 여자를 휘둥그레진 눈으로 보고 있던 동네 어른들의 말씀대로 염치 불구하고 남의 논길을 가로질러 다녔다. 갈아엎은 논에 빠져 신발이 엉망이고 동네 개가 한참을 으르렁거리며 쫓아와 이리저리 피해 다니느라 원래 길 따라 가는 것보다 훨씬 많이 걸었지만 논길, 흙길을 가고 있자니 도보여행의 제 맛이 나는 것 같다.

포장된 길 말고 이렇게 흙길로만, 뒷길로만 국토종단 하는 건 어떨까? 그렇게 해서 강원도까지 간다면 얼마나 걸릴까? 지나가는 마을마다 지금처럼 하룻밤만 자고 떠나지 말고 오지여행 때처럼 며칠씩 묵으면서 다니면 사람들하고도 훨씬 친해지고 재미있을 텐데.

3월 13일 슬슬 꾀가 나기 시작하다

아침에 억지로 일어났다. 여행 시작한 지 열흘이 넘어가니 슬슬 꾀가 나나 보다. 어디 아프거나 불편한 데도 없는데 괜히 일어나기 싫으니까 이불 속에서 혹시 어디 아픈 데는 없나 생각하게 된다. 언제 일어나든 하루에 25킬로미터씩만 걸으면 되니까 그냥 몸이 하자는 대로 놔두는 게 좋겠다. 10시도 훨씬 넘어 걷기 시작했다.

오늘은 많은 사람들이 좋아하는 담양읍에서 금성면 가는 가로수길을 지난다. 대치에서 병풍마을을 지나 계곡마을이라는 갑향리까지는 시원한 길이다. 뺨을 스치는 바람에 온기가 묻어 있다. 불과 6일 전 월출산 정상에서 눈꽃을 보며 달달 떨던 생각을 해보면 봄날 하루가 무섭다. 봄바람은 정말 향긋하구나. 옛 어른들이 봄에는 먼지에서도 향기가 난다고 하더니. 햇살 덕분에 만물이 흑백사진에서 컬러사진으로 변한 듯 선명하고 싱싱해 보인다.

담양에서 순창 가는 길은 듣던 대로 메타세쿼이아 나무의 열병식. 여기가 영화 찍는 장소로 유명하다는 곳이다. 지금은 고동색 가지만 앙상하지만 신록이 우거지면 숲속 동굴처럼 되어 시원하기도 하고 참 멋있겠다. 그런데 이 길을 좋다고 한 사람들은 걸어서가 아니라 차를 타고 가며 본 것이 분명하다. 걸어보니 걷기에는 상당히 불편한 길이다. 가로수가 빽빽한 이차선인데 갓길이 전혀 없어 차가 오면 나무 사이로 몸을 피해야 한다. 동네 사람들도 60년 대에 심은 외국 나무가 보기에는 좋아도 차가 길을 벗어나 삐끗하면 피할 곳이 없어 큰 사고가 난다고 한다.

담양 하면 제일 먼저 생각나는 것은 역시 대나무. 담양에 들어서 자마자 죽물박물관이 눈에 들어온다(박물관 이름을 그냥 대나무박물관이라고 했으면 더 좋았을걸). 이곳은 전국 죽제품의 60퍼센트가 나는 곳으로 한창 경기가 좋았을 때는 장날 개천가를 어슬렁거리는 멍멍이도 돈을 물고 다녔다는 전설 같은 얘기가 있다.

곧고 잘 부러지지 않으면서 가늘게 자르면 버들보다 더 유연하게 구부러지는 대나무로 만든 제품은 그 쓰임이 무궁무진하다. 우리나라만 그런 것이 아니라 동남아시아나 중남미 등 대나무가 많이 나는 곳에서는 오로지 이것 하나로 의식주를 해결한다고 할 만큼 다양하게 이용한다. 집은 물론 장롱, 식기, 모자 등 온갖 생활용품, 악기, 장난감에 이쑤시개까지 몽땅 대나무로 만든다. 라오스, 베트남, 미얀마, 페루, 볼리비아에서도 그랬다.

내가 다른 나라에서 보며 감탄에 감탄을 하던 것들이 우리나라 박물관에도 다 있는 것을 보면 어떤 공통점이 있는 게 아닐까 생각하게 된다. 인간은 가장 가깝고 가장 흔한 자연을 고맙게 여기며 최대한 이용하며 산다는 공통점. '문명'이나 '개화' 이전에는 사람이면 누구나 가지고 있던 재능을 현대를 사는 우리들만 잊고 사는 것은 아닐까? 언제나 꼭 필요한 것은 멀리 있는 법이 아니니까.

그런데 여기에는 다른 나라에서는 볼 수 없던 것이 하나 있다. 바

로 죽부인이다(중국에도 비슷한 것이 있다고 하나 여행 중에 한 번도 본 일이 없다). 잘 알다시피 죽부인은 대쪽을 얼기설기 엮어서 원통형으로 만든 침구로, 통풍을 돕는 납량 도구다. 엉성한 통 모양이라 부인으로 생각하고 꼭 껴안으면 부서질 것 같지만 대나무의 찬 촉감이 더위를 잊게 했을 것이다.

죽부인은 생활용품일 뿐이지만 사람인 양 이름까지 붙여주는 것이 내가 손때 묻은 내 물건에 이름을 붙여 '사람 대우'를 하는 것과 비슷해서 속으로 웃었다. 죽부인은 다른 사람에게 빌려주지도, 대를 물리지도 않으면서 부인 대접을 소홀히 하지 않았다고 하니 이런 맥락임에 틀림없다. 다른 나라 사람들의 물건이 실용적이기만 한 데 비해 우리나라는 이런 멋과 풍류까지 있었구나, 하는 생각에 괜히 우쭐해진다.

날이 흐려서인지 5시 30분쯤 되니까 벌써 날이 어둑어둑하다. 적어도 1시간 15분 이상을 걸어야 순창이 나오는데, 거기에 여관이 꼭 있으란 법도 없다. 어쩌지 하면서 터벅터벅 걷고 있는데 밭에서 김을 매는 할머니가 눈에 띈다.

"할머니, 안녕하세요?"

"워디를 갔다 오는디 보따리가 그리 크요?"

"갔다 오는 게 아니라 순창읍까지 가려고 했는데 오늘은 다리가 아파서 더 이상 못 가겠네요. 할머니네서 하룻밤만 재워주면 안될까요?"

"뭔 일이여. 혼자 다니는가?"

"네."

"큰애기인지 아줌만지 워쩔려고 그렇게 혼자 다니는가. 가세."

할머니가 손을 털고 일어나 앞장서신다. 동네에 들어서니 마을 사람이 묻는다.

"뉘여?"

"새로 생긴 딸이랑께."

이 할머니도 다른 시골 할머니처럼 자식들을 모두 대처(도시)로 시집, 장가 보내고 혼자 사신다. 마당이 널찍한 번듯한 집에 들어서니 하얀 개 두 마리가 꼬리를 치며 반긴다. 날도 꾸물꾸물하고 저녁 해 먹기도 귀찮아서 할머니와 함께 배달이 되는 음식을 시켜 먹고 싶었다.

"할머니, 이 동네에 중국집 없어요? 밥하기 귀찮으니까 우리 중국음식 시켜 먹을까요?"

"아, 집에 밥 있고 김치 있는데 무슨 중국음식. 그런데 탕수육도 되나?"

겉으로는 손사래를 치지만 반기는 기색이 역력하다. 그런데 바로 그 자장면과 탕수육 때문에 웃지 못할 촌극이 벌어졌다. 아랫마을에서 음식을 시킨 것까지는 좋았는데 저녁 늦게 어떤 총각이 와서 내 주민등록증을 좀 보자고 한다. 누구냐고 했더니 중국집 주인 아들이란다. 그 중국집 주인이 여자 혼자 다니며 돈을 물 쓰듯 쓴다고, "혹시 여간첩 아니여?" 했단다. 투철한 신고 정신이다.

탕수육과 군만두와 자장면을 잔뜩 먹고 누워서 할머니와 일일 연속극 〈보고 또 보고〉를 보았다. 그 연속극을 보며 정말 자기 딸 일이나 되는 것처럼 텔레비전에 대고 화를 내는 할머니가 너무 귀엽다.

"친정 엄마 문둥이도 금주만 이뻐라 하고. 큰며느리 정말 짠하

재이."

TV 속 시어머니가 큰며느리에게 핀잔을 주니까, 이젠 언성까지 높이신다.

"저 시어머니 차암말로 너무한다요."

나는 드라마보다 할머니의 반응이 더 재미있다. 밤늦게는 무슨 연속극을 하는데 요일이 안 맞았는지 '변호사도 나오는데 그 변호사가 결혼할 때가 된' 연속극을 기어이 보지 못했다며 분해하신다.

따끈한 방에 요 하나 이불 하나 깔아놓고 얘기꽃을 피운다. 할머니께 주소를 적어달라고 했더니 까막눈이란다. 왜 쉬운 한글을 못 깨우쳤냐고 했더니 처녀 적에는 친정 오빠가 여자가 글을 알면 시집살이 고되다고 편지질이나 해댄다고 절대로 못 배우게 했단다.

"시집와서는 징그럽게 제사도 많고 일도 많고, 그래서 글을 못 배웠당께. 시동생, 시집 식구 두루마기 꿰매고. 뭔 시간이 있어 언문을 배웠겠는가."

그러고는 남편 하나 순한 사람 만나 남편 시집살이 안 하고, 지금은 속 썩이는 자식 없으니 복이 많다고 하신다. 이번에도 자식들이 돈을 모아서 '돈 백 넘는' 세탁기를 사가지고 올 거라며 은근히 자랑이시다.

내가 뭘 물어봤는데 한참 대답이 없으셔서 이상하다 했더니 그새 코를 골며 주무신다. 불을 켜고 일기를 쓰려다가 나도 그냥 자기로 했다. 여덟 시간을 꼬박 걸었더니 피곤하다. 약간 무리했나 보다.

그나저나 이렇게 할머니네 집에서 묵는 건 정말 좋은 생각이다. 혼자 사는 할머니에게는 하룻밤이지만 집안일을 거드는 며느리 노릇도 하고, 살가운 딸 노릇을 하면서 말벗도 되어드려 좋고, 나는 혼자 여관방 열쇠를 받아 빈방 문을 열고 들어가는 쓸쓸함을 피할 수 있으니 좋다. 그뿐인가. 할머니들이 살아낸 그 소설 같은 인생 이야기를 생방송으로 들을 수 있고, 적지만 마음을 담은 용돈도 드릴 수 있으니 이건 진짜 도랑 치고 가재 잡고, 마당 쓸고 엽전 줍는 거다. 앞으로도 될수록 할머니네 집을 애용해야겠다. 국토종단 시작할 때는 미처 생각 못 한 일이었는데, 역시 책상머리와 현장은 이렇게 다르다.

"봉고차는 절대로 타지 말랑께, 잉?"

3월 14일 여행 중 고추장은 천만 원군

"봉고차는 절대 타지 말랑께. 이 늙은이를 봐서라도."

할머니의 신신당부다.

"나같이 나이 든 여자는 안 잡아가요."

"아니랑께, 우리 같은 늙은이도 잡아가서 고추 따라고 한다잖여."

"하여간 저는 차 안 타니 걱정 마세요."

"누가 잡아가면 큰일인디. 안 잡혀야 혀."

"네."

"사람이 제일 무서워, 짐승보다. 알겠지?"

"알겠어요."

"고것만 명심하고 다니랑께. 그럼 언능 가."

하룻밤 한 이불에서 잔 것도 정이라고 아침밥을 먹고 집을 나서려니 또 속이 짠하다. 강아지들도 어제 먹고 남은 중국음식을 준 후부터는 꼬리를 치며 살갑게 군다. 할머니에게 나중에 안부 전화라도 해야지 생각하고 전화번호를 물으니 모른단다. 어떻게 자기 집 번호를 모를 수 있느냐고 했더니 그냥 오는 전화만 받는단다. 숫자를 몰라서 전화번호를 못 누르신단다.

하지만 그렇다 한들 어떠리. 글자를 모르고도, 숫자를 모르고도 한평생 잘 사시질 않았나. 멀리 있는 자식들이 자주 안 온다고 서운해하시지 않고 도리어 지들 살기 바쁜데 마음 써줘 고맙다고 하고, 길 가는 나그네 재워주고 봉고차 타고 갈까 봐 걱정걱정하시는 할머니.

순창면 백야리 강수덕 할머니를 한번 힘껏 안아주고 길을 떠난다.

배추된장국으로 아침을 많이 먹었는데도 힘이 나기는커녕 약간 어질어질하다. 할머니 집에서 자는 것은 다 좋은데 딱 한 가지 나쁜 게 있다. 아침에 일찍 일어나야 하는 거다. 어젯밤에도 분명히 할머니께 당부를 해두었다.

"할머니, 저는 8시까지는 자야 잘 걸을 수 있는데 늦잠 자도 되지요?"

"알겠구만."

그러고도 다음 날 꼭두새벽부터 일어나서 부시럭거리시더니 7시도 못 되어 아침상을 차려놓고 날 깨운다.

"해가 중천에 떴는디 아직 자는겨."

아이고 징혀라. 내가 어제 잠을 제대로 못 자서 이렇게 휘청거리나 보다. 오늘은 갈 만큼만 가다가 여관이 보이면 일찍 쉬어야겠다. 옷도 빨아야 하는데 당장이라도 비가 쏟아질 것처럼 검은 구름이 머리 위까지 내려와 있다.

30분쯤 가니 순창 고추장마을이 나온다. 널찍한 기와집에 들어서면 어느 집이나 장독대가 인상적이다. 몇 달 전 한 요리 잡지와의 인터뷰에서 100년 후에 열게 될 타임캡슐에 꼭 넣고 싶은 우리나라 음식이 뭐냐는 질문을 받았다. 나는 망설이지 않고 고추장이라고 대답했다. 물론 김치나 불고기 등도 있지만 그건 '유목민'인 내가 갖고 다니기는 불편하다.

세계일주를 하면서 고추장의 고마움을 더 절실하게 느꼈다. 외국에서 한국의 주요 먹을거리는 웬만한 곳이면 손쉽게 구할 수 있다. 문제는 오지로 갈 때다. 배낭이 아무리 무거워도 여행을 떠날 때는 고추장 한 병을 꼭 넣고 갔다. 조그만 병이니 얼마나 오래가겠는가마는 고추장이 있다는 것만으로 마음이 든든하다. 여행 중 한국인을 만나 고추장을 얻으면 천만 원군을 얻은 것 같았다. 힘이 들 때나 입맛을 잃었을 때 찬밥에 비벼 먹는 고추장이 내게 얼마나 큰 힘이 됐는지. 식구들이나 친구들에게 편지를 받지 못해 정신적인 에너지를 충전할 수 없을 때 당장 필요한 육체적인 에너지를 주는 것이 바로 고추장이었다.

바닥에 붙어 있는 고추장을 긁어긁어 먹다가 나중에는 그 병을 헹궈 먹은 적도 있다. 이렇게까지 아껴 먹는 고추장을 서양 여행자들에게 인사 삼아 "한국 음식 한번 먹어볼래?" 하면 맛도 모르는 사람들이 '시식 삼아' 먹는다고 푹푹 퍼갈 때는 속이 쓰리다. 한술 더 떠 고추장이 입맛에 맞다고 끼니때마다 달라고 할 때는 정말 난감하다. 한번은 고추장을 하도 탐내기에 한국 사람은 어렸을 때부터 먹어서 상관없지만 외국인이 매운 고추장을 갑자기 많이 먹으면 위암에 걸릴 가능성이 있다고 거짓말을 한 적도 있다. 이렇게 애를 써도 몇 달씩 고추장 한 종지 없이 다닐 때가 더 많았는데 여기는 독마다 고추장이 차고 넘친다.

'갈재'라는 고개를 넘기 전에 보이는 풍광이 좋다. 넓게 펼쳐진 평야와 그 평야를 의젓하게 두르고 있는, 이제는 목을 한참 젖혀야 꼭대기가 보이는 제법 높은 산까지.

구불구불 고개를 넘는다. 위에서 보니 높은 산들 앞에 논밭이 얌전히 앉아 있는 형상이다. 점점이 들어선 집 앞에는 넓은 논밭이 일구어져 있다. 저런 게 이름하여 문전옥답인가.

이렇게 걸어보니 도보여행자의 입장에서는 보기 좋은 길이 걷기 좋은 길이 아니라는 걸 알겠다. 얼마 전 지나온 담양에서 순창까지의 가로수 길은 드라이브하기에는 더없이 멋진 길이지만 걷기에는 영 마땅찮은 길이다. 하지만 길이 안 좋다던 순창에서 갈재 넘는 길은 걷기에 아주 사랑스러운 길이다. 오르내림이 심하기는 하지만 아기자기한 경치로 눈이 즐겁고 날씬한 소나무에서 나는 향기도 좋다. 피톤치드라고 했나, 이 좋은 향기와 몸에 좋은 요소가. 공짜 산림욕을 실컷 하며 걸었다.

드디어 비가 내린다. 오후 내내 그 비를 맞아서인지 몸살이 난 것처럼 으슬으슬하다. 우산이 있긴 하지만 바람 부는 날은 쓰지 않는 게 오히려 낫다. 오늘 같은 날은 사우나를 길게 하고 푹 잤으면 좋겠는데. 이대로 걷다가는 읍내에 도착하면 목욕탕 문 닫을 시간이 넘을 것 같다. 그렇다고 버스 타고 읍내까지 가려니 뭔가 찜찜하다. 내일 돌아와 버스 탄 곳부터 다시 걷기는 하겠지만 차를 탄다는 것 자체가 내키지 않는다. 어쩐지 반칙하는 느낌이 들어서다.

다음 순간, 내 머리를 내가 쥐어박았다. 반칙이라니? 도대체 나는 지금 누가 만든 국토종단의 원칙을 따르고 있는 건가. 내가 만든 원칙은 딱 한 가지. 땅끝부터 통일전망대까지 도보로만 종단한다는 것이다. 거기에 차를 절대 타지 않겠다는 원칙은 없다. 내가 걷기로 한 구간을 일 미터라도 차 타고 가면 그것이 반칙이지만 도중에 차를 타더라도 다음 날 끝낸 지점으로 다시 와서 걷기만 하면 되는 것이다. 가벼운 마음으로 즐겨야 할 여행을 '도보여행은 걸어서만 하는 여행'이라는 남이 만들어놓은 틀에 갇혀 괜한 자책감이나 꺼림칙함을 느끼는 건 정말 바보 같은 일이다. 나는 내가 만든 원칙을 제대로 지켜 나한테만 떳떳하면 되는 것이다. 이렇게 생각을 깔끔하게 정리함과 동시에 버스가 왔다. 당당하게 버스에 올랐다.

임실에 내려 숙소를 찾으려니 약간 심란해졌다. 이렇게 축축한 날에 여관 방 생각만 해도 몸서리가 쳐진다. 그래서 목욕하러 갔다가 마음씨 좋아 보이는 주인아줌마에게 혼자 여행하는 중인데 오늘 아줌마 집에서 하루 끼여 자면 안 되겠냐고 슬쩍 운을 떼보았다. 내 말을 듣더니 약간 망설이는 목소리로 대답한다.

"아가씨가 누군 줄 알고 워찌 믿고 재워준다요?"

듣기에 약간 섭섭했지만 맞는 말이다. 여관이 없는 시골도 아니고 버젓한 읍내에서 나의 무엇을 믿고 집 안에 들이겠나. 나라도 그럴 거다. 오지여행 다니는 동안 아무도 내 '신분'에 대해 의심하거나 거론하지 않아서 무뎌졌을 뿐이다.

"생각해보니까 그러네요, 아줌마. 미안해요."

일단 포기하고 사우나를 하고 나와 여관을 찾아가려는데, 내 애기를 들었는지 마침 와 있던 사위(강력반 형사란다)가 하루 묵고 가라고 팔을 끈다. 주인아줌마도 그냥 보내려니 짠해서 안 되겠다며 붙든다. 나도 목욕을 하면서 내 책이 있다면 신분 확인이 충분히 될 텐데 하고 생각했다.

내친 김에 근처 책방에서 책을 사가지고 왔다. 책 표지를 보더니 친정에 다니러 온 만삭의 딸이 아는 척을 한다.

"워메메, 나, 이 사람, 텔레비전에서 봤당께. 이 책도 안당께."

휴, 다행이다.

그날 저녁, 주인 아줌마의 특별식 고사리를 넉넉히 넣은 맛있는 육개장을 먹고 출산일이 내일 모레인 셋째 딸 진희 씨와 함께 비디오를 보면서 모처럼 느긋하고도 포근한 밤을 보냈다. 밖에는 장대같은 비가 온다. 저 비가 그치면 봄빛이 완연해지겠지. 비 때문인지 따끈한 방에서 이불 깔고 보는 비디오 때문인지 여기가 전부터 잘 알던 곳처럼 친숙하게 느껴진다.

아, 맞다. 여기가 바로 티베트에서 국토종단을 결심하게 한 '문제의 장소' 임실이로구나. 어쩐지 아까 목욕할 때부터 뭔가 특별한 느낌이 들더니만. 하여간 임실이라는 동네가 내게는 여러 가지로 각별한 곳이 되고 있다.

3월 15일 "엄마, 아기가 나오려나 봐요."

"엄마, 아기가 나오려나 봐요."

이른 새벽, 나와 얘기하느라고 집에도 가지 않은 셋째 딸이 다급

한 목소리로 엄마를 깨운다. 한 방에서 자던 네 명의 여자가 갑자기 분주해진다. 전주에 있는 사위에게 전화를 한다, 짐을 싼다, 아픈 사람을 달래며 샤워를 시킨다, 수건을 대령한다 하며 한바탕 소란을 피웠다. 곧 얼굴이 벌겋게 상기되어 헐레벌떡 달려온 사위가 산모를 싣고 병원으로 갔다.

"어제 귀한 손님이 오더니 오늘은 기다리던 손주 보게 생겼네."

진희 씨 엄마가 몹시 좋아한다. 여행을 길게 하다 보니 별일이 다 있다. 진희 씨는 초산이라는데 오늘 내가 걷는 동안 아기가 나오려나. 부디 순산하고, 건강한 아이를 낳았으면.

어제 덕치에서 걷기를 마쳤으니 일단 시외버스를 타고 원위치 해야 한다. 버스는 한 시간 후에나 온단다. 버스 요금은 1,350원. 걸어가면 한 시간도 걸리지 않는 길을 돈 내고 가려니 아깝다는 생각이 든다. 이렇게 터미널에서 쓸데없이 죽이는 시간도 아깝기 짝이 없다. 꼭 어디에 코가 낀 기분이다.

오늘따라 국도 위에 개구리 시체들이 즐비하다. 엊그제 경칩이 지났다고 봄볕에 잠을 깬 개구리들이 논두렁 사이를 왔다갔다 하다가 비명횡사한 모양이다. 비가 갠 뒤 갓길의 흙을 밟으니 푹신거리고 먼지가 나지 않아서 좋다. 소나무에 까맣게 물이 오르고, 멀리 보이는 산에는 연하게 연둣빛이 돌기 시작했다. 노랑나비도 보았다. 지나가는 할머니의 비닐봉지에서 쑥이 넘쳐난다. 카메라와 물병만 담은 가방도 가볍고, 가야 할 길도 멀지 않으니 봄나들이 가는 기분이다.

그날 저녁, 진희 씨가 무사히 아이를 낳았다는 전화가 왔다. 아들이란다.

3월 16일 만사가 귀찮다

· 구간 : 임실부터 백암까지 약 17킬로미터

· 날씨 : 몹시 흐림. 최저 기온 3도, 최고 기온 16도

· 구간의 특징 :

① 임실에서 남원 방향으로 국도 30번 입구까지는 고속도로와
   만나는 사차선 도로. 대형 트럭이 전속력으로 질주하는 아
   주 위험한 길.

② 진안 입구까지는 강아지도, 경운기도 드문 시골길. 영동 지
   방의 폭설로 바라다보이는 높은 산에 눈이 덮혀 있음.

③ 성수에서 백암까지는 오르막내리막이 있는 산길.

· 금전 출납 :

점심(백반) 5,000원

휴지+음료수(오렌지 100퍼센트) 1,100원

저녁(된장찌개 백반) 4,000원

솔잎차 3,000원

간식(방울토마토+새우깡) 2,400원

숙박비 10,000원

합계 25,500원

· 노트 : 배고파 죽겠는데 구불구불 산길에 그 흔한 주유소도
'가든'도 없음. 식사와 차가 된다는 '청산'은 5분 거리라더니
한 시간을 가도 보이지 않음. 참다못해 비상식량인 초콜릿 바
로 허기를 달램. 구멍가게 하나 변변히 없음. 3시경 전원카페
'청산'에 도착. 젊은 주인 김미경 씨의 편안한 미소. 밥만 먹으
려고 했는데 민박도 된다기에 하루 묵어가기로 함. 내 방은 바

로 식당 옆. 설거지 소리를 자장가 삼아 잠을 청하다.

질문) 그런데 왜 갑자기 이렇게 딱딱한 메모체로 쓰는가.
답) 만사가 귀찮아서.

3월 17일 벌건 대낮에 여관을 찾으려니

백암에서 진안까지 가는 언덕길을 지나다가 말이 두 귀를 쫑긋 세우고 있는 듯한 산을 보았다. 장난스런 망아지가 귀가 보이는 줄도 모르고 숨어 있는 것 같다. 돌과 흙으로 된 산이 어쩌면 저렇게 귀엽게 생겼을까? 저건 누가 보아도 '마이산(馬耳山)'이다. 그 앞에 까만 천을 뒤집어쓴 인삼밭이 인상적이다. 저기 저렇게 큰 말이 있으니, 인삼이 아니라 당근밭이 있어야 하는 것 아닌가.

오후 3시. 벌건 대낮에 여관을 찾아다니려니 뭔가 멋쩍긴 하지만 오늘의 목적지가 진안까지여서 더 이상 가기는 싫다. 진안읍에서 비빔국수와 고기만두를 한껏 천천히 먹었는데도 여관 찾기에는 아직 이른 시간이다. 서점에 가서 책이나 구경해야겠다. 이 책 저 책 구경하다가 권정생의 《한티재 하늘》 1권을 샀다. 아직 임실에서 산 《인물과 사상》도 다 안 읽었는데 욕심을 부렸다. 오늘 밤으로 적어도 한 권은 끝날 테니 마땅한 사람에게 주고 오면 되겠다.

매일 여장을 꾸리는 나그네에게도 나름대로 문화생활이라는 것이 있다. 내게는 책 읽기가 그것이다. 그러나 한번 집을 떠나면 1년 이상, 그것도 오지로만 다니는데 평소 취향대로 읽기는 거의 불가능하다. 배낭여행자가 한 권 이상의 책을 가지고 다니기는 어려운 일이기 때문이다. 그래서 배낭족 숙소에는 읽고 난 책을 바꾸어 보자는 메모가 늘 붙어 있고, 방콕이나 이스탄불, 카트만두 등에는 배낭족을 상대하는 헌책방들이 제법 구색을 갖추고 있어 여행 중에도 읽을거리를 구할 수는 있다. 여행 중의 '독서의 질'은 순전히 운에 달렸다.

여행자들이 보는 책은 읽기 쉽고 편한 것들, 예를 들면 연애소설이나 추리소설 등이지만 때로는 《소피의 세계》 같은 영양가 있는 책도 만난다. 진짜 보물을 만나는 경우도 있다. 평소에 읽고 싶었던 책을 만나는 경우다.

내게는 장영의 《와일드 스완스(*Wild Swans*)》(우리나라에는 '대륙의 딸'로 번역되었다)가 그랬다. 중국의 근대 격동기를 온몸으로 겪은 여인 삼대의 이야기인데, 중국 여행자들에게는 필독서라는 얘기를 수없이 들었다.

미얀마의 어느 허름한 숙소에서 한 여행자가 다 읽은 책을 바꿔 보자며 그 책을 내밀었을 때, 어찌나 반가웠던지 왜가리 소리가 터져나왔다. 습도 110퍼센트, 영상 41도의 불한증막 같은 숙소에서 그야말로 한 쪽 한 쪽 줄어드는 것을 아까워하면서 600쪽도 넘는 책을 밤낮없이 읽었다. 밤 10시면 전기가 나가서 촛불을 켜고 보느라, 불꽃으로 몰려드는 수십 가지의 물것에 내 피를 기꺼이 헌혈하면서.

이렇게 눈물겨운(?) 독서 생활을 하니 한국에 돌아오면 책을 탑처럼 쌓아놓고 읽어야 직성이 풀린다. 이렇게 폭식하듯 읽는 것으로 그동안의 공백을 메워보자는 보상심리에서일 거다. 생각해보면 이것도 욕심이겠지. 어쭙잖은 먹물의 지적 허영인지도 모르고.

진안읍에서 제일 깨끗하다는 여관에서 숙박비를 1만 5천 원으로 깎으려다 한칼에 거절당했다. 아줌마는 쌀쌀맞게 비아냥거린다.
"그 돈으로는 여인숙에나 가셔야지."
여태껏 마음씨 좋은 주인만 만나서인지 이런 정상적인 반응에도 서운해진다.
'웃겨, 가라면 못 갈 줄 알고.'
길 건너 '마이장'으로 갔다. 또 무턱대고 1만 5천 원에 해달라고 떼를 쓰고 있는데, 젊은 주인 여자가 나를 한참 쳐다보다가는 반색을 한다.
"어머, 어머, 한비야 언니 아니세요? 언니한테는 돈 안 받아요."
박진 씨는 서른여섯 살의 이혼녀로 다섯 살 난 아들을 데리고 여관을 하고 있었다. 텔레비전에서도 보고 책도 읽어 나의 팬이 되었다고 한다. 지금 꿈을 꾸고 있는 것이 아닌가 꼬집어보라고 한다. 덕분에 나는 공짜 잠을 자게 되었고, 박진 씨는 '저자의 친필 사인'이 든 《바람의 딸, 걸어서 지구 세 바퀴 반》 마지막 권을 받았다. 박진 씨는 어디에선가 내가 누룽지를 좋아한다는 기사를 읽었다면서 일부러 '깐밥'까지 만들어준다. 정말 고맙다. 내가 서울을 비롯한 수도권에만 알려진 '지역구'인 줄 알았는데 언제 전라도를 포함한 '전국구'가 되었나? 하하하.
저녁을 배부르게 먹고 느긋하게 차를 마시면서 이런저런 이야기를 나누었다.
"언니는 언제나 너무 씩씩해서 좌절을 모를 것 같아요. 열등감도 전혀 없죠?"

"없기는. 나도 사람인데 그럴 리가 있니?"

고백컨대 나는 남다른 능력이나 소질이 있다고 생각하지 않는다. 머리도 썩 좋은 편은 아닌 것 같다. 그래서 무슨 일을 시작할 때면 가슴 저 밑바닥에는 남보다 훨씬(적어도 수십 배) 노력하지 않으면 중간도 갈 수 없으리라는 압박감과 열등감이 일곤 한다.

내게 편지를 보내준 독자 가운데 비슷한 편지를 보내온 사람이 있었다. '한비야 씨 책에는 좌절하는 모습이 한 번도 드러나지 않는다. 굉장히 운이 좋거나 좌절을 무시할 수 있을 만큼 강인한 사람인가 보다. 나는 지금 좌절하고 있다. 혼자서 헤어나오지 못할 것 같다'는 내용이었다.

그분 말대로 나는 운이 좋았는지도 모른다. 별로 오래 살지는 않았지만 곰곰이 생각해봐도 이제까지 '좌절'이라는 거창한 이름을 붙일 만한 사건이 없었으니까. 아버지가 일찍 돌아가셔서 하루아침에 동네 제일의 부잣집 딸이 다음 끼니 걱정을 하게 된 것? 누구도 합격을 의심치 않았던 대학 입시에 보기 좋게 낙방했던 것? 돈 때문에 곧바로 진학을 하지 못한 것? 대학을 가지 않고 5년간 학생도 직장인도 아닌 어정쩡한 신분으로 지냈던 시절? 미국 유학 초기, 위염에 걸려 몸은 아프고 공부는 진전이 없고 동료들에게 이유도 없이 왕따를 당했을 때?

힘들기는 했지만 이런 것들이 나를 좌절시키지는 않았다. 여고 시절 친구들이 모두 부잣집 딸들이었지만 나는 친구들에게 "우리 집에 놀러올 때 각자 먹을 라면 가지고 와"라고 말할 수 있었다. 대학에 떨어진 것이 물론 속상하고 분했지만 기회는 또 있고, 설사 대학에 영영 못 간다고 한들 그게 무슨 하늘이 무너질 만큼 큰일이냐고 생각했다. 입학금이 문제라면 스스로 마련할 수 있을 때까지 마음만 변치 않고 기다리면 되는 것 아닌가. '고졸 민간인'으로서 한창 불붙은 민주화 운동에 동참할 수 있는 길을 찾지 못해 방관하고 있는 나 자신을 볼 때는 몹시 힘들었다. 그러나 그때도 좌절까지는 가지 않았다.

나는 이후에도 지금처럼 내가 운이 좋을 거라고는 생각하지 않는다. 내 인생에도 내 몫의 어려움과 절망이 분명히 있을 테니까. 그러나 그런 때가 온다 해도 쉽사리 좌절할 것 같지는 않다. 이렇게 생각할 것이 틀림없기 때문이다.

'이거 꽤 힘이 드네. 그러나 이런 것쯤에 무릎 꿇을 수는 없지.'

좌절이란 무엇인가. 꺾여 주저앉는다는 말인데 누구에게 꺾인다는 것이고, 무엇이 나를 주저앉힌다는 말인가. 내 인생의 주인은 바로 나인데 말이다.

좌절을 생각하는 지금 .내 머릿속에는 수없이 지나온 아프리카, 중동, 동남아시아 난민 캠프와 난민촌 아이들의 눈동자가 떠오른다. 아군의 공습, 반군의 반격과 보복, 지뢰, 질병, 강간, 굶주림 등 온갖 위험에 그대로 노출되어 있는데도 그 아이들의 눈은 샛별같이 반짝인다. 지뢰와 부상으로 팔다리가 없는 아이들이 어린 동생을 돌보다가 나와 눈이 마주치면 하얀 이를 다 드러내고 웃던 모습들. 전쟁이 끝나면 이런저런 것을 하고 싶다, 아니 꼭 해야겠다는 꽃 같은 희망을 키우고 있던 아이들. 사정이 절박한 난민촌일수록 아이들이 공부를 열심히 한다고 한다.

좌절은 다름 아닌 자기를 믿지 못해서 희망이 없어진 상태이다.

그것이 좌절의 정체라면 떨쳐버리기는 생각보다 쉽지 않은가. 이 아이들처럼 스스로 희망을 버리지만 않는다면, 끝까지 노력할 자신을 믿는다면, 그렇게 노력하는 자신을 사랑한다면, 그래서 딱 한 번만 더 해보자고 힘을 낸다면 좌절이란 없는 것일 테니까 말이다.

박진 씨에게 내 생각을 들려주면서 말한다.

"오늘 공짜 잠 값은 톡톡히 한 것 같다. 그치, 진이 씨?"

자고 먹고 또 걷고

3월 18일 간은 점점 커지는 것

"혼자 다니면 무섭지 않으세요?"

많은 사람들이 묻는 말이다. 나라고 왜 무섭지 않겠는가. 무서워도 가기로 한 길을 가다 보니 간이 조금씩 커지는 것뿐이다. 오늘도 그랬다. 무주가 가까워져서인지 산이 높아지고 골도 깊어진다. 내륙 깊숙이 들어왔다는 느낌이다. 산길을 굽이굽이 올라 불로치 터널을 지날 때였다. 터널 안에 들어서자마자 등 뒤로 누가 바싹 따라오고 있다는 걸 느꼈다. 가슴이 철렁 내려앉는다. 이런 경우에는 호신용 가스총도 소용이 없다. 짐짓 아무렇지도 않은 척하며 걸음을 빨리하니 뒤를 따라오는 놈의 걸음도 덩달아 빨라진다. 발자국 소리가 공명이 되어 천둥소리처럼 크게 들린다. 흘깃 옆 눈으로 보니까 뒤에 바싹 붙은 놈이 당장이라도 내 어깨를 잡을 것 같았다. 무릎이 후들거린다. 어떻게 해야 하나 하다가 터널 끝에서 차가 한 대 들어오는 것을 보았다. 만약의 경우에는 저 차에 뛰

어들어서라도 도움을 받아야겠다고 생각하고 휙 뒤를 돌아 놈을 보았다.

어이없게도 나를 따라오는 것은 다름 아닌 내 그림자였다. 터널 안 조명의 각도 때문에 바로 등 뒤를 포함해서 세 개의 그림자가 생긴 것이다. 일순간 안도가 되어 맥이 빠졌지만 바로 다음 순간 또 바싹 긴장이 되어 머리카락이 쭈뼛 선다.

만약 저기 오는 저 차에 불한당이 타고 있어 나를 차 안으로 끌고 들어간다면 이 터널 안에서 악 소리도 지르지 못하고 꼼짝없이 당하겠다는 생각이 머리를 스친 것이다. 바로 어제 뉴스에서 인신매매 조직 얘기를 보았기 때문인가 보다. 다행히 그 차는 지나갔지만 한번 이런 생각이 드니 다음 차도, 그 다음 차도 그럴 가능성이 있다는 불안감을 지울 수가 없었다. 차가 내 앞을 지나갈 때마다 등줄기에서 식은땀이 났다.

나중에는 이 '공포의 터널'을 한시바삐 빠져나가야 한다는 일념으로 전체 5백 미터쯤 되는 터널의 마지막 200미터는 젖 먹던 힘을 다해 전속력으로 뛰어나왔다.

두 번째 조금재 터널에서는 비슷한 상황인데도 훨씬 덜 무서웠다. 몇 시간 사이에 간이 커진 게 분명하다.

오는 도중 인삼밭에서 일하고 있는 할머니, 할아버지와 이런저런 얘기를 나누게 되었다.

"인삼은 자식처럼 5~6년을 돌봐야 혀. 절대로 농약을 쳐서도 안 되고 습해도 안 되고 거름도 많이 주고 공에 공을 들여 키워야 혀. 그런데 지난달에 우리 마을에서 그렇게 애지중지 키운 5년생 인삼을 글씨 누가 싹 걷어 갔어. 이거 뭐시여. 어느 놈인지 천벌을 받아야 할 놈이여."

"돈도 돈이지만 자식 잃은 것 같아서 얼마나 허전했겠어."

바로 이웃집 이야기라며 할머니가 옆에서 거든다. 그러고는 배낭을 진 나를 보며 한 마디 하신다.

"옛날 같으면 보룻고개인데, 아가씨는 좋은 세월 만나 놀러다니는구만."

여기 시골에서도 농번기 바로 직전인 이 시기에 마을마다 계를 해서 관광버스 바닥이 내려앉도록 '광란의 관광'을 하고 온단다.

"할아버지, 농사짓기 힘드시죠?"

인사 삼아 말했더니, "이 정도 일 안 하고 어떻게 이밥(쌀밥) 먹남" 하신다. 옆에 있던 할머니가 불평을 늘어놓는다.

"아, 이밥만 먹으면 뭘 혀. 저 영감이 나를 꼼짝도 못 하게 허는디."

내가 원군이라도 되는 듯 하셨나 보다.

"나는 이날 이때까지 강원도로 군대 간 아들 면회 간 것이 제일 큰 나들이였어. 어려울 때 생겨나서 문밖에도 못 나갔는디, 세상 좋아졌어도 여적 감옥살이여."

그러고는 할아버지 눈치를 한번 슬쩍 보신다.

"자식 여울 때 제발 서울이나 그런 대처로 시집, 장가가면 그 핑계 삼아 나들이하려고 했는데 아들딸들이 모두 이 근처로 가서 그럴 기회도 없었당께."

여기까지 들어주던 할아버지가 갑자기 눈을 부라리신다.

"이 할망구가 미쳤는갑소. 바람 든 년처럼 어딜 쏘다니려고."

"이 영감이 이렇게 펄쩍 뛰니 내가 워딜 갔었겠어."

할머니 목소리가 갑자기 작아지면서 손을 바쁘게 움직이는 척한다. 나는 할머니 편을 들어 할아버지께 드리고 싶은 말은 많았지만 공연히 부부 싸움만 붙일 것 같아 잠자코 참고 있었다.

내가 할머니 시절에 태어나지 않아서 얼마나 다행인지 모르겠다. 저런 영감 안 만난 게 얼마나 다행인지⋯⋯. 할머니 말마따나 우리는 좋은 시절에 태어났으니 실컷 돌아다니자. 돌아다니는 것이 남는 것이다.

너무 기가 막혀서 이정표에 대해 말을 안 하고 넘어갈 수가 없다. 가물에 콩 나듯 나타나는 것은 덮어두고라도, 4시 30분에 본 이정표에는 '무주 12킬로미터'라고 적혀 있었는데 1시간 20분 후에 나타난 이정표에는 무주까지 11킬로미터라고 돼 있었다. 아무리 아장아장 걸었기로서니 그 시간 동안 단 1킬로미터만을 걸었겠는가. 순 엉터리 이정표다. 이런 어처구니없는 이정표는 오늘만 본 게 아니다. 밥 먹고 이정표만 만드는 사람들은 모두 뭘 하고 있는지 모르겠다. 저렇게 인색하고 불친절한 데다 틀리기까지 한 이정표를 만드는 건 한 마디로 직무유기다. 개선이 절실히 요망된다.

3월 19일 반갑다, 개나리야, 봄의 첨병아!

아무래도 오늘은 하루 쉬어야겠다. 오른쪽 무릎도 삐걱거리고 (어제 터널에서 뛴 후유증인 것 같다), 오늘은 종일 비가 많이 온다고 하니 말이다. 진안에서 빨았던 옷을 덜 마른 채로 배낭에 넣어

가지고 다녀 콤콤한 냄새가 나고, 매일 아침마다 반나절 저금해놓은 것을 믿고 지나치게 느긋해하는 버릇도 없애는 게 좋겠다.

결국 궂은 날씨 때문에 빨래도 못 하고 하루 종일 여관 방에서 뒹굴었다. 자고 또 자고, 먹고 또 먹고. 걷지 않고 지내니 하루가 더 빨리 가는 것 같다.

잠깐 주스를 사러 나갔다가 드디어, 마침내, 이윽고, 개나리 꽃망울 터진 것을 보았다. 반갑다. 개나리야, 봄의 첨병아. 이제 제일 성질 급한 녀석이 나왔으니 곧 팝콘 튀기듯이 타다다닥 경쟁적으로 튀어나오겠지. 얼마나 화려한 꽃잔치가 벌어질까. 예쁘겠다.

3월 20일 천당에 가는 길은?

하루 푹 쉰 탓인가. 몸과 마음이 새털처럼 가벼워져서 팔을 휘두르며 걷는다.

'메아리 소리가 들려오는 / 계곡 속의 흐르는 물 찾아 / 그곳으로 / 여행을 떠나요.'

조용필의 〈여행을 떠나요〉를 부르다 흥에 겨워 배낭을 멘 채로 어깨와 엉덩이까지 실룩거려본다. 요즘 입만 열면 나오는 이번 여행의 주제가다. 지난번 해외여행 때는 '세계로 가는 / 기차 타고 가는 기분 좋지만 / 그대 두고 가야 하는 / 이내 맘 안타까워'로 시작하는 들국화의 〈세계로 가는 기차〉를 입에 달고 다녔는데……. 아무튼 기분 좋은 출발이다.

무주읍을 가로지르다가 어깨에 띠를 두르고 고래고래 소리 지르며 전도를 하고 있는 오십대 아저씨를 지나쳤다. 내가 전단지를 받지 않으니까 잔뜩 쉰 목소리로, "예수 믿고 구원받지 않으면 지옥 갑니다" 하고 정색을 하며 으름장을 놓는다. 전단지를 받아봐야 읽지 않을 것 같아 받지 않았는데, 그랬다고 지옥에 간단다. 지옥에 간다? 어디서 많이 들어본 소리다.

이번 여행 중에도 그랬지만 나는 돌아다니면서 절, 성당, 교회뿐만 아니라 여러 종교인들에게 정말 신세를 많이 졌다. 아프리카, 중남미, 중앙아시아, 몽골, 인도, 중국 등 전 세계 어느 곳에서나 내가 만난 성직자들은 대부분 훌륭하고, 자기 자리에서 맡은 바 책임을 다하는 소박한 신앙인이었다. 특히 우리나라 선교사들은 목회만 하는 것이 아니라 의료 사업이나 교육 사업, 공공복지 사업, 장학 사업 등을 겸하기 때문에 현지인들의 존경과 고마움을 한몸에 받는 경우가 많다. 그럴 때마다 같은 한국인으로서 얼마나 가슴 뿌듯하고 자랑스러웠는지 모른다.

하지만 여행지 곳곳에서 만난 종교인들 가운데는 부끄러운 모습도 있었다. 중앙아시아 우즈베키스탄의 한 도시에 있는 한국 교회들은 '카레이스키 신자 모셔오기' 경쟁으로 일그러져 있었다. 그 작은 도시에 한국 교회가 얼마나 많은지 새로운 신자를 교회로 이끌기보다 다른 교회를 잘 다니고 있는 사람들을 '빼 오기'에 더 많은 시간과 노력을 들이는 듯했다.

어느 교회 주일예배에 가면 뭘 준다더라, 다른 교회에서는 뭘 더 준다더라, 하는 소문이 잠깐 왔다 가는 내 귀에까지 들어올 지경이었다.

거기서 만난 고려인 노인의 솔직한 말씀이 상징적이다.

"한국 교회는 다 비슷하니까 뭘 많이 주는 교회에 가는 게 당연하지."

"안 주면요?"

"안 주면? 그러면 안 나가지. 서로 싸우는 꼴 보러 나가나?"

부끄럽지만 이것이 외면할 수 없는 현실이다.

티베트에서는 더욱 가관이었다. 라사에 도착해 여관에서 숙박계를 쓰고 있는데 주인이 한국 그룹과 한 팀이냐고 물었다. 반가운 마음에 한국 사람이 묵고 있느냐니까, 전날까지 묵었는데 다른 손님들이 싫어해서 다른 여관으로 옮겨달라고 했단다. 간혹 술 마시고 떠들어서 다른 나라 여행자들의 원성을 사는 한국 사람들을 떠올리며 무슨 일이 있었느냐고 조심스럽게 물었다.

들어보니 선교하러 온 남녀 열댓 명이 한밤중에 울면서 통성기도를 하면서 시끄럽게 했단다. 잠을 설친 다른 여행객들이 견디다 못해 조용히 해달라고 하니까 기도는 이렇게 큰 소리로 하는 거라면서 되레 "당신은 예수님을 사랑하십니까? 예수님은 당신을 사랑하십니다"라고 하며 새벽 댓바람부터 자야 하는 사람을 붙잡고 얘기를 시작하더란다.

그 다음 날은 티베트 불교의 상징인 포탈라궁 앞에서 찬송가를 부르며, "죄인들이여, 회개하시오", "예수 믿고 천국 가시오" 등을 외치면서 전도를 했단다. 우리나라에서도 쉽게 만날 수 있는 모습이니 안 봐도 본 듯하다. 여관 주인이 덧붙이던 말.

"그 사람들 경찰에 잡혀갔을 거예요. 중국에서는 전도 행위 자체가 허용되지 않거든요. 참 이상한 사람들이죠?"

그 순간 얼굴이 화끈 달아올랐다. 당황스럽고 부끄러웠다.

모든 종교가 포교를 의무로 하고 있는 만큼 전도하는 것 자체를 왈가왈부할 수는 없다. 문제는 전도를 할 때의 기본적인 태도다. 첫째는 무모하고 상식에서 벗어난 과열 전도 행위이고, 둘째는 다른 문화와 종교에 대한 관심과 이해가 없는 독선적인 태도다.

백 번을 양보해서 이것이 순수한 종교적 열정이나 소명의 결과라고 해도 이런 모습은 도리어 거부감과 부작용만 남기게 된다. 그것이 외국이라면 한국의 이미지 또한 더불어 나빠진다. 이건 비단 특정 종교에만 해당되는 것이 아니다. 그것이 무엇이든 자신이 믿는 것만을 절대진리로 여겨 다른 사람에게 그 생각을 일방적으로 강요하는 것은 무례하고도 오만한 일이다.

그런데 내가 왜 이렇게 열을 내는 거지? 아무래도 지옥 간다는 그 아저씨 말이 신경에 몹시 거슬렸나 보다. 그런데 한번 생각해보라. 하루를 즐거운 마음으로 시작하려는 아침에 갑자기 알지도 못하는 아저씨가 지옥 간다고 하니 얼마나 놀라고 기분이 나쁘겠는가. 아니, 전단지 한 장 안 받은 게 그렇게 지옥 갈 만큼 잘못한 일인가 말이다!!!

2장
구름 길,
바람 신발

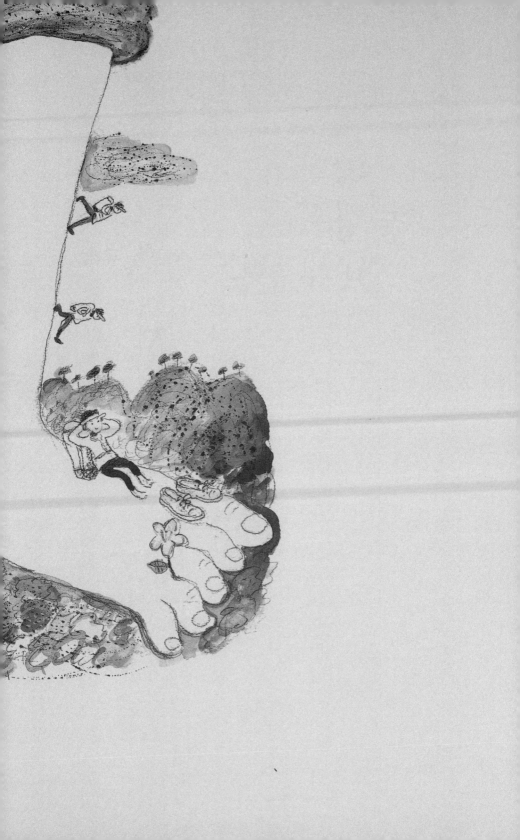

누우면 죽고 걸으면 산다!

3월 21일 한국 여관 방 풍물기행

오늘은 드디어 전라도를 지나 충청도로 넘어가는 날이다. 역사적인 날은 아니더라도 기분 좋은 날이다. 내 국토종단도 뭔가 얼개가 갖춰져간다는 느낌이다. 여기서 충청북도 영동까지는 21킬로미터. 영동은 서울에서 부산까지 가는 길의 딱 반이고(사실은 추풍령이다), 전라도에서 강원도까지의 딱 반인 남한의 정중앙이라고 동네 사람들이 자랑 삼아 설명한다. 하지만 내가 계획한 지도상으로는 여기가 아니라 경상북도 점촌이 반이다. 여행 도중에 서울로 일을 보러 올라가기 전까지 국토종단의 절반을 마쳤으면 좋겠다.

인삼밭이 서서히 사라지면서 대신 포도밭이 넓게 펼쳐진다. 봄 날씨 변덕 한번 고약하다. 잔뜩 흐리던 날씨가 압치재를 넘을 때쯤 강풍을 동반한 비로 변하더니, 기어이 눈이 되었다. 웬 심술인지.

전라북도와 충청북도의 경계인 압치재를 넘자마자 저장 포도와 포도즙을 파는 간이 상점들이 양옆으로 늘어서 있다. 비가 와서인지 대목인 일요일인데도 대부분 문을 닫았다. 예쁘장한 가게 아주머니가 군불이나 쬐고 가라며 나를 부른다. 불가로 다가가자 아직 개시도 못 했다면서도 포도즙을 먹어보라고 건네준다.

"내가 탈옥수 신창원한테도 포도를 주었다니까. 이 길로 도망갈 때 그렇게 흉악한 사람인 줄 모르고 딱해 보이기에 목이나 축이고 가라고 했었는디, 나중에 경찰이 나와서 꼬치꼬치 묻기에 얼마나 놀랐는 줄 알어. 포도 주었다고 경을 칠까 봐."

여태까지는 포도 농사를 해서 애기들(아이들) 공부시키고 살림하고 다 했는데 '저짝'으로 새로 길을 내고 있어 이제는 사람들이 이 길로 안 다니게 될 거라며 걱정을 한다.

"포도 팔아 여우살이시켜야 하는디(시집, 장가보내야 하는데)."

시집오는 날부터 '몸채(몸살)' 나도록 뿌옇게 동틀 때부터 해가 져서 사방이 안 보일 때까지 일해도 살림 펼 날이 없다고 한숨은 쉬지만 가지런한 이를 다 보이며 웃는 모습이 전혀 궁색해 보이지 않는다.

"포도를 많이 먹으면 위도 튼튼해지고 피로 회복에도 아주 좋아요. 학산 포도가 특히 좋지."

그 와중에도 특산물 홍보를 잊지 않는다. 아줌마의 발그레한 혈색을 보니 틀린 말이 아니다. 나도 100퍼센트 원액 포도즙 다섯 봉지로 마수해주었다.

한참 지나니 '도로 공사 중'이라는 표지가 눈에 띈다. 아까 아주머니가 말하던 신작로인가 보다. 포크레인이 아예 산중턱까지 올라앉아 길을 내고 있다. 학산-무주 간 사차선 도로 확장 공사란다.

여기가 아니더라도 전국 어디를 가나 도로 공사 중이다. 어제 본 대전-통영 간 고속도로 구간에서 산을 가로질러 걸려 있는 대형 표어가 생각난다.

'자손만대 물려줄 고속도로, 우리가 정성껏 만들겠습니다.'

언제나 구호는 그럴듯한데……

"국토종단 하면서 뭐가 제일 어려웠어요?" 하는 질문을 받을 때면, 서슴지 않고 "매일 밤 여관에서 자는 거요"라고 대답한다. 시골 할머니 집은 싱크대 위에 며칠 묵은 걸레가 있든 말든, 이부자리가 까마귀색이든 아니든, 아무리 지저분해도 그렇게 느껴지지가 않는데 여관은 아무리 말끔해도 어쩐지 '불륜의 냄새'가 나는 것 같다. 오늘 묵은 방은 쾨쾨한 이불 냄새와 목욕탕 냄새가 코를 찌른다. 도보여행 20일째에 들어서니 우리나라 여관 방의 공통점이 보인다.

전국의 애독자 여러분 안녕하십니까. 우리 국토를 도보종단 중인 '바람의 딸' 한비야입니다. 오늘은 한국 여관 방 풍물기행을 준비했습니다.

본론으로 들어가기 전에 미리 알아두어야 할 사항은 우리나라에서 '파크'는 공원과는 아무 상관없다는 것입니다. 그럼 먼저 입구부터 살펴보겠습니다. 출입문은 노래방이나 단란주점, 다방 혹은 지하 사우나와 같이 쓰도록 되어 있어 여관에 들어가는 사람들이 다른 볼일로 온 것처럼 위장할 수 있습니다. 카운터는 작은 미닫이 창문으로 되어 있고, 조명이 사람의 얼굴을 알아볼 수 없을 정도로 어둡습니다. 나처럼 혼자 다니는 사람이면 모를까 둘이 오면 보통 숙박계를 쓰지 않아도 됩니다. 사생활 보호 차원이겠지요. 숙박비는 2인 1실에 2만 5천 원, 잠깐 '쉬어가는 것'이면 1만 5천 원입니다.

그러면 방으로 들어가볼까요. 문을 열면 화장대가 있고, 그 위에는 '곽 티슈'와 커다란 빗, 싸구려 스킨과 로션이 놓여 있습니다. 스킨은 초록색, 로션은 하얀색으로 전국이 완전 통일되어 있습니다. 한구석에는 18인치 정도의 리모컨 없는 컬러텔레비전이 있고, 조금 작은 냉장고가 있는 곳도 있습니다. 냉장고 안에는 생수 병이 두세 개 있는데, 그게 생수인지 수돗물인지는 잘 모르겠습니다. 냉장고가 없는 곳은 주인이 스테인리스 쟁반에 주전자 하나와 컵 두 개, 얇은 수건을 두 장 놓아 가져옵니다.

장롱도 빼놓을 수 없는 가구입니다. 장롱 안에는 이불이 산처럼 쌓여 있습니다만 아무리 깨끗해 보여도 꺼름칙하기만 한 이부자리지요. 베개도 높은 베개, 낮은 베개, 그리고 온갖 원색 무늬로 다양합니다만 반드시 머리카락이 붙어 있습니다. 여태까지는 예외가 없었습니다.

방은 또 여러 가지 스티커로 실내 장식이 되어 있습니다. '파크 다방', '미인촌' 등 다방 스티커가 그것입니다. 그런데 왜 '신속히' 커피를 시켜야 할까요? 여관 안에는 다방 커피와 맛이 별로 다르지 않거니와 '신속히' 마실 수 있는 자판기도 있는데 말입니다. 이게 바로 이름만 듣던 티켓?

'맛나야식 25시간 배달', '따봉야식 10~4시까지'라는 야식 스티커도 붙어 있습니다. 이 야식은 나도 한번 시켜 먹어보았는데 보통 분식점보다 배로 비싸니 유념하십시오. 야간에는 음식에도 특별 할증료가 붙나 봅니다.

껌도 많이 붙어 있습니다. 다시 씹을 수도 없을 텐데 왜 붙여놓을 까요? 보통은 입구나 층계 옆에 있는 콘돔 자동판매기(500원짜리 동전 두 개를 넣으시오)가 방마다 비치된 곳도 있습니다. '나 여기 와서 이렇게 뭐뭐하고 간다'는 원색적인 설명이 붙은 자세한 그림 도 심심치 않게 보입니다.

조명은 이름하여 '푸줏간 조명', 빨간색이 대부분입니다. 벽 한 면 이 대형 거울로 되어 있다면 최근에 지은 신식 러브호텔입니다. 이런 곳은 주차장에 비닐 커튼이 드리워져 있어 차량으로 인한 신분 노출 을 막아줍니다. 아참, 11시가 넘으면 야한 비디오도 틀어줍니다.

이쯤에서 목욕탕을 들여다볼까요? 돌처럼 딱딱한 초록색 오이비 누와 업소용 죽염치약, 종잇장보다 얇은 수건 두 장이 비치되어 있 군요.

이제 제일 중요한 가격. 공식 가격이 있기는 하지만 웃는 얼굴로 말만 잘하면 깎아주기도 합니다. 나는 일단 1만 5천 원에 하자고 우깁니다. 성공하면 좋고 실패해도 본전이니까요. 하루에 1만 원씩 깎는다면, 두 달이면 60만 원 아닙니까? 티끌 모아 태산입니다. 주 인도 깎아줄 만하니까 깎아주는 겁니다. 방 비우고 있는 것보다 그 돈이라도 받는 게 낫다고 생각하면 말이죠.

마지막으로 덧붙이는 말. 여관 종업원이 손님을 똑바로 쳐다보지 않는다고 불친절하다 생각하지 말아주십시오. 그들의 근무 수칙 제1조 1항은 '손님과 눈을 마주치지 않는다'입니다.

아, 벌써 시간이 다 되었군요. 유익한 시간 되셨을 줄로 믿으며 이것으로 한국 여관 방 풍물기행을 마치겠습니다. 그럼 다음 시간 까지 안녕히 계십시오.

3월 22일 강원도면 거의 다 왔네

어제는 춘분. 서양에서는 공식적인 봄의 첫날이다. '봄의 둘째 날'인 오늘 기온은? 절기와는 맞지 않는 영하 4도다. 배낭 깊숙이 집어넣었던 내복을 다시 꺼내 입었다. 지난번 잠깐 더워졌을 때 '낼름' 서울로 보내버리지 않아서 다행이다.

포도밭, 포도밭……. 길 옆으로 하루 종일 포도밭이다. 페치카 땔감처럼 생긴 통나무들을 서로 어슷하게 기대 세워놓은 표고버섯 밭도 많이 보인다. 이번 여행 중 처음으로 기찻길과 나란히 걷는 길이다. 경부선이란다.

세상에는 별난 사람들도 많다. 가게에서 목을 축이다가 주인 아저씨가 "일행 쫓아가려면 부지런히 걸어야겠수" 하는 바람에 과천에서 부산까지 걸어간다는 보살님 네 분을 알게 되었다. 나처럼 걸어서 다니는 사람들이 있다고? 어떤 사람인지, 무슨 사연인지, 어디를 어떻게 가는지, 궁금해서 얼른 뒤쫓아 나갔다. 얼마 가지 않아 그분들이 시야에 들어오기는 했는데, 마지막 500미터가 왜 그렇게 줄어들지 않는지 뛰다시피 해서 겨우 따라잡았다.

"안녕하세요? 부산까지 가시는 분들이죠? 만나고 싶어서 이렇게 뛰어왔어요."

"어디 가는 길이세요?"

놀란 얼굴로 돌아본 네 명의 보살님 중 한 분이 묻는다.

"강원도 통일전망대 가요. 국토종단 중이거든요."

"강원도면 거의 다 왔네."

뜻밖의 반응에 내가 더 놀랐다. 여태껏 '뭐시여? 못 간당께'라는 반응이 대부분이었는데 반도 가지 않은 길을 거의 다 왔다고 한다.

오십대 초반 정도로 보였는데, 모두 환갑을 훨씬 넘으셨단다. 머리에는 수건을 쓰고 '몸뻬' 바지를 입은 보살님들은 큼직한 배낭을 하나씩 메고 지팡이까지 짚었는데도 어찌나 빨리 걷는지 내가 숨을 헐떡일 지경이다.

"하루에 얼마 정도 걸으세요?"

"한 100리는 걷지."

숨도 차지 않은지 안경 낀 보살님이 아무렇지도 않은 듯 말한다. 100리라면 40킬로미터? 내 걸음으로는 열 시간도 더 걸어야 하는 거리다.

"부산까지 얼마나 걸릴 것 같아요?"

"한 일주일이면 안 가겠소. 우리가 길 떠난 지 일주일쨋데. 부산에 가봐야 알지, 뭐."

"난 닷새 있으면 가야 해. 친척 딸이 결혼하거든. 결혼식 끝나고 다시 내려와서 나머지는 나 혼자 걸어갈 생각이야."

도대체 거침이 없다.

"왜 걸어가세요?"

이런! 국토종단을 하면서 수없이 받았던 질문을 내가 고스란히 반복하고 있다. 그런데 걷고 있는 사람을 만나니 정말 이런 것이 궁금하긴 궁금하다.

"우리는 같은 절에 다녀요. 집에 있으면 뭘 해? 아이들도 다 컸고 남편도 없는데. 심심해서 친구끼리 나서보기로 한 거지. 집이 과천이니까 거기부터 이짝 끝 부산까지 가는 중이지."

어느 길이 좋더냐, 어디에서 자느냐, 발은 안 아프냐, 이렇게 다니니 뭐가 좋고 뭐가 나쁘냐 등 궁금한 것이 태산이지만 물을 수가 없었다. 걸어서 다니는 여행이 전혀 별스러운 일이 아니라고 생각하는 보살님들의 대답도 뻔하려니와 곧 갈림길인 황간에 도착했기 때문이다.

"안녕히 가세요. 부산까지 애쓰세요."

내 작별 인사에 제일 나이 많은 보살님이 웃으며 대꾸한다.

"애는 무슨 애, 재미만 좋구만. 집이도 끝까정 무사히 가시오. 중간에 그만두지 말고."

손을 흔들며 총총히 사라지는 보살님들. 그 뒷모습이 씩씩하고 보기 좋다. 그래, 이게 바로 국토종단이구나. 몇 달씩 벼르고 계획하지 않아도 어느 날 친구끼리 의기투합해서도 할 수 있는 것, 체력 좋은 이십대 젊은이가 아니라 육십대 할머니들도 할 수 있는 것. 나처럼 혼자 해도 좋고 두세 명이 해도 좋고 가족끼리 해도 좋은 것. 한 달 이상 한꺼번에 시간을 내야만 하는 것이 아니라, 시간이 없는 사람은 두세 번에 나눠서도 할 수 있는 것, 1년을 잡고도 할 수 있는 것이 도보여행이다. 너무나 힘들어서 가끔씩 나무 밑에서 '구구단을 외자'며 기를 쓰고 하는 게 아니라, 각자의 체력에 맞는 일정으로 재미 삼아 즐기며 하는 것이다. 이게 바로 도보 국토종단이다.

'과천 보살님들, 고맙습니다. 정말 좋은 걸 깨우쳐주셨습니다.'

요즘 나의 유일한 문화생활이자 낙은 저녁에 텔레비전 보는 것이다. 며칠 동안 책도 신문도 없이 지내서인지, 완전히 텔레비전 중독이다. 특히 수요일, 목욕일은 더하다. 묵을 방을 고를 때 MBC와 SBS가 나오는지부터 확인한다. 그리고 〈보고 또 보고〉와 〈청춘의

덫〉에 열중한다. 9시 뉴스는 물론 7시 뉴스부터 마감뉴스까지 빠짐없이 본다. 일과가 텔레비전을 중심으로 돌아가는 형국이다. 프로그램 사이에 광고하는 틈을 타서 음식 먹고, 일기 쓰고, 지도에 그날 걸은 길 긋고, 전화를 받고 건다. 애국가가 나오면 그제야 자는 시간이구나 생각한다.

이런 생활도 그 나름대로 재미가 있다. 아침에 자고 싶은 만큼 자고, 늦은 아침 먹고, 한 예닐곱 시간 실컷 걷고, 먹을 것 찾아 먹고, 잘 때까지 손가락 하나 까딱 않고 누워서 텔레비전 보다가 스르르 잠이 드는 것. 이렇게 몸이 단순한 생활을 하니 오히려 머리가 맑아진다. 미운 사람도 없고 복잡한 일도 없다. 생활 속의 문제들은 핵심이 정확하게 보이고 정리가 잘 된다.

그런데 이것은 '단순한 생활' 때문이 아니라 바로 걷는 것 때문이라고 생각된다. '걸으면 머리가 맑아지고 좋은 생각이 떠오른다.' 이건 내가 지어낸 말이 아니라 그리스의 철학자 플라톤과 아리스토텔레스의 말이다. 걷는 것이 사색과 명상의 필수라고 해서 이들을 소요학파(逍遙學派)라고 한다. 의학의 아버지 히포크라테스도 걷는 것이야말로 '두뇌 회전에 가장 좋은 일'이라고 강조한 바 있다.

현대 의학 역시 이런 생각에 과학적인 무게를 실어준다. 어느 책에 따르면 걷거나 발을 사용하는 단순 작업은 뇌세포를 전투 상태로 만든다고 한다. 이 상태가 뇌세포를 긴장시키면 뇌에 피와 산소가 많이 들어간다. 당연히 뇌의 활동도 좋아진다. 실제로 걸을 때는 전체 뇌세포 중 약 10퍼센트 가량의 기능이 좋아진다고 한다.

서양 의학뿐 아니다. 동양 의학에서도 걸으면 신체의 발전소에 해당하는 내장이 자극을 받아 에너지를 낸다고 말한다. 이 에너지가 변전소에 해당하는 뇌로 흐르면, 뇌가 이것을 여러 가지 용도로 활용하게 되어 머리가 맑아지고 기발한 착상도 떠오르게 된단다. 내가 지금 느끼는 것이 순전히 '느낌'만은 아니라는 것이 확실하다.

이뿐인가. 도보여행을 시작하자마자 여행 직전 심하게 앓았던 감기 열도 뚝 떨어지고 기침도 쏙 들어갔다. 몸살이 나려고 할 때 하루 쉬면 다음 날 반드시 몸살이 나지만 그냥 걸으면 몸살 기운은 그날로 흐지부지다. '누우면 죽고 걸으면 산다'더니…….

《동의보감》에도 이렇게 써 있다. '약보(藥補)보다는 식보(食補)가 낫고 식보보다는 행보(行補)가 낫다', 즉 약이나 보양식으로 몸을 보하는 것보다 걷는 게 낫다고. 이것을 과학적으로 분석해보면 걸으면서 발바닥을 땅에 부딪히는 순간 다리로 내려갔던 혈액이 다시 심장으로 펌프질하듯 되올라가면서 혈액 순환이 잘 되기 때문이란다.

몇 가지만 꼽아봐도 걷는 여행은 '구경 다니는 것' 외에 얼마나 많은 보너스를 주는가. 잔병치레 안 하지, 군살 빠지지, 게다가 머리까지 맑아지니 말이다. 오늘은 여기까지지만 이번 여행이 끝나면 걸어서 좋은 이유를 적어도 다섯 가지는 더 댈 수 있을 것이다.

여행이 아닌 일상생활에서도 걷는 것 하나로 젊음과 건강을 유지할 수 있다. '하루 1만 보 걷기 운동'이 바로 그것인데, 1만 보라면 6킬로미터, 보통 걸음으로 한 시간 반 거리다. 평소에 이만큼 걷는다는 게 쉬운 일은 아니지만 그렇게 어렵지만도 않다.

내 경우는 버스 정류장을 일부러 세 정거장 앞까지 걸어가서 탄다. 약속 시간에 딱 맞춰서 집에서 나오기 때문에 빨리 걷게 되는데, 그런 속보가 다리 힘을 강화하고 노화를 방지한단다.

전철을 탈 때는 에스컬레이터 대신 계단을 이용하고, 건물도 오층 정도는 걸어다닌다. 어느 때는 그게 엘리베이터를 기다리는 것보다 훨씬 빠르다. 계단을 오를 때는 발끝으로만 걷고 내려올 때는 발뒤꿈치로 내려온다. 누구한테 배우지도 않고 이렇게 해왔는데, 이것도 알고 보니 제대로 하는 거란다.

계단 오르내리기 자체가 전신의 지구력을 키우는데, 특히 올라갈 때 발끝으로 걸으면 뇌세포가 활성화되고 내려갈 때 발뒤꿈치로 걸으면 각 기관을 자극하는 지압점들이 눌려 좋다는 것이다.

또 한 가지, 나는 하루에 줄넘기를 천 번 한다. 이것은 관절을 강하게 단련시키고 내장의 신진대사도 활발하게 한다. 물론 비만이 방지되고 기분도 상쾌해지고 게다가 공짜다. 일상생활에서 어차피 하는 것을 찾아 조금만 신경 쓰면 시간과 돈을 따로 들이지 않고도 운동할 수 있는 방법은 천지일 것이다.

산 자는 4.3평, 죽은 자는 15평

3월 23일 농사나 짓겠다고?

아침부터 제법 산세가 느껴지는 산들을 끼고 걷는다. 마치 양 어깨에 산 하나씩을 얹고 있는 듯한 느낌이다. 간간이 나타나는 평지는 죄다 포도밭이다. 저 많은 포도를 누가 다 먹는 건가?

충청북도와 경상북도의 경계선인 수봉재를 넘으니 '일봉 선교종 백화산 수봉사'라는 표지가 보인다. 산 아래로 예쁘게 뻗은 길이 있기에 내려가보았다. 비구니 스님들이 사시는 곳이었다. 절 마당에 들어서니 말간 피부의 스님 한 분이 기다렸다는 듯 반색을 하며 점심 먹고 가란다. 졸리도록 따스한 햇볕이 드는 절집에서 점심 공양을 하고, 커피까지 한 잔 얻어 마시고 앉았다. 따뜻한 바람이 솔솔 분다. 풍경 소리도 듣기 좋다. 바람에는 소나무 냄새도 묻어 있다. 일주일 전에 낳았다는 하룻강아지가 까실까실한 혓바닥으로 엄지손가락을 간지럽힌다.

"수고하십니다. 말씀 좀 묻겠습니다."

"어떻게 오셨습니까?"

모서면 파출소에서 잘생긴 순경 한 명이 대답한다.

"예, 이 동네에 혼자 사시는 할머니 집을 소개받을까 해서요."

그러면서 내 소개를 간단히 했다. 건너편에 앉아 있던 파출소장
이 내 이야기를 듣더니 주민등록증을 보여달란다. 그러고는 어디
서 오느냐, 어디로 가느냐 등을 꼬치꼬치 묻더니 말한다.

"하룻밤 묵을 곳을 찾는다면 바로 옆 건물에서 주무시오."

옆 건물은 방범대원들이 밤 근무할 때 묵는 곳인데, 오늘은 방범
대원을 파출소 안에서 재울 테니 거기를 쓰란다. 물론 땡호다.
씻을 곳은 마땅치 않지만 숙소가 경찰서 마당 안에 있으니 치안만
큼은 확실하지 않은가. 안에는 대형 텔레비전도 있고, 남자들의 숙
소라고 믿기 어려울 정도로 아주 말끔하다. 난방 보일러도 된다.

순경들로서는 수상한(?) 사람이 마을에 들어가지 않으니 좋을 것
이다. 여자 혼자 다니다 보니 수상하다는 소리를 많이 듣는다. 남
자 혼자 다녔으면 더 그랬을 것이다. 6 · 25 때 실종되었다 최근에
나타난 자, 뭐 그런 것 말이다.

큰 수확은 다른 데 있었다. 오늘 숙소가 바뀐지도 모르고 불쑥 내
방에 들어왔던 농부이자 방범대원 두 사람에게서 살아 있는 농촌
이야기를 들을 수 있었기 때문이다. 삼십대 초반의 두 사람은 여기
서 나고 자란 토박이인데, 포도 때문에 고향에 남아 있단다. 벼농
사는 자기 먹을 것 외에는 짓는 대로 손해지만 포도는 수익성이 높
은 환금 작물이기 때문이다.

"포도는 지대가 높고, 익어가는 시기에 일교차가 커야 맛이 있는데, 모서가 바로 그런 곳이에요."

이곳 꿀봉 포도와 모동 포도는 전국적으로 유명하다고 한다.

"요즘 실직한 사람들이 더러 '농사나 짓겠다'고 시골로 내려오는 모양인데 농사도 호락호락한 일 아니에요."

농사도 전문 지식과 기술이 필요하다고 한다.

"생각해보세요. 기계는 원리만 알면 되지만 농사는 자연 환경, 땅의 성질, 작물의 성질 등 온갖 것을 다 알아야 하거든요. 살아 있는 식물과 변화무쌍한 자연에 순응하는 게 그리 쉬운 일은 아닙니다."

이들은 농촌 지킴이답게 고향 자랑이 대단하다.

"마을 뒤에 있는 백화산은 대한민국의 100대 산 중의 하나고요, 우리 동네는 땅이 기름져서 노력만 하면 먹고살 만하지요. 동네 인심도 정말 좋아요. 혼자 사는 노인들에게 그 해에 수확된 쌀의 첫 방아를 찧어 갖다드리면서 마을에서 공동 봉양을 합니다."

그러면서 갑자기 파출소로 가더니 전화를 건다. 잠시 후 동네 다방에서 커피가 왔다. 배달 커피는 도저히 무드 잡으면서 느긋하게 마실 수가 없다. 컵을 도로 가져가야 하니까 후닥닥 마시고 그동안 다방 아가씨와 몇 마디 싱거운 소리를 주고받는 게 전부다.

"조금만 나가면 자판기도 많이 있는데 뭐 하려고 커피 배달시켜요. 이것도 낭비 아니에요?"

들어보니 이 동네에는 다방 커피가 천 원이란다. 동네에 다방이 두 개였다가 갑자기 다섯 개로 늘어서 2천5백 원 하던 커피값을 '덤핑 친단다.' 인구 3천 명의 조그만 읍에서 다방 다섯 개가 왜 필요하며, 과연 현상 유지나 되는 걸까?

"요즘 시골은 젊은 여자들이 매우 귀해요. 다방 아가씨가 고작이지요. 장가갈 사람은 넘치는데 여자가 없어서 얼마 전에는 이웃 동네 사십대 형님들이 연변에서 신부감을 구해 오기까지 했어요. 늙은 총각 네 명이 한꺼번에 장가를 갔는데 모두 절단 났지요."

"절단이라뇨?"

"신부가 시집온 지 몇 달 만에 모두 도망갔다니까요."

그나저나 포도 농사는 잘 되냐고 했더니, 잘 되기는 하는데 까치가 골치란다. 여름 내내 통통하게 잘 길러놓은 포도를 수확 직전에 까치가 한 번만 앉았다 가도 그 순간 최상품에서 팔 수 없는 물건이 된단다. 이놈들은 머리가 좋아서 허수아비나 폭탄 허수아비를 무서워하지 않는 정도가 아니라 아예 사람을 가지고 논단다.

까치는 원래 사람 주변에서 오랫동안 사랑받아온 '우리의 새'다. 까치 노는 모습을 자세히 본 적이 있는가? 양다리를 가지런히 모아 통통 뛸 때나, 꼬리를 한껏 치켜올려 걷는 모습은 귀족적이기까지 하다. 날개를 활짝 펴고 날 때 날개와 꼬리 밑에 감춰진 흰색과 파란색은 또 얼마나 멋진지.

도시 사람에게는 이렇게 아름답게만 보이는 까치가 시골에서는 눈엣가시고 애물단지란다. 자기의 이해관계에 따라 이렇게 보는 눈이 180도로 달라진다. 이게 바로 우리 인간들이다.

3월 24일 나라도 무덤을 남기지 말아야지

〈국토종단 도보여행 일지〉

수신인 : 도보여행자의 일과가 궁금한 이

발신인 : 한비야

기록 방법 : 한 시간 단위로 풍경 및 심경 메모

일시 : 3월 24일(여행 22일째)

구간 : 경상북도 모서면 삼포리에서 상주까지

날씨 : 흐린 후 비

8시 : 기상. 세수하고 오늘 자 조간 신문을 읽다.

　　　실로 오랜만에 아침 신문을 제 날짜에 보다.

9시 : 파출소 소장과 순경에게 고맙다는 인사를 하고 길을 나서다.

　　　'낙서 12킬로미터, 상주 28킬로미터'라는 이정표가 보인다.

10시 : 늦은 아침을 먹다.

11시 : 길 양쪽에 논밭이 있는, 조용하면서도 전형적인 시골길.

　　　비가 오기 시작한다. 밭에는 사람들이 제법 많이 나와 있

　　　다. 둥그렇게 포개진 민둥산들이 정겹다. 집집마다 묶어

　　　놓은 개들이 근처를 지나면 합창으로 짖어댄다. 다른 곳

　　　과 마찬가지로 길가에 무덤들이 눈에 많이 들어온다.

12시 : 갑자기 얼음덩어리가(우박인가?) 떨어지면서 칼바람이 분

　　　다. 비는 주룩주룩 오는데 대형 트럭이 줄줄이 지나가면

　　　서 우산을 뒤집어놓는다. 오른쪽 무릎이 아프기 시작. 신

　　　발은 이미 다 젖었다.

1시 : 정말 이상한 길이다. 아무리 가도 가게 하나 없다. 비상

　　　식량으로 땅콩과 물이 있어 그나마 다행이다. 건빵이나

　　　다이제스티브가 있으면 훨씬 배가 부를 텐데.

2시 : 말도 안 된다. 사람들이 사는 동네에 식당은커녕 어떻게

슈퍼마켓 하나가 없을까? 오솔길이라 걷기도 좋고 경치도 좋지만 배가 고프니까 먹을 것만 생각난다.

3시 : 벌써 다섯 시간째 땅콩만 먹으며 걷고 있다. 배에서 천둥소리가 난다. 아, 뜨거운 장국에 밥 말아서 시뻘건 깍두기랑 먹었으면……. 아쉬운 대로 라면이라도. 조그만 길 모퉁이에서 드디어 가게를 만났는데 문이 닫혀 있다. 아무리 두드려도 소용이 없다. 언제 올 줄도 모르면서 무작정 기다리느니 한 발짝이라도 더 걷는 것이 낫겠다.

3시 30분. 산촌을 지나 상주 가는 길목에 대형 횟집이 눈에 띈다. 야, 이제 알탕에다 모듬회로 포식을 해야지. 그러나. 가까이 가보니 여기도 문이 닫혔다. 정말 무슨 일이냐. 귀신이 곡할 노릇이다.

비를 쫄딱 맞으면서 두리번거리니 드디어 '금수강산'이란 식당이 보인다. 어찌나 반가운지 손이 떨릴 지경이다. 회덮밥(송어회) 한 그릇과 알탕을 뚝딱 먹어치웠다. 포만감이 드니 졸리다. 하루 종일 춥고 허기진 채로 오다가 따뜻한 방에서 밥을 먹고 나니 졸음이 쏟아진다. 에라 모르겠다, 10분만 누웠다 가자. 다른 손님도 없는데.

4시 : '곶감의 고향 상주'라는 간판이 보인다. 상주 인터체인지부터는 트럭과 고속버스 등이 많이 지나가고 갓길도 전혀 없어 걷기가 무척 힘들다.

5시 : 바퀴에서 튀는 물벼락을 고스란히 맞고 걷는다. 오른쪽 무릎도 삐걱삐걱 아프고 배낭도 안까지 젖어들어간다.

6시 : 상주에 도착. 숙소를 잡기 전에 길가 식당에서 또 해물

칼국수를 한 그릇 먹었다. 깨끗한 모텔을 찾았다. 이 동네는 1만 5천 원은커녕 2만 원에도 묵을 수가 없다. 결국 2만 3천 원에 묵었다. 여태껏 다닌 중에서 제일 비싼 방이다.

7시 : 욕조에 뜨거운 물을 받아놓고 참을 수 있을 때까지 들어 앉아 있다가 찬물로 샤워를 하니 내장까지 시원해진다. 저 젖은 옷과 신발, 배낭이 내일까지 말라야 할 텐데. 방이 기분 좋게 따끈따끈하다.

8시 : 몸살이 나려나. 누웠더니 손가락 하나 까딱하기 싫다.

9시 : 9시 뉴스를 보고는 숙소 앞에 있는 포장마차로 나가 또 떡볶이, 샌드위치, 번데기를 샀다. 이제 이걸로 오늘은 먹는 것 끝이다. 진짜로.

10시 : 앞뒤 상황을 전혀 알지 못하는, 처음 보는 드라마를 너무나 열심히 보고 있다. 사실은 드라마보다 광고가 더 재미있다.

11시 : 식구들에게 전화를 해서 무릎이 아프다고 엄살을 떨었다. 오늘 걸으면서 다른 사람과 주고받은 얘기가 열 마디도 되지 않아서인지 전화 수다가 끝이 없다. 이번 달 휴대폰 통화료가 무지막지하게 나오겠다.

12시 : 자려고 불을 끄는데 전화벨이 울린다. 가슴이 덜컹 내려앉는다. 혹시 엄마가 잘못되었다는 전화인가 해서. 다행히 나 같은 '야행성' 친구의 안부 전화다. 몸이 침대에 딱 달라붙는 기분이다. 아니 침대 밑의 빨판이 나를 잡아끄는 듯하다. 붉은 조명이 거슬린다. 그냥 깜깜하게 자는 게 낫겠다. 그런데 몸이 일으켜지지 않는다. 저걸 끄고 자야 하는데……(불을 켠 채 스르르 잠이 들다).

여행 시작 때부터 느낀 것인데 국도변에는 무덤이 정말 많다. 어떤 때는 마치 공동묘지를 누비고 다니는 것 같다. 우리나라 땅에 무덤이 많다는 것은 알고 있었어도 이렇게 많은 줄은 미처 몰랐다. 예전에 세계 각국을 돌아다녔던 영국인 친구와 시골길을 걷다가 그 친구가 놀라서 하던 말이 새삼 떠오른다.

"저 양지바른 곳곳에 무덤들 좀 봐. 한국은 죽은 자를 위한 나라인 것 같아."

그때 내 눈에는 그저 무덤도 자연의 일부로 보였는지, 아니면 많은 무덤이 익숙해서였는지, 그 친구가 호들갑을 떤다고 생각했다. 기분이 약간 언짢아져서 "너희 나라 사람들은 안 죽니?" 했는데, 세계일주를 끝내고 우리나라를 돌아보니 좀 객관적으로 볼 수 있게 된 걸까. 나 역시 그 친구와 똑같은 말을 하게 된다.

'많아도 정말 너무 많구나.'

국토종단을 끝내고 좀더 알아보니 '죽은 자를 위한 나라'라는 말이 틀린 말이 아니었다. 현재 우리나라의 묘지는 약 2천만 개. 국토의 1퍼센트 이상이 묘지이고, 해마다 여의도만 한 면적이 무덤으로 바뀌는데, 죽은 이를 위한 묘지 부지가 생산을 위한 공장 부지보다 훨씬 더 넓다. 그뿐이 아니다. 산 사람의 생활 공간이 한 명당 4.3평인 데 비해 묘지는 평균 15평이라니(100평이 넘는 호화 분묘는 열외로 친다 해도) 그야말로 죽은 자를 위한 나라라는 얘기를 들어도 반론의 여지가 없다.

직접 걸어보니 이 묘지 문제의 심각성을 더 확실하게 깨닫게 된 것은 물론이고, 국토의 합리적인 이용이라는 점에서도 우리나라의 앞날이 걱정된다. 간척이나 개간을 해서 '없던 땅을 만들어' 물려주지는 못할망정 내 몸 하나 누워 있자고 그 금쪽 같은 15평을 '영원히' 차지하고 있을 수는 없는 일이다. 정말 그렇게 하고 싶지 않다. 아니 도저히 그래서는 안 될 것 같다.

다행히 그렇게 하지 않을 수 있는 좋은 방법이 있다. 죽은 후에 절대로 묘지를 만들어 묻지 말고 화장을 해달라고 가족에게 부탁하는 거다. 나중에 '딴마음' 먹는 가족들을 원천봉쇄하기 위해 '내가 죽으면 반드시 화장해주십시오'라는 유언장이나 서류를 만들어놓으면 된단다. 나 하나가 무슨 큰 도움이 될까라는 생각보다는 나 하나라도 보탬이 되면 그만큼이라도 좋을 것이라는 생각이 앞선다.

화장하는 김에 쓸 만한 장기는 필요한 사람이 쓰게 하면 좋을 것 같다. 어차피 다 쓴 것이니까. 국토종단이 끝나자마자 나는 사후 장기 기증을 서약했다. 보통은 각막 정도지만 뇌사 상태라면 13명에게 생명과 빛을 줄 수 있다고 한다. 정말 마음 뿌듯한 일이다. 우리 후손들이 써야 할 땅에 자리보전하고 누워 있는 것보다 훨씬 값진 일이고, 하느님께 받은 몸을 잘 쓰고 가는 일이라고 생각된다.

우리나라에 장기 기증을 받는 곳은 꽤 여러 곳이다. 우선 내가 장기 기증 서약을 한 곳은 천주교 한마음한몸운동본부(02-727-2270)인데, 이외에도 기독교 산하의 사랑의장기기증운동본부(02-363-2114), 보건복지부 산하 기관인 생명나눔실천본부(02-734-8052), 그리고 원불교가 운영하는 은혜심기운동본부(063-850-3150)가 있다.

내가 장기 기증을 하겠다고 하도 설치니까 우리 식구들도 따라 나섰다. 지금까지 나의 '마수'에 걸린 사람은 우리 올케, 내 남동생, 수녀 친구 혜경이다. 한 사람 앞에 15평씩, 벌써 60평이 굳은 셈이다. 모두 기쁜 마음으로, 그리고 기꺼이 서약서를 작성했다.

천주교에서는 이렇게 가르친다.
문) 신앙은 무엇입니까?
답) 신앙은 사랑이고, 그 사랑의 실천입니다.
아멘.

서울도 고향인가?

3월 25일 일진 사나운 날

왜 상주가 경주와 함께 경상도의 대표가 될 만큼 중요했을까. 혹시 지금 지나가고 있는 낙동강 유역의 넓은 옥토 때문은 아니었을까? 그 덕에 물산이 풍부했을 테니까. 오는 길에 마을의 몇 분과 얘기를 나누었는데, 이구동성으로 상주는 삼백(三白), 즉 쌀, 누에고치, 곶감의 고향이라고 자랑스럽게 말한다.

특히 곶감은 전국 생산량 1위, 전국 물량의 약 50퍼센트 정도를 차지하고, 상주와 영동을 합하면 전국 물량의 80퍼센트가 이 두 곳에서 나온다고 한다. 장마철에 마실 물 없다고 나는 곶감의 고장에서 곶감 하나 먹어보지 못했다. 지금은 철이 아닐 뿐더러 지난해에 수확이 별로 좋지 않아 남아 있는 것도 별로 없다고 한다. 길가에 곶감 총판 가게가 많은데 맛보기로 열 개만 팔라니까 가게 아주머니가 야멸차게 거절한다.

"열 개는 안 팝니데이. 축으로 팔지."

그러고는 두 번 다시 눈길도 주지 않는다. 민망해 있는데 옆에 있던 다른 아줌마가 내 행색이 이상했던지 묻는다.

"어디 가는 길이라요?"

"강원도까지 걸어서 가요."

"으디에서 오셨습니까?"

"전라도요."

"정말 걸어서 여기까지 오진 않았지요? 가끔씩 차도 타고 왔겠지요?"

"아니오. 정말 걸어서만 왔는데요."

"그 말을 어떻게 믿남."

"아이고, 아줌마. 누가 아줌마한테 믿어달라고 했어요? 곶감은 팔지도 않으면서."

볼멘소리로 톡 쏘아주고 돌아서려니 좀 미안하다. 아무 생각 없이 한 얘기에 과민 반응을 보였으니 그 아줌마도 얼마나 머쓱했을까? 그래도 자기한테 아무 득도 되지 않으면서 남의 기운 빼는 소리나 골라 하는 사람들은 진짜 얄밉다. 남녀노소와 시공을 초월하여.

길은 트럭이 많이 다니는 전형적인 국도길. 여기도 역시 도로 확장 공사 중이라 걷기에는 곳곳이 무지무지하게 위험하다. 오른쪽으로는 '한들'이라는 넓디넓은 평야가 하루 종일 보인다. 얼마나 넓은지 끝이 보이지 않을 정도다. 이런 곳을 만나니 아주 반갑다. 산으로 둘러싸인 곳도 좋지만 사방이 탁 트인 넓은 들은 넉넉함을 가르쳐주는 것 같아서다.

이런 자연 앞에서라면 사람들 마음도 넉넉해질 줄 알았는데 그건 아닌가 보다. 국도변 갓길에 차를 대놓고 아저씨 둘이서 언성을 높이며 한판 싸움을 벌이고 있었다. 가벼운 접촉 사고인 것 같은데 완전히 목숨을 건 표정이다.

"그래서 워쩌잔 말이여? 여러 말 할 것 없이 경찰서로 가자니께."

화가 나서 목까지 벌개진 한 아저씨가 따진다.

"어허 이 양반, 정말 말이 안 통하는 사람이군."

조금 더 나이 든 서울 말씨의 아저씨가 곤혹스러워하면서도 같이 핏대를 세운다.

말이 안 통한다? 한국 사람끼리 말이 안 통하면 정말 문제겠다.

"말이 안 통하는 오지를 어떻게 다녔어요?"

사람들이 내게 흔히 묻는 이 질문에 내가 내린 결론은 이렇다.

'말을 모른다고 말이 안 통하는 것은 아니다.'

물론 내 나름의 의사소통 비결은 있다. 전 세계의 학생들이 모두 영어를 배우니까 각 나라에 도착하면 서점에 가서 현지어와 영어가 함께 들어 있는 사전을 산다. 단어의 나열만으로도 충분히 의사소통이 되기 때문이다. 게다가 만국 공통어인 제스처가 뜻을 전달하는 데 아주 효과적이다. 그것도 모자라면 그림까지 곁들인다. 이렇게 해서도 통하지 않는 경우는 매우 드물다.

중국 신장성 실크로드를 여행할 때의 일이다. 깊숙한 사막 마을로 들어가는 붐비는 버스 안에서 한 꼬마아이를 무릎에 앉히게 되었다. 이 꼬마는 중국말을 전혀 못 하는 위구르 아이였고 나 역시 위구르 말을 하나도 몰랐다. 하지만 제스처와 그림만으로 우리는 버스를 타고 가는 열다섯 시간 동안, 또 아이 집에서 민박까지 하면서 배꼽 빠지게 웃고 놀았다. 떠나는 날, 아이는 닭똥 같은 눈물을 흘렸고 아이 엄마는 내가 떠나지 못하도록 신발까지 감추었다. 말은 단 한 마디도 몰랐지만 의사소통은 물론 마음까지 주고받았다.

그뿐인가. 중국 여행에서 가장 진지하고 속 깊은 이야기를 나눴던 사람은 다름 아닌 영국에서 온 청각 장애인이었다. 그 조용했던 수다를 나는 영원히 잊지 못할 것이다.

아프리카, 중동의 오지 중의 오지에서는 오히려 순전히 한국말만 하고 살기도 했다. 어차피 그들이 내가 쓸 줄 아는 어떤 말도 모르고 나 역시 그들 말을 하나도 모르니까 그냥 "아줌마, 정말 고마워요" 하면 알아듣고는 고개를 끄덕거리며 웃고, 헤어질 때 "할머니, 내내 건강하세요. 또 올게요" 하면 같이 손을 흔들며 아쉬워했다.

어떻게 그럴 수 있었을까? 내가 얻은 답은 간단하다. 언어가 통하지 않으면 서로 무슨 얘기를 하고 있는지 주의 깊게 살피게 되고, 열심히 들어주려고 노력하기 때문이다. 그런 과정을 통해서 말이 아닌 마음이 통하기 때문이다. 동물과도 식물과도 이야기를 나눈다는데, 사람끼리 다르다고 해봐야 얼마나 다르겠는가.

그런데 한국에 돌아오니 "저 사람하고는 말이 안 통해" 하는 말을 심심치 않게 하게도 되고 듣게도 된다. 참 이상한 일이다. 세계 어느 깡촌에서도 통하던 '말'이 같은 언어를 쓰고 있는 우리나라 사람끼리 통하지 않는다니 말이다.

말이 통하지 않는 사람과 사는 것은 얼마나 답답하고 불행한 일인가. 행복한 삶의 필수 조건은 원만한 인간관계이고, 그런 인간관계는 서로 말이 통할 때만 가능하다. 그리고 이것은 상대방의 말을 잘 들어보려는 자세에서 비롯되는 것이다. 왜 사람에게 입은 하나인데 귀는 두 개인가. 다 이유가 있을 것이다.

이런 생각을 하며 아저씨들을 지나쳐 한참 걸어가는데 내 귀에

쟁쟁하게 들리는 커다란 말소리.

"정말 말 안 통하는 양반이네, 그려."

오늘 후반부의 일진도 나빴다. 땅끝마을을 출발할 때부터 가지고 다니던 100만분의 1 지도를 잃어버렸다. 그 지도 위에 하루도 빠짐없이 온 길과 날짜를 표시해놓았는데. 분명히 배낭 맨 위에 잘 넣어두었는데 어디 갔을까? 참 이상하다. 20만분의 1 지도책도 있지만 그 한 장짜리 지도는 한눈에 볼 수 있는 것이라 애용했다. 혹시나 하며 배낭을 완전히 뒤집어보았는데도 없다. 지도 한 장이지만 몹시 허전하고 서운하다.

점심을 먹고 나서도 기분 나쁜 일이 있었다. 넓은 평야가 보이는 이정표 앞에서 기념 사진을 한 장 남기고 싶었다. 혼자 다니면 원하는 배경을 넣어 자기 사진을 찍을 수 없는 게 불편하다. 하여간 이번 것은 욕심이 나서 한참을 기다리던 끝에 어떤 삼십대 남자가 나타나자 그에게 사진 한 장 찍어달라고 했다.

"아줌마가 누군 줄 알고 사진을 찍어줘요?"

퉁명스럽게 대답하고는 잰걸음으로 가버린다. 나참, 기가 막혀서. 내가 자기하고 같이 사진을 찍자고 했나, 자기 집에서 재워달라길 했나. 그냥 카메라 셔터 한 번 눌러주는데 내가 누군 줄 왜 알아야 하는 건가. 어이가 없다. 혹시 내 말이 빨라서 잘못 알아들었나?

나쁜 일은 언제나 떼로 몰려다닌다더니 저녁에는 여관 주인 아저씨까지 가세했다. 처음에는 그저 무뚝뚝한 줄로만 알았는데 나중에는 자존심이 상할 정도로 불쾌해졌다. 방이 머리카락투성이라서 한 번 더 쓸어달라는 말이 그렇게 화가 났을까? 수건과 함께 갖다준 물에서 소독약 냄새가 풀풀 나기에 "아저씨, 이거 생수 맞아요?" 하고 장난 섞어 물어본 것이 그렇게도 잘못한 일일까?

"이 아줌마 되게 까다롭게 구네. 그런 것 따지려면 호텔에서 자야지."

눈썹을 치켜뜨고 문을 쾅 닫고 나가더니 누군가에게 소리를 고래고래 지르며 난리도 아니다. 바깥에 소낙비가 오지 않고 시간이 조금만 일렀더라도 나야말로 성질대로 한바탕 소리 지르고는 그 여관에서 나와버렸을 것이다. 내 돈 내고 왜 이런 대접을 참아야 하나. 정말 화가 난다. 여관 주인이랍시고 서비스의 서자도 모르는 바보, 멍청이, 병신 같은 놈이다.

하루 종일 이런 일을 당하니 속도 쓰리고 입맛도 쓰다. 밥도 무슨 맛인지 모르고 먹었다. 내 일진에도 문제가 있지만 분명히 오늘 이 동네 사람들 모두 집단적으로 화가 날 무슨 이유가 있었던 것 같다. 부글부글 속을 끓이며 일기를 쓰는데, 갑자기 어제 만났던 한 촌로의 말이 생각난다.

"인생에 단맛만 맛이겠어? 맵고 쓴 맛도 맛인 거여."

그렇다. 음식의 맛을 내는 데는 달고 쓰고 맵고 짜고 신 다섯 가지 맛이 필요하고 그것을 골고루 먹어야 몸에 좋다고 하지 않는가. 이 다섯 가지 맛이 골고루 어우러져야 풍요로운 삶을 산다는 얘기다. 그렇다면 오늘 나를 언짢게 한 사람들은 내게 필요한 쓴맛을 보여준 것은 아니었을까? 여행이 농축된 인생이라면 거기에도 단맛, 쓴맛이 다 들어 있어야 하니까.

3월 26일 국토종단 길 절반을 끝내다

밤에 잠을 설쳤다. 방이 너무 더워서 그랬나. 설마 그 불친절씨가 나 밉다고 불을 마구 땐 것은 아니겠지. 비는 여전히 주룩주룩 내린다. 잠시 동안 오늘 하루 땡땡이쳐버릴까 생각도 했지만 이 여관도 싫고 낯선 동네에서 빈둥거리느니 신발과 가방이 젖더라도 가는 것이 낫겠다.

오늘은 점촌을 지나 문경새재 입구까지 가야 한다. 35킬로미터 남짓. 하루 거리로는 너무 멀고 이틀 거리로는 너무 짧다. 어떻게 할까 하다 조금 걸어보고 결정하기로 했다. 어찌 되었든 28일에는 서울에 가야 한다. 여행 도중에 맥을 끊어가면서까지 가고 싶지는 않지만 도저히 피할 수 없는 몇 가지 일이 있다.

우선은 매주 일요일에 방송되는 SBS 라디오 '한비야의 세계풍물기행' 녹음. 국토종단 시작하기 전에 한 달 분량을 녹음해두었지만 그 이상 녹음 방송을 하면 생동감이 떨어지고 시사적인 문제도 얘기할 수 없으니 청취자들에게 예의가 아니다.

둘째는 모교인 숭의여고를 포함한 몇 군데의 특강과 방송 출연이다. 이왕 서울에 오는 길이니 오래전부터 부탁받은 것들을 하기로 했다. 고등학교 2학년 때 우리 국어 선생님이었던 남상학 교장 선생님의 간곡한 부탁도 거절할 수가 없었다.

다른 무엇보다 아버지 기제사가 있다. 지난 10년간 참석하지 못한 적이 많았는데 한국에 있으면서까지 빼먹을 수는 없는 일이다. 내가 바람의 딸이기 전에 우리 아버지, 어머니의 딸이 아니겠는가.

지도를 펴놓고 따져보니 중간 지점인 문경까지는 끝내고 갈 수 있겠다. 뭔가 계획대로 되어가는 것 같아 뿌듯하다.

발걸음은 가벼운데 가는 길은 힘들다. 점촌-문경 간에는 덩치 큰 레미콘 트럭들이 많이 지나가기 때문이다. 트럭보다는 천천히 주의 깊게 가지만 워낙 부피가 커서 부담스럽다. 어느 때는 대여섯 대가 줄지어 가기도 한다. 시멘트 공업이 발달했다고 하더니 그래서인가 보다.

지금 이곳은 경상북도. 일가친척은커녕 아는 사람 한 명 없는 곳에서 익숙한 사람들이 있는 서울에 간다고 하니 약간 흥분된다.

며칠 전에 만난 어떤 시골 할아버지와 이 말 저 말 하던 끝에 고향이 어디냐고 묻길래 서울이라고 했더니, "서울 사는 사람은 고향 없다고 하던디" 한다.

"어머, 할아버지, 고향 없는 사람이 어디 있어요? 낳고 자란 곳이 고향이죠."

말은 그렇게 했지만 내심 석연치가 않았다. 그날 걸으면서 곰곰이 생각해보았다. 서울은 과연 나의 고향인가? 외국에 있을 때는 한국 전체를 고향이라고 생각하게 된다. 말이 안 통해 스트레스를 받을 때면 지구 저 끝에 나와 같은 말과 글을 쓰는 사람들이 7천만 명이나 있다는 생각만으로 마음의 위로가 되곤 했다. 한국 음식이 간절히 생각날 때도, 문화 차이로 충돌이나 오해가 생길 때도 그랬다.

여행에 지칠 때면 혼잣말처럼 '아, 서울 가고 싶다'가 아니라 '아, 한국 가고 싶다'고 중얼거렸다. 그러나 할아버지가 묻던 건 그런 의미의 고향은 아니었을 것이다. 그러면 할아버지가 말하는 '고향'이 내게 있는 건가? 고향을 고향이게 하는 것은 무엇인가. 결국은 '추억과 사랑'이 아닐까.

'그렇다면, 서울은 분명 내 고향이야. 북한산 때문에.'

외국에서 오랜만에 돌아와 서울 시내로 들어가면 성산대교를 건너기 바로 전, 한순간 병풍처럼 펼쳐진 낯익은 북한산을 보게 된다. 그때마다 아, 내가 드디어 돌아왔구나 하는 생각을 얼마나 여러 번 했던가. 어렸을 때 아버지와 동생과 함께 수없이 오르내리던 산. 밥해 먹고 물 떠 먹고 얘기하던 산. 도시에 사는 우리에게는 곤충 채집, 야생화 채취 등 아주 훌륭한 자연 학습장이기도 했지. 자주 가던 등산로는 눈 감고도 훤하다. 어느 모퉁이를 돌아가면 어떻게 생긴 바위가 보이고 거기에서 조금 가면 어떤 모양의 나무 등걸이 나오고, 여름에 낮잠 자기 좋은 곳은 어디쯤인지, 겨울에 점심 먹기에 안성맞춤인 곳은 어디인지 내 집 앞마당처럼 익숙하다.

어느 나라 수도의 중심부에 이렇게 의젓하게 버티고 있으면서 언제라도 따뜻하게 품어주는 다정한 산이 있을까. 이 세상에 그런 산은 북한산밖에 없을 것이다. 철들면서 많은 친구들을 사귀고 많은 생각을 했던 곳, 내 꿈과 결심을 다짐했던 곳, 계절마다 자연의 변화를 느끼게 해주는 고마운 휴식처. 북한산을 떠올리기만 해도 마음 한쪽이 푸근해지는 이 감흥만으로도 서울은 내게 고향이다.

하지만 세월이 흐르면 강산도 변한다. 북한산도 예외는 아니다. 내가 세계여행을 다니던 지난 6년간 무슨 일이 있었는지 북한산 산중턱까지 집들이 들어찼다. 앞으로 어디까지 건물이 올라갈지 모른다고 한다. 형제봉에서 평창동을 내려다보면 집을 짓느라 깎아 낸 돌산이 상처처럼 허옇게 드러나 있다. 마치 모진 고문을 당하며 울부짖고 있는 형제를 속수무책으로 보고만 있는 것 같아 가슴이 쓰리고 미어진다. 너무 안타까워 눈물까지 찔끔 난다. 내가 정말 아무런 도움도 줄 수 없는 건가? 내 고향을 지키는 데 이렇게도 무력한 것일까?

고향은 추억거리이며, 자랑거리이지만 동시에 이런 안타까움도 준다. 이 모두가 사랑의 다른 이름이리라.

3월 27일 보고 싶은 혜경아!

언제나 보고 싶은 혜경아,

그동안 잘 지냈지? 아이들도 다 별일 없지? 해외여행 때는 한 나라에서 적어도 한 장씩 꼬박꼬박 그림엽서를 보냈는데 국내여행 중이면서도 오히려 여유가 없다.

건강은 어떠니? 간은 괜찮아졌어? 요즘에도 아침마다 기운동 하니? 그게 좋긴 좋은가 보다. 요즘에 네 전화 목소리가 밝고 높게 들리더라. 다행이야.

나는 가끔씩 무릎이 아픈 것을 빼고는 괜찮아. 걸으니까 점점 더 튼튼해지는 것 같아. 편두통도 싹 사라지고. 여기는 경상북도 문경이야. 서울 가는 차를 기다리고 있다. 너랑 사전 답사한다고 버스 타고 왔다갔다 한 것이 엊그제 같은데 벌써 국토종단 중간 지점까지 왔다.

혜경아, 내가 이번 여행 시작했을 때 '대철베드로의 집' 식구 모두 나를 위해 특별 기도를 드렸다면서? 나를 위해 매일 묵주기도 5단을 바치고 있는 것도 알고 있어. 지난번 세계여행이 무사히 끝난 것도 네 기도 덕분이야. 수녀가 하는 기도니 하느님이 특별히 귀를 기울이셨겠지. 아니면 6년간 위험한 데만 골라 다녔는데 손가락 하나 부러지지 않고 돌아올 수 있었겠니?

우리가 처음 만난 때가 열여덟 살이었나, 열아홉 살이었나. 돌아보면 너무나 까마득해서 이번 생의 일이 아닌 것 같다. 넌 그때부터 수녀가 되겠다고 까만 옷만 입고 다녔지. 성당 아이들은 성격이 판이한 데레사랑 비야랑 어떻게 친하게 지내는지 불가사의하다고 했지만 우리는 만나는 그날부터 정말 지독히도 붙어 다녔다. 기어이 같은 아파트에서까지 살았잖아. 한 권의 일기장을 나누어 쓰기도 하고, 새벽까지 묵주 한 알 한 알에 기도를 하며 밤을 새우던 기억, 방학이면 책 100권의 목록을 만들어 경쟁적으로 읽던 일, 한번은 《한국의 현대시》라는 시집을 통째로 외운 적도 있었지. 매일 만나면서도 무슨 할 얘기가 그렇게 많은지 사이사이 편지도 주고받았어. 그것도 봉투에 넣어 우표까지 붙여서. 우리 언니랑 미경이 언니가 우편함에 있는 편지를 보고 놀라서, "너희도 싸우니?" 하던 일도 기억난다. 이십대, 삼십대를 고스란히 함께 웃고 울며 기뻐하고 가슴 아파하며 보냈지. 그동안 너는 원하던 대로 수녀가 되었고 지금은 21명의 엄마다. 네가 수녀원을 선택할 때 나는 네가 관상 수녀원에 들어가면 어쩌나 은근히 걱정했어, 만나고 싶을 때 만날 수 없을까 봐. 네가 재속(在俗) 수녀가 되어서, 그리고 '어린이의 집'을 하게 되어서 나에게는 얼마나 다행인지 모른다.

10년 전 처음으로 강원도 정선에 내려갔을 때 나는 성당이나 수녀원에서 운영하는 다른 곳처럼 너희 어린이집도 근사한 건물일 줄 알았어. 쥐가 나오는 다 쓰러져가는 판잣집에서 너는 다섯 명의 아이들과 밥하고 빨래하고 허드렛일을 혼자서 다 해내며 지내고 있었지. 거기서 하룻밤 자고 나오면서 나는 네가 눈물이 나도록 자랑스러웠다.

나라면 네가 하고 있는 엄마 노릇, 단 일주일도 못 할 거야. 네가 엄마 노릇만 하냐? 서울에서 보내 온 옷이나 생필품들을 동네 사람들에게 나누어줘야지, 동네 아이들 머리에 이약 뿌려줘야지, 집에서 키우는 개 두 마리가 동시에 새끼 낳으면 어미 개들 해산 구완한다고 생선 뼈 얻어다 끓여 먹여야지. 넌 정말 오지랖 넓은 못 말리는 수녀야. 무슨 수녀가 그렇게 잘 웃냐? 아무것도 아닌 것에. 그리고 울기도 잘 하지? 맨날 나만 보면 울잖아. 울보 수녀 김 데레사.

그런데 이상하게 우리 둘이 닮았다고 하는 사람들이 점점 많아진다. 아니 그럼 내가 수녀처럼 보인다는 거야? 그렇게 거룩하게? 아니면 네가 오지여행가처럼 보인다는 건가? 그렇게 멋있게?

그러나 생각해보면 우리는 닮은 구석이 있어. 각자 택한 길을 꾸준히, 묵묵히, 그리고 즐겁게 가고 있다는 점에서, 그치? 어찌 되었든 네가 가는 길에 하느님과 내가 언제나 함께한다는 것 잊지 말길. 너 역시 내가 가는 길에 함께 있어주길 바란다. 그러면 정말로 힘이 될 거야. 여태껏 그래왔던 것처럼.

혜경아, 나는 외롭다고 느낄 때마다 네 생각이 난다. 이 세상에 고아처럼 혼자 뚝 떨어졌다고 생각돼 슬퍼질 때 나는 네 얼굴을 떠올린다. 그러면 가슴 속에 당장 비눗방울 같은 것이 올라와서 빈 가슴을 가득 채운단다. 지난 겨울 별똥별이 하루 저녁에 수백 개나 떨어진다는 유성쇼가 있던 날, 정선까지 별 구경을 갔었지. 너희 집 뒷마당에 이불을 깔아놓고 별똥별 떨어지는 걸 보면서 넌 무슨 소원을 빌었니? 나는 소원 대신 하느님께 너를 보내주셔서 고맙다는 감사의 기도를 드렸다. 너랑 이렇게 지낼 수 있어서 이번 생이 행복하다. 전생에 우리는 무엇이었을까? 우리 내세에도 꼭 다시 만나자. 만일 그런 데가 있다면 말이야.

아무런 망설임도, 부끄러움도 없이 내 모든 것을 털어놓고 말할 수 있는 너무나 소중한 친구야, 쑥스러운 고백이지만 너는 나의 벗이자 스승이다. 그런 너를 위해 내 무엇을 아끼겠니. 신장? 필요하면 하나 줄게, 눈도 두 개니까 필요하면 하나 줄게(심장이 필요하다면? 음, 그건 네가 하는 것 봐서 줄게). 그런데 남의 장기 탐내지 말고 네 건강은 네가 잘 지켜라. 제발 너무 애쓰거나 속 썩지 말고. 그게 간에 제일 나쁘다더라.

이번 종단 길에 정선 근처 지나갈 때 너에게 들를게. 아이들 모두에게 안부 전해줘. 이모랑 마리아 씨에게도. 보름 후 정도면 만나겠네. 벌써부터 가슴이 설렌다. 그때까지 안녕.

사랑과 존경을 함께 보내며
비야가

문경새재 할머니, 만세!

4월 1일 엄마, 미안해

엄마 : 니 또 어디 가노?

나 : 잠깐 갔다 올게요.

엄마 : 언제 오는데?

나 : 한 달쯤 있다가요.

엄마 : ……(소리 죽여 우신다).

나 : 지영아, 재혁아. 잘 있어.

조카들 : 꼬미야, 가지 마.

나 : 금방 올게.

조카들 : 거짓말. 한참 있다 올 거면서.

나 : 이제 꼬미야 진짜 간다. 안녕.

조카들 : 싫어어어, 가지 마아아아, 엉엉엉.

엄마를 울리고 지영이, 재혁이도 울리고 나도 울면서 길을 나선다. 마음이 아프다. 하지만 어쩌겠는가. 그래도 가기로 한 길인걸.

여행을 중단했던 문경으로 돌아와 다시 하루를 묵었다. 한 번 갔던 숙소라서 주인 아주머니가 아는 체를 하며 몹시 반가워한다. 전에 묵었던 207호에 들어서니 방의 가구나 분위기가 낯익어 마치 고향집 같다. 매일 짐을 꾸려 떠나는 나그네에게 두 번 들르는 일도 흔치 않아서일 것이다.

서울을 떠날 때 본 엄마의 눈물 때문일까, 그날 밤 엄마가 꿈에 나타났다. 빨간 투피스를 입고 손에는 커다란 쇼핑백을 들고 길 건너편에 서 있었다. 나를 보더니 아주 반가워하며 길을 건너오려고 한다. 바로 그때 길 저편에서 대형 트럭이 엄마를 향해 전속력으로 질주해오고 있다. 엄마는 그것도 모르고 함박웃음을 지으며 내게로 온다.

"안 돼에애."

나는 반사적으로 트럭 쪽으로 몸을 날리며 엄마를 밀쳐냈다.

끼이이익.

내 몸부림에 놀라 잠이 깼다.

'휴, 꿈이었구나.'

꿈에서지만 트럭을 보는 순간 엄마를 구하려고 차 쪽으로 뛰어들어 얼마나 다행인지 모른다. 아니었다면, 한 순간이라도 망설였다면……. 얼마나 미안했을까.

떠나기 전 몇 달째 누워 있는 엄마가 딱하고 불쌍해서 한 마디 했다.

"빨리 일어나야 나 시집가는 거 보시죠."

그랬더니 갑자기 자리에서 벌떡 일어나셔서는 눈까지 반짝이신다.

"니 결혼할라카나?"

결혼할 사람도, 계획도 없는데 괜한 말을 했나 보다. 말씀은 안 하셔도 시집 안 간 딸이 있으니 인생의 숙제를 다 못 했다고 생각하는 것이 분명하다.

엄마, 미안해.

4월 2일 문경 할머니의 장한 일생

문경새재를 넘는 날이다. 그동안 얘기를 하도 많이 들어서 언젠가 꼭 걸어봐야지 벼르며 여러 친구들과 '말로만' 수십 번 넘나들었던 길이다. 지난번 문경에 도착했을 때 시간이 좀 남아서 문경새재를 넘어버릴까도 생각했다. 그러나 피곤한 채로 그냥 가기가 아까워서 서울에 다녀온 후 몸과 마음을 산뜻하게 한 다음에 넘자고 아껴둔 곳이다.

여기부터 국토종단의 후반부 길. 처음 시작하는 것처럼 마음이 설레고 벅차다. 문경새재를 지나면 곧 월악산을 넘어 충주호를 끼고 돈다. 그 다음에 평창강을 따라 걷다가 오대산과 설악산을 지나면 속초겠지. 거기에서 동해안을 따라 삼사 일만 걸으면 바로, 바로 통일전망대다. 아무리 굼벵이 걸음으로 쉬다 놀다 가더라도 이 달 말이면 통일전망대에 도착한다. 이렇게 따져보니 앞으로 갈 길이 멀게 느껴지기는커녕 국토종단이 벌써 끝나가는 것 같아 아쉬운 마음이다.

서울에서 영양 보충을 실컷 하고 다리를 많이 쉬어 한껏 힘이 날 것 같았는데 막상 걷기 시작하니 무릎도 삐걱거리고 다리도 뻣뻣하다. 아침에 몸 풀기 스트레칭도 충분히 했는데 소용없다. 한 시간쯤 걷다 보면 괜찮아지려나? 하여간 날씨도 화창하고 바람도 살살 부니 걷기에는 더 이상 바랄 게 없다. 걷지 않은 일주일 만에 누런 나뭇가지들이 연초록색을 띠고 있다. 배낭 안에는 아직도 겨울 점퍼와 내복이 있지만 마음은 벌써 봄으로 가득하다.

문경읍에서 문경새재 입구인 진안까지는 3킬로미터. 길 옆에는 사과밭이 많이 보이고 주흘요, 문경요, 황담요 등 도자기 가마도 많이 눈에 띈다. 문경은 15세기 전후에 도자기 굽는 곳으로 유명했는데, 고급 도자기가 아니라 서민들이 일상생활에 쓰는 그릇을 구워내던 곳이다. 숲이 우거져서 땔감이 무진장이고, 질 좋은 진흙도 얼마든지 있는 데다 철분이 함유된 계곡물로 반죽을 하면 그릇이 잘 구워지기 때문이다. 그 후 사람들이 도자기 대신 양은, 스테인리스, 플라스틱 등을 쓰는 바람에 화분이나 요강 같은 것을 굽는 형편이었는데, 요즈음에는 일본인들에게 인기 있는 '막그릇' 찻잔을 구워 전통의 맥을 이어가고 있다. 일본 사람들이 우리의 전통을 잇게 하다니 역설적이다.

오늘 갈 길은 산길이다. 새재 입구인 제1관문 주흘관, 제2관문 조곡관, 제3관문 조령관까지 6.6킬로미터를 걷는 중이다. 이 고개는 조선시대 한양과 동래를 잇는 최단거리였다. 영남의 수많은 유생들과 장사꾼들이 청운의 꿈을 품고 넘던 길을 나는 빨간 배낭을 둘러메고 호남에서 영서로 가는 중에 지나고 있다.

이곳이 유명한 관광지라 그런지 박물관 근처 주차장에는 시골 아줌마, 아저씨들과 수학여행 버스로 꽉 차 있다. 이렇게 많은 관광객을 보기는 이번 길 나서고 처음이다. 전국에서 온 사람들이 갖가지 사투리를 쓰며 무리를 지어 왔다갔다 하며 떠든다. 주차해 있는 차 안에서도 아줌마, 아저씨들이 버스 바닥이 빠져라 춤을 추고 논다. 갑자기 정신이 하나도 없다. 바깥에서는 그렇다 쳐도 박물관 안에서는 왜 그렇게 큰 소리로 떠들면서 몰려다니는지. 뛰어다니는 학생들을 조용히 시키는 선생님의 목소리가 공명이 잘 되는 큰 건물에서 우레같이 울려 퍼진다.

벼르고 별러서 온 이 길을 저렇게 떠드는 사람들, 아니 떠들려고 온 사람들과 섞여 걷고 싶지는 않다. 저 사람들은 모처럼 답답하고 힘겨운 일상생활에서 벗어나 '자유'를 맛보는 중일 테니 조용히 하기를 기대하는 것은 무리겠지. 나도 수학여행 가서는 목이 쉬도록 떠들었으니까. 하여간 차분히 걷고 싶은 사람은 나니까 조용해질 때까지 기다리는 수밖에. 오늘 해 안으로 안보까지 못 가면 제3관문 아래서 하루 자고 가면 되지 뭐. 언제까지 오라는 사람이 있나, 이제 그만 가라는 사람이 있나.

무료 입장인 박물관은 이 지역을 홍보하려고 노력한 흔적이 엿보인다. 덕분에 사전 지식이 거의 없던 문경새재에 대한 오리엔테이션을 잘 할 수 있었다. 공부든 여행이든 이렇게 예습을 하면 훨씬 좋다.

여기서 문경새재에 대한 간단한 퀴즈 하나.

Q : 새재의 어원은?

1) 새들도 날기 힘겨운 고개
2) 조선시대에 가장 늦게 개통된 '새 길'
3) 근처 조령산과 주흘산의 험한 골짜기 사이(새)로 난 길
4) '쌔'라고 부르는 억새가 많아서

다 그럴듯하지만 하나만 꼽아야 한다면 나는 4번 같다. 동네 이름이 문경시 문경읍 상초리이고 《고려사》, 《동국여지승람》에도 '초점(草帖)'이라고 했다. 마을 이름과 고개 이름은 대개 같이 갈 거라는 추측이다.

기다리기를 잘 했다. 한 2시쯤 되니, 단체 관광객들이 밀물처럼 내려온다. 내가 바라던 대로 문경새재를 혼자 걷게 됐다. 울창한 숲과 나무 그림자. 짙은 향기를 뿜어내는 소나무들. 그리고 그 사이로 난 흙길.

조금 걸어보니 아까 퀴즈에서 조령산과 주흘산의 사잇길이라는 3번도 정답인 것 같다. 길 양옆으로 두 산이 병풍처럼 둘러 있기 때문이다. 먼 산만 보고 걷는다면 매우 깊은 산속에 온 듯한 착각이들 것이다. 계곡의 물 흐르는 소리가 작은 챔버 오케스트라를 이룬다. 귀를 즐겁게 해주는 건 그것뿐이 아니다. 새들의 지저귐. 노래라고 들으면 노래하는 것 같고 힘들다고 째째거리는 것 같다고 생각하면 또 그런 것 같다. 그러면 퀴즈의 1번도 정답일 수 있겠다.

이 고개에는 효자비나 열녀비, 충렬비, 송덕비, 선정비가 유난히 많다. 제1관문 뒤편에는 아예 이런 비석들만 모아놓은 곳도 있다. 조선시대에는 지방관이 갈릴 때마다 선정비나 송덕비를 세워주는 것이 관례였단다. 나는 저 송덕비로 기려진 사람 가운데 진정한 선

정을 베푼 어진 '사또'가 몇 명이나 될까 생각한다. 백성들은 기꺼이 비를 세워주고 싶었을까? 혹시 학정과 가렴주구로 백성들의 눈에서 피눈물이 나게 한 사또에게 억지 춘향으로 상납한 건 아니었을까? 비를 세우는 데 드는 비용은 전적으로 백성들 몫이었다는데 말이다.

이러는 나도 문제가 있다. 나는 왜 저런 송덕비를 보면 의심부터 하는 걸까. 그냥 일 잘했다고 고마워서 세워주었구나 하고 왜 생각하지 못할까? 물증도 없이 그저 심증만으로 지방 사또들은 불쌍한 백성의 등골을 파먹는 기생충이라고 생각하는 것일까? 하지만 좋은 목민관이라면 백성들이 진심으로 세워주고 싶어하는 송덕비라도 민폐를 끼칠 수 없다며 못 하게 했을 것 같다. 내가 너무 많은 것을 기대하는가.

열녀비는 더욱더 의심이 간다. 저 비석의 주인공은 스스로의 선택으로 열녀가 된 것일까? 나는 왜 자꾸 그렇지 않았을 것만 같을까.

문경새재 입구에 있는 열녀비 하나를 읽어보자.

"윤씨 일심각. 병자호란 당시 조 아무개의 처. 6년간 소복, 목매어 죽음. 이와 같은 열녀 윤씨의 열행은 도덕심이 강조되고 있는 오늘날 많은 사람들에게 귀감이 된다."

남편 상을 당해 소복을 하고 지내다가 스스로 목숨을 끊은 여자가 많은 사람에게 귀감이 되고 있다는 얘기인데, 나는 도무지 무슨 말인지 모르겠다. 남편 따라 죽은 것이 귀감이 된다는 건지, 목매어 죽은 것이 그렇다는 건지, 도대체 이것이 도덕심과 무슨 상관이 있다는 건지. 내게는 '힘없는 여자의 목숨을 제물로 가문이 영화를 얻었다'고밖에 들리지 않는다. 내가 오버하는 건가?

다시 얘기할 필요도 없이 조선의 여성들은 정절과 수절이라는 이데올로기를 중심으로 비인간적인 관습을 강요당했다. 국가에서는 열녀를 표창하고 그 집안에 갖가지 사회적 이익을 줌으로써 잘못된 관습을 부추겼다. 이런 이유 때문에 어떤 사학자는 열녀란 어떤 의미에서는 하나의 생활 수단일 수도 있었다고 말한다.

고대 그리스의 철학자들처럼 질의응답을 통해 '열녀를 만드는 사회'를 살펴볼까?

질의) 시아버지, 시어머니, 남편, 아들과 함께 배를 타고 가던 부인이 먼저 내려 배를 매려는데, 갑자기 그 배가 뒤집혀 가족들이 모두 물에 빠져 허우적거린다. 이때 누구를 먼저 구해야 하는가?

응답) 시아버지와 시어머니를 먼저 구해야 한다. 둘 중에서는 시아버지가 우선이다. 다음에는 설사 자신이 강물에 빠져 죽는 일이 있더라도 남편을 구해야 한다. 남편을 구하지 못하면 남편과 함께 죽어야 한다. 자식은 본인이 죽은 다음 차례다.

해설) 시부모를 구하면 설사 남편과 부인이 죽더라도 대를 이를 아이를 다시 낳을 수 있으며, 비록 시어머니의 나이가 많아 아이를 못 낳아도 시아버지가 재취 부인을 얻어 아들을 볼 수 있다. 그 다음으로 남편을 구해야 하는데, 구하지 못하면 함께 죽어야만 한다. 그렇게 하면 자식도 구하지 않고 목숨을 걸고 시부모를 구했으니 효부가 되고, 남편을 구하다가 함께 죽었으니 열녀가 되어 나라에서 '정문(旌門)'을 세워준다. 이는 한 집안의 자랑이요, 집안을 일으킬 수 있는 계기가 된다. 이로써 본인은 죽었으나 결국 죽지 않은 것이며, 살신성인한 것이다.

어떤 유명한 유학자가 요즘 부인들에게 앞의 질문을 했을 때 그들이 제일 먼저 남편을 구하겠다고, 그것도 제 목숨이 위태로우면 구하지 않겠다고 했다며 크게 개탄하던 글을 읽었다.

누가 누구를 개탄해야 하는지 모르겠다. 이것이 여자가 한 말이라면 '당신은 정말 그렇게 할 수 있느냐?'고 묻겠지만, 여자가 목숨을 바쳐 구해야 하는 '수혜자'인 남자가 그런 말을 하고 있으니 뻔뻔스럽다기보다 애처롭다는 생각이 든다. 스스로의 피나는 노력이 아니라 여자의 목숨을 제물로 일가가 흥하는 것이 무슨 명예가 되겠으며, 그렇게 열녀문을 세우는 것밖에는 자랑거리가 없는 세도가란 또 얼마나 누추하고 부끄러운 이름인가.

모든 문화에는 그 나름의 논리가 있기에 문화끼리의 우열을 가릴 수 없다는 것을 긴 여행을 통해 잘 알고 있다. 같은 맥락에서 한 나라 역사 안에서도 오늘의 잣대로 어제를 잰다는 것은 상당한 무리가 있을 수 있다. 그러나 그것을 충분히 감안하더라도 이런 이야기를 들으면 가슴에서 뜨거운 것이 치밀어오른다.

여행 중에 제3세계를 다니다 보면 선진국 여행자들이 다른 나라의 풍습과 전통을 자기들의 기준으로 강력히 비난하는 것을 쉽게 보게 된다. 자문화 우월주의라는 거창한 용어를 빌리지 않더라도 나는 이런 행동은 주제 넘는 일이라고 생각한다.

그러나 이른바 문화상대주의를 추종하는 나도 예외가 있다. 바로 가장 기본적인 인권에 관한 일이다. 가지고 온 지참금이 적다고 신부를 불태우거나 우물에 빠뜨려 죽이는 일이 흔하다는 인도 얘기나, 아프리카에서 여성들이 성욕을 느끼지 못하도록 아주 어렸을 때 시키는 할례의 후유증으로 셀 수 없이 많은 여자들이 죽는다는 얘기를 들으면 참을 수 없는 분노가 인다. 이건 이데올로기니 풍습이니 종교니 하는 그 어떤 명분과도 절대 타협할 수 없는 목숨에 관한 문제이기 때문이다.

지금 내가 보고 있는 열녀비도 마찬가지다. 당사자가 진정 살신성인을 원했다면 모를까 그렇지도 않은데 이런 것을 강요하고 죽음으로 몰고 가는 것은 '집단 살인 교사'라고밖에 달리 표현할 방법이 없다.

어디 내가 본 열녀문의 여인뿐이겠는가. 그 거역할 수 없는 불문율, 도덕률이라는 칠거지악에 걸려 죽음을 당했거나 택한 여자들이 또 얼마일까. 이 자리를 빌려 억울하게 죽거나 일생을 인습의 감옥에 갇혀 고통스럽게 보낸 모든 여인들의 명복을 빈다. 그리고 하루빨리 이 열녀비가 오늘날의 본보기가 아니라 이런 무자비한 시절도 있었다는 과거의 유물로 박물관에 전시될 날을 기대해본다.

그렇게 되려면 얼마나 기다려야 할까. 그런 날이 오기는 올까. 조용한 숲길을 걸으면 마음과 정신이 맑아져서 낭만적인 시상이 떠오르려나 했는데 뜻하지 않게 '조선시대 여성 잔혹사'라는 가슴 아픈 생각을 하게 됐다.

숲은 점점 깊어지고 주위에 사람이 없으니 이 길을 나 혼자 전세낸 기분이다. 좀더 길었으면 하는 아쉬움으로 제3관문에 닿았다. 고사리라는 동네는 동으로는 조령 제3관문, 북으로는 마패봉, 신선봉, 할미봉으로 둘러싸여 포근하게 느껴진다. 이곳에는 고(故) 김옥길 이화여대 총장이 말년에 묵었던 금란서원도 있다. 해는 아직 많이 남았지만 아무래도 경치 좋은 이곳에서 하루 자고 가는 것이 좋겠다. 마침 식당이 몇 개 있다. 밥을 먹으면서 주인에게 동네에 혼자 사시는 할머니가 계시면 그 집에 묵었으면 좋겠다고 했더니 한 분을 소개해준다.

계란형의 미인 할머니가 앞마당 수돗가에서 묵은 김치를 씻고 있다가 내가 인사를 하니 받는 둥 마는 둥 하면서 물에 씻은 김치를 한 가닥 건네주신다.

"지져 먹으면 맛있겠지?"

마치 나를 잘 아시는 것처럼.

이 자그마한 할머니, 한창 때는 예쁘다는 소리 꽤나 들으셨겠다. 예순이 좀 넘으셨겠다 했더니 일흔여덟 살이란다. 목소리도 크고 몸가짐도 씩씩하시다.

방에 들어가서는 더 깜짝 놀랐다. 혼자 사는 할머니가 어찌나 깔끔하신지 이불이며 옷이며 방바닥이며 부엌이 손님이 올 줄 알고 미리 대청소라도 한 것 같다. 대충 씻고 들어가 얼굴에 로션을 바르고 있으니까 할머니가 내가 떨어뜨린 머리카락을 주워 모으시며 한 마디 하신다.

"따듬기는 지랄나게 따듬으면서 시집은 왜 안 가?"

"할머니는 시집가니까 좋으셨어요?"

슬쩍 물으니, 이제 바야흐로 이야기 보따리가 솔솔 풀릴 태세다.

"아, 그때야 좋은지 뭔지 모르고 다 가야 하는 거니까 갔지."

친정 아버지가 '술밑에(술 마신 김에)' 사주단자를 받아와서 열세

살에 아무것도 모르고 시집을 왔단다. 너무 어린 탓에 남편이 무서워 도망 다니다가 열아홉 살에 처음으로 합방해 아들딸도 여럿 낳으셨다고. 무서워했던 남편과는 다행히 남편이 죽는 날까지 정답게 지냈지만 시집살이가 고초, 당초보다 맵고 심했단다. 지금으로 치면 초등학교 6학년짜리 민며느리 시집살이가 오죽했을까.

"숨은 눈물 많이 뺐어요. 얼마나 많이 울었는지."

목소리 큰 할머니의 소리가 한 톤 낮아진다.

친정에서도 무슨 이유인지 구박덩어리였단다. 한번은 아버지가 남긴 밥을 먹었다고 친정 어머니가 주걱으로 뒤통수를 때려서 눈알이 빠졌단다. 마침 옆에 있던 동네 아저씨가 얼른 찬물에 씻어 넣어주어 장님이 되는 것은 면했지만 영영 눈꺼풀이 제대로 떠지지 않는 '반병신'이 되었다.

"시집도 가난하니까 몸을 움직여야 먹고 살았지. 농사도 짓고, 약초나 산나물도 캐고, 물레도 잣고. 새벽부터 들에 나와 저녁까지 일하고 어둑어둑해서야 들어가지, 집에 가서는 애기 젖 먹여놓고 밥하지 빨래하지 옷 만들지, 하루도 그만 자자 작정하고 이불 속에 들어간 날 없이 그저 일하다가 고꾸라져 잤다우. 그렇게 일을 해도 먹는 날보다 굶는 날이 더 많았지."

당신 아이들뿐만 아니라 할머니가 열여덟 살 되던 해 시어머니가 낳은 시동생이 수족이 불편한 '배냇병신'이어서 60년이 지난 지금까지 똥오줌 받아내는 수발을 하고 있으니 그 고달픔을 짐작하고도 남는다.

그러다가 한국전쟁이 났다. 어찌어찌하다가 남편과 시어머니만 피난을 가고 할머니는 몸이 불편한 시동생과 또 다른 시동생, 당신

아이들과 동네 뒷산 동굴 속으로 피신을 했다. 나이 든 '시 자(字)' 들은 업고 가고 아장아장 겨우 걷는 아들은 혼자 걸려서 동굴로 가 그 속에서 몇 날 며칠을 지냈다고 한다.

"폭죽기가 날고 비행기가 뜨고 총소리가 천둥처럼 났지만 마음 만 곱게 먹으면 산다 생각하고 시동생들을 쌀강아지같이 키워놓았 지. 한 달 만에 돌아온 시어머니하고 남편이 야속하긴 했지만 나는 떳떳하잖아? 내 할 일을 했으니까."

이 동네는 한국전쟁 때 격전지였는데 빨갱이들에게 물을 떠다 먹 인 이야기가 인상적이다. 부상당하고 목이 말라 죽어가는 적군들 이 보기 딱해서 국군 측에 허락을 받아 집에서 물을 끓여다가 전쟁 포로 수용소에 널브러져 있는 적군들에게 물을 먹였단다. 사방에 피가 홍건히 괴어 있어 자신도 곧 피투성이가 되었다. 무섭기는 했 지만, '피가 날 잡아 먹겠는가' 생각했단다. 물 한 바가지가 죽어가 는 사람을 살릴 수는 없었지만 '한 가지 소원은 풀고 가시게' 하는 마음이었다고.

"어느 날은 약초를 캐러 가다가 적군 도망병 둘을 만났어. 열일 고여덟 살이나 되었을까. 나를 보더니 도망갈 생각도 않고, 해칠 생각도 안 하더라고. 너무나 배가 고파서 아무 힘이 없었던 거야. 나는 조금만 기다리라고 하고 얼른 집에 가서 소금주먹밥을 만들 어다 국군 몰래 주었지. '부디 몸 성히 부모님 곁으로 가시게' 하니 그 인민군 저도 울고 나도 울고 했어. 그 어린 것들이 전쟁이 뭔지 나 알고 나왔겠어?"

친정에 있으면서도 매일 두들겨 맞고 배곯고 자랐고, 시집와서도 조선팔도 고생은 다 맡아서 한 '불쌍한 사람'이 하는 말이 이렇다.

"나는 불쌍한 사람들 보면 뒷꼭지가 당겨서 그냥 못 가요. 요즘 에도 보건소나 면사무소에 갈 때마다 도와주고 돌봐줄 만한 사람 이 있는가 살펴보지. 금방 죽을 것, 쌓아놓고 살면 뭐하나? 1천 석 실은 배가 하루 식전에 가라앉을 수도 있는데. 게다가 여태껏 살면 서 나도 모르는 사이에 내 목숨 살려주고, 도와준 사람들이 월매나 많겠어."

지금도 한시도 놀지 않고 도토리 주워 묵 쑤고, 산나물 뜯고, 더 덕 캐고, 약쑥도 뜯으며 용돈 벌이를 한다고 한다.

"들깨 심어서, 떨어서, 말려서, 빻아서, 짜서 아들딸 싹 나눠주면 내 먹을 것도 없어."

자랑삼아 투정도 하신다.

"나는 꼬부랑 언문도 몰라. 참말로 가 자(字), 나 자(字)밖에 몰 라."

하도 궁금해 친정에서 한글을 배우려고 하면 엄마가 "이년아, 기 생 되려고 언문 배우려 하느냐" 하고, 오빠들 어깨 너머로 배우려 하면 오빠들이 "요년아, 왜 넘어다보느냐" 하며 귀때기를 때려 코 피도 났단다.

"내가 글만 배웠어도 한자리했을 텐디."

뻐기시는 모습이 내 보기엔 허튼 자신감이 아니다.

할머니는 비록 일자무식이라도 사람이 어떻게 살아가야 하는지 너무나 잘 알고 계시는 듯하다. 서로 돕고 도움을 받는 것. 나는 그 동안 남에게 피해를 주지도 받지도 않고 사는 것이 제일 공평하고 합리적이라고 생각했다. 그러나 여행을 다니면서 절실히 느낀다. 세상은 안 주고 안 받는, 혹은 주는 만큼만 받고 받는 만큼 주는 게 아니라 모르는 사이에 어떤 사람에게는 많이 주고 또 다른 사람에게는 많이 받는다는 것, 그렇게 돌고 돈다는 것을.

아침에 떠나기 전 한바탕 사진을 찍고는 할머니에게 용돈을 드리니 좋아하시며 손수 캐다 말린 오가피, 만리향, 잔대, 향귀 등을 다락에서 꺼내 오신다.

"다 내가 캔 거야. 가져가서 대추 넣고 물 다섯 되가 두세 되가 되도록 졸여서 빈속에 한 컵씩 먹으면 아주 좋아."

그러고는 환한 웃음.

돌아서면서 생각했다. 우리의 할머니들은 어쩌면 그리도 하나같이 파란만장한 삶을 살았을까? 한 분 한 분 이야기가 그야말로 한 편의 대하소설이다. 그런데 그 조그마한 쭈그렁 할머니들은 또 어찌 그리도 당당하신지. 일생을 가장 힘없는 신분으로 사셨던 할머니들이 인생의 피안이 보이는 지금은 개선장군처럼 늠름하기만 하다. 무엇 때문일까? 그건 다름 아닌 어떤 상황에서도 인간의 도리를 다했다는 자부심에서 나오는 당당함이 아닐까?

"나는 이제 딱 죽어 저승 가서 남편 만나도 떳떳하지. 아들딸 다 여웠으니까. 다만 저 시동생이 내 앞으로 가야 눈을 꼭 감고 죽을 텐데."

충북 괴산군 연풍면 신혜원 고사리에 사시는 김복순 할머니시다. 할머니 만세!

큰자라산이 까마귀산이 된 이유

4월 3일 내게는 발이 밑천

　오늘 역시 걷기 좋은 길이다. 제3관문에서 안보까지 6.4킬로미터
는 내리막이라 속도가 나서 신났고, 안보에서 미륵사지 쪽으로 들
어서니 트럭이 다니지 않아서 좋았다. 유료 도로라서 그런가 보다.
길 주변에 농사짓는 사람들이 일주일 전보다 훨씬 많이 눈에 띈다.
날씨도 알맞게 따뜻하다.

　특히 안보에서 월악산 미륵사지까지는 논과 밭, 그 뒤로 높고 수
려한 산이 무대 배경처럼 겹겹이 둘러친 전형적인 시골 마을이다.
그렇긴 해도 월악산이 이미 관광지로 개발되어서인지 마을 입구에
는 예쁜 전원카페와 민박집들이 많다. 하지만 가끔 가다 나타나는
그럴듯한 건물의 음식점들만 아니라면 내가 국립공원 안에 들어와
있다는 생각이 들지 않을 정도로 호젓하다.

　문경읍 지도에 나타나 있는 이 근처 동네 이름도 아랫파발, 점말,
새술막, 곰지골, 한여골 등 가지가지로 예쁘다. 어제 문경새재 입구

에 있던 마을 이름은 듣기에도 정이 가고 이국적이기까지 한 '푸실'이었다. 풀이 우거졌다는 뜻의 '풀'에다 마을을 나타내는 '실'을 합해 '풀실'이 되고, 거기서 발음하기 어려운 'ㄹ'이 탈락해 '푸실'이 되었단다. 다른 지방에 있는 '푸시울'이나 '풀실'도 같은 뜻이다.

푸실! 한번 소리 내서 불러보라. 참 예쁘지 않은가. 부르기도 좋고 듣기도 좋고 뜻도 좋은 이름이다. 이런 이름을 두고 일제 때 편한 대로 지은 상초리(上草里), 하초리(下草里) 등을 지금껏 공식 지명으로 사용하고 있다.

이렇게 정겹고 사랑스런 토박이 이름이 멋도 뜻도 없는 한자 이름으로 불리는 경우는 수천 수만 가지다. 곰내가 웅천(熊川), 까막다리가 오교(烏橋), 도르메가 주봉(周峰), 따순개미가 온동(溫洞), 숯고개가 탄현(炭峴), 지픈내(깊은 내)가 심천(深川), 구름터가 운기리(雲基里) 등 생각나는 대로 살펴봐도 대번에 알 수 있다. 왜 우리는 토박이 이름을 제대로 찾아 쓰지 못하고 있을까?

사실 한자 지명의 역사는 일제시대 훨씬 전으로 거슬러 올라간다. 신라시대에는 비록 우리글은 없었지만 땅 이름을 우리말에 가깝도록 이두나 향찰, 구결 등으로 표기했다. 그러나 통일신라 때 중국의 제도를 받아들여 행정 구역 명칭을 한자로 바꾸면서 토박이 이름은 '족보'에 올라가지 못하고, 그저 입으로만 전해졌다. 그 위에 한문 우위 문화까지 가세해서 말로는 우리 지명을, 표기는 한자를 사용하는 땅 이름의 이중 구조가 시작됐다.

그러나 토박이 이름을 체계적으로, 그리고 집중적이고 의도적으로 없앤 때는 두말할 것도 없이 일제시대다. 우리나라 지형이나 역사, 자연 환경에 아무런 애정과 이해가 없는 것은 물론 민족혼을 말살하려고 혈안이 돼 있던 일본인들이 우리 땅 이름을 어떻게 했으리라는 것은 불을 보듯 뻔하다.

행정 구역을 정리한다는 명목 아래 대대적으로 지명을 변경, 통합하면서 수천 년 이어온 이름을 무시하고 일본식 한자로 새로 만들거나 조합했다. 예를 들면 경기도 오산시(烏山市)는 원래 '큰 자라 오'를 쓰는 '鰲山'이었단다. 옛날 이 일대는 지대가 낮은 강이어서 큰 자라가 많았기 때문에 붙여진 이름인데 일제 때 쓰기 쉬운 '까마귀 오(烏)'로 바뀌었다. 옻나무가 많아 '漆田(칠전)'이라는 것을 획수가 많다고 '七田'으로 고쳐버리고, '龜山里(구산리)' 역시 같은 이유로 '九山里'로 썼다.

또한 엿장수 마음대로 한 곳을 중심으로 동서남북, 상하좌우, 전후시말, 내외 등을 붙여 지었고, 심지어는 일, 이, 삼, 사를 붙여 땅 이름을 함부로 만들었다. 그나마 방위나 제대로 맞으면 다행인데 그렇지 않은 경우도 많다. 극명한 예로 경기도 양주군 남면은 양주군의 최북단에 위치하면서도 '남면'으로 불린다.

현재 우리나라의 행정 구역인 시, 도, 군, 읍, 면, 동, 리를 통틀어 토박이 이름을 되찾아 쓰는 곳은 '서울' 한 곳뿐이라니 놀라움에 앞서 부끄럽기 짝이 없다. 한편 그나마라도 어떤 분들의 노력의 산물인지 진심으로 자랑스럽고 고맙다.

그러면 왜 일제시대 때 빼앗긴 이름을 우리는 50년이 지난 지금도 되찾지 못하고 있는 것일까? 창씨개명으로 바뀐 사람 이름을 되찾듯 '창지개명'을 당한 땅에 제 이름을 찾아주어야 하지 않는가. 광복 이후 이런 움직임이 있기는 했지만 우리가 체감하기에는 너무 미흡했다.

땅 이름은 단순히 토지나 장소의 이름만이 아니다. 한 동네의 지형적 특징, 역사와 자연 환경, 전통을 단번에 알 수 있는 귀중한 무형문화재이며 조상들의 영혼과 지혜를 담고 있는 훌륭한 유산이다. 또 우리말의 아름다움과 변천의 역사가 살아 숨쉬는 사전이기도 하다. 이렇게 소중한 것을 수수방관 모른 척했고, 그 결과 이제 우리 곁에서 영원히 사라질 위기를 맞고 있다. 그 이름을 기억하고, 지금도 쓰고 있는 70세 이상 되는 동네 어르신들이 돌아가시고 나면 어디서 그것을 되찾을 수 있을까. 정말 이렇게 내버려둘 수 없는 일이다.

무엇이 나라 사랑인가? 거창하게 생각할 것 없이 우리가 물려받고 또 물려줄 우리 땅 이름에 관심을 갖고 그 이름을 제대로 불러주는 것, 그것이 바로 나라 사랑이다. 그것 참 쉽구나.

실제로 땅 이름을 제대로 불러주자는 운동에 앞장선 '한국 땅이름학회', 특히 한국 감정원 원장이었던 강길부 씨의 의견은 곧바로 실천에 옮겨볼 만하다. 행정 지명을 갑자기 바꾸면 혼란이 따르니 분구(分區)나 분동(分洞)을 할 때 1, 2, 3, 4 같은 숫자를 쓰지 말고 원래의 땅 이름을 쓴다든지, 새로운 아파트 단지, 혹은 새 길을 내거나 다리, 공원 같은 공공시설을 만들 때도 토박이 이름을 붙이면 좋을 것이라는 제안이다.

내가 매일 지하철 5호선을 타고 다니면서 가졌던 생각과 너무나 비슷하다. 까치산, 노들길, 여의나루, 애오개 등 자칫 사라질 뻔했던 전형적인 토박이 이름이 역 이름 덕분에 하루에도 수백 번 불리면서 새로운 생명을 얻고 있다. 흐뭇하지 않은가. 반면에 이렇게 값진 역할을 할 수도 있는 지하철역 이름을 근처에 있는 대학 이름을 따서(어떤 대학은 근처도 아니다) 부르는 것을 보면 참으로 안타깝다.

내게도 그럴듯한 제안이 한 가지 있다. 동네에 새로 가게를 내는 사람들이 상호를 토박이 이름으로 짓자는 것이다. 따순개미 찜질방, 도르메 등산 장비, 숯고개 숯불갈비, 구름터 여행사, 곰내 동물병원 등. 시외버스를 타고 가다 어디쯤 왔나 두리번거릴 때 '의정부 슈퍼'가 나오면 의정부인 줄 아는 것처럼 가게 이름 때문에 그 동네의 토박이 땅 이름이 살아날 수도 있는 것이다. 가게 이름을 이렇게 붙이는 사람들에게는 세금 혜택 같은 실질적인 도움을 주는 등 어떤 식으로든 고마움과 관심을 표하며 적극 권장해야 할 것이다.

이런 일을 좀더 적극적으로 하고 싶다면 조직(?)에 들어가는 것도 좋은 방법이다. 이미 이런 운동을 활발하게 벌이는 단체가 있다. 그곳은 한국 땅이름학회인데, 나도 벌써 회비 1만 원을 내고 회원이 되었다. 연락처는 02-717-3200(회장 배우리)이다.

그리고 참고할 만한 자료로 《우리 땅이름의 뿌리를 찾아서》(토담, 배우리 지음), 《한자에 빼앗긴 토박이 땅이름》(향지사, 윤여정 지음), 《땅이름 나라얼굴》(고려원미디어, 오홍석 지음), 《역사와 지명》(살림터, 김기빈 지음), 《땅이름 국토사랑》(집문당, 강길부 지음), 《토박이 땅이름》(그루, 권순채 지음), 《한국 땅이름 큰 사전》(한글학회 엮음) 등의 책을 추천하고 싶다.

한 사람 한 사람의 작은 힘이 모이면 우리 아이들, 혹은 그 아이의 아이들은 예쁘고도 뜻 깊은 토박이 이름을 돌려받을 수 있게 될 것이다. 생각만 해도 뿌듯하고 신나는 일이 아닌가.

오후 늦게 찾아간 미륵사지의 미륵부처님은 보는 것만으로도 마음 푸근해지는 소박한 웃음으로 나를 맞았다. 보물 제96호로 지정된 높이 10미터 정도의 석불 입상인데 둥근 얼굴과 활 모양의 눈썹, 넓은 코가 인자하면서도 근엄함을 잃지 않아 마음을 끈다.

불전에 바쳐진 공양미를 정신없이 훔쳐 먹는 다람쥐가 귀엽다. 감히 뉘 안전이라고 도둑질이냐만 저 부처님은 그냥 눈감아주실 것만 같다. 가랑비가 부슬부슬 내리는데도 어둑어둑해질 때까지 미륵부처님 앞에 앉아 친구 해드렸다. 부처님도 내 친구 해주신 거다.

오늘 저녁에는 출판사에서 일하는 친구가 아들과 함께 오기로 돼 있다. 주차장 근처 가게에서 하도 태진아, 설운도 노래를 크게 틀어 그 주변에서 묵는 게 내키지 않았다. 왜 유원지에는 전국 어디나 비슷한 노래, 비슷한 음식, 비슷한 기념품들만 있는지 모를 일이다. 주차장 관리 아저씨에게 조용한 민박집 좀 알려달랬더니 산나물 파는 가게의 칠십대 초반 할머니에게 데려간다. 골목을 돌아 돌아 집으로 데려간 할머니, 자기는 가게를 봐야 한다며 보일러를 틀어주고는 9시에 오마는 말만 남기고 그냥 내빼신다. 영감님은 충주에 가서 내일 오니까 마음 놓고 있으란다. 아이고, 저 할머니 내가 누군 줄 알고 안방을 맡기고 나가시나요.

어쨌거나 뜨거운 물이 나오니 우선 욕조에 물을 받아 몸이나 푹 담그고 있어야겠다. 저녁으로 인스턴트 자장면을 끓이고 있는데 할머니가 들어오신다.

"어머, 할머니, 9시에 오신다면서요."

"손님이 있는디 9시까지 다 채우고 올 수는 없지."

그러고는 뭘 해 먹느냐고 물으신다.

"자장면이요. 세 개 끓여서 같이 먹어요. 그런데 할머니 혹시 오이 없어요?"

"아야. 동지섣달 방금 지났는데 무신 오이를 찾나?"

할머니는 난생 처음 '라면 자장면'을 먹어본다면서 중국집 것보다 훨씬 맛있다고 한다. 오이를 채썰어 얹어 먹으면 더 맛있는데. 저녁상을 물리고서는 내 배낭에 있는 물건들을 신기한 듯 꺼내 보며 이것저것 물어보신다. 내가 발에다 로션을 발라 발 마사지를 하니까 할머니가 깜짝 놀란다.

"아니, 발에다 무슨 구리무를 그렇게 바르나?"

발에 화장품을 바르고 난 후 머리 브러시로 발바닥을 탁탁 두드리면서 마사지를 했다.

"아니, 발바닥은 또 왜 그렇게 오뉴월 개 패듯 하나?"

"이렇게 해야 혈액 순환도 잘 되고 좋은 거예요."

"참말로 희한한 사람도 다 있네."

할머니는 호기심이 풀리지 않은 표정이다. 할머니가 신기해하는 것이 재미있어서 콜라 병을 찾아 평소에는 어쩌다 하는 발바닥으로 병 굴리기와 발가락으로 책장 넘기기 등을 보여주었다. 이 '묘기 대행진'을 보는 할머니의 눈이 진지하기 짝이 없다.

"할머니도 한번 해보실래요?"

웃지도 않고 병을 건네드렸다.

"아이고 숭해라."

그러면서도 할머니는 내 발에서 눈을 떼지 않으신다.

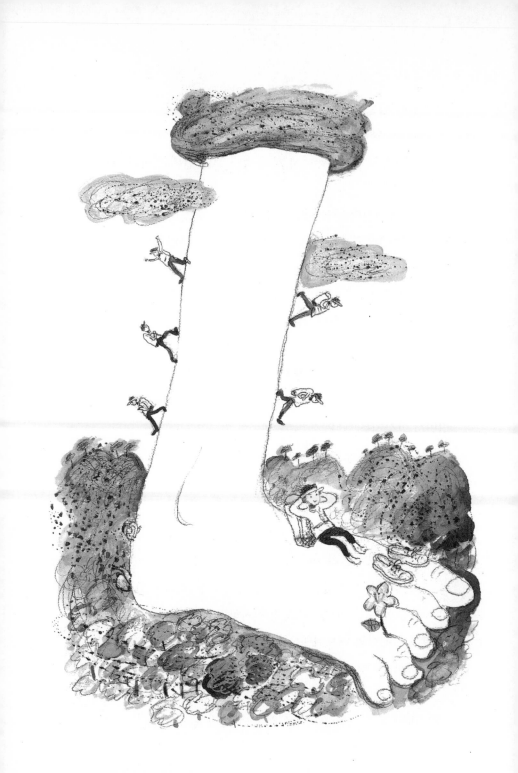

뭐니뭐니해도 내게는 발이 밑천이다. 발이 없으면 걸어서 지구 세 바퀴는커녕 동네 한 바퀴인들 마음대로 돌았겠는가. 발이 있더라도 약한 발이나 꾀부리는 발이라면 어려웠을 것이다. 그래서 나 같은 짠순이도 신발을 사거나 발 화장품을 사는 데는 돈을 아끼지 않는다. 얼굴 화장품은 보통 화장품을 써도 발에는 기능성 화장품을 쓴다. 지금으로서는 얼굴보다 발이 훨씬 중요하니까.

내 발은 주인을 잘 만난 건지 잘못 만난 건지 다른 발보다 적어도 수십 배는 더 걸어다니며 애쓴다. 여간해서는 탈도 안 나고 발 가운데가 활시위 휘듯 쏙 들어가 걷기에 아주 적합한 생김새라서 더욱 고맙다. 이번 도보여행 중에도 피곤하면 입술은 부르트는데 발은 딱 한 번밖에 물집이 생기지 않았다. 주인과는 달리 '독한 발'이다.

이런 발도 해외여행 할 때는 1년 반씩 여행화 하나로 버티느라 무좀이 심해진다. 장마철에 며칠 동안 젖은 신발로 버티느라 내 섬섬옥족(纖纖玉足)이 쪼글쪼글 오이지가 된 적이 어디 수십 번만 되나. 발이 부르터서 진물이 나도록 걸어야 했던 때 역시 수십 번이 넘는다. 여행 중에 신발을 도둑맞아 엄지발가락만 끼우는 슬리퍼로 한동안을 버틴 적도 열 손가락이 모자란다. 미안하기도 하고 고맙기도 하다.

내 발은 남다른 고생도 하지만 한편 남다른 호강도 한다. 나름대로 다양한 삶을 살고 있는 것이다. 우선은 주인이 발의 중요성과 고마움을 십분 인식하고 언제나 최대한 돌봐준다. 아까도 말한 발 화장품 및 마사지는 여느 발이라면 누리기 어려운 호강이다.

발이 작아서 하는 호강도 있다. 미국에서 공부할 때 가난한 유학생이었음에도 불구하고 구두만큼은 최고급으로 신었다. 물론 돈이 많아서가 아니라 225밀리미터도 안 되는 발 크기 때문이다. 이게 바로 미국 구두가게에서 진열장 전시용으로 만드는 샘플 사이즈다. 전시가 끝나면 그 '장난감' 구두를 1만 원 미만의 헐값으로 사서 신을 수 있었다.

지난달에는 박상남이라는 사진작가가 내 발을 모델로 사진 전시회를 열었다. 얼굴이 아닌 발이 커다랗게 찍혀 최고급 액자에 넣어져 인사동 화랑에 전시됐으니 발치고는 대단한 출세다. 발 팔자로만 본다면 고관대작, 재벌 총수, 어느 유명 인기인들보다 훨씬 낫지 않은가.

그 전시회는 내 발만이 아니라 마라토너 이봉주, 산 사나이 엄홍길, 족필화가, 현대·고전 무용수, 피겨스케이팅 선수 등 발로 무언가를 이루고 있는 사람 열 명의 발이 모델이 됐는데, 작가의 말이 걸작이다.

"발로 뭔가를 하는 사람들은 하고 있는 일을 온몸으로, 혼신을 다해 우직하게 하는 사람들이에요."

몇 년간 발만 찍으러 다녔더니 신발과 발만 봐도 그 사람의 직업과 신분과 성격과 활동 범위, 건강, 심지어는 사람 됨됨이까지 알 수 있다고 한다. 화장을 하거나 반지 같은 보석을 끼워서 화려하게 장식한다고 다르게 보일 수 없는 것이 발이므로 그 사람의 참모습이 적나라하게 드러난다는 것이다. 사람을 가장 사람답게 하는 것 역시 발이라고 발 사진작가다운 소리를 한다.

맞는 말이다. 발로 무언가를 하는 사람들은 '약지도 못하고 융통성도 없다. 날아갈 수도 건너뛸 수도 없다. 지름길도 없고 남의 힘을 빌릴 수도 없다. 죽이 되든 밥이 되든 그저 제 힘으로 한 발 한 발 묵묵히 자기 길을 갈 뿐이다. 그러나 그들은 알고 있다. 그 한 걸음 한 걸음, 그 작아 보이는 힘이 사실은 얼마나 큰 힘을 가지고 있는가를. 그리고 제 발로, 제 힘으로 땀 흘려 무엇인가를 일궈냈을 때 저 밑바닥에서 솟아오르는 그 충만한 행복감을.

밤 11시에 친구 김수진과 초등학교 6학년인 아들 형수가 왔다. 물론 그냥 조용히 잘 수 없지. 어린이를 생각하는 마음으로 새벽 2시까지만 수다를 떨기로 했다. 국토종단 도중 한번 따라붙겠다고 했을 때, 올까 했는데 정말 같이 걷자고 나타났다. 반갑다. 그리고 고맙다.

그동안 밀린 주변 사람 얘기, 책·영화 얘기, 연예가 정보, 최신 우스갯소리 등을 주고받다가 뜬금없이 수진이가 묻는다.

"근데 언니, 결혼은 안 할 거예요?"

"글쎄 말이야, 임자가 안 나타나네."

"언니가 맨날 하는 말 있잖아요. 세상에 공짜가 어디 있냐고. 열심히 찾아보기나 했어요?"

"아, 누가 뭐랬어? 얘가 오랜만에 만나서 웬 바가지야?"

"그때 소개받았다는 사람은 어떻게 되었어요?"

"그 사람? 유머도 넘치고 자연스러운 태도가 마음에 들었어. 다시 만나서 저녁을 먹었거든. 그때 앞으로의 계획을 묻더라. 그래서 곧 난민기구에서 일할 것 같다고 했지. 그러면 뉴욕이나 제네바에서 근무하게 되느냐고 하더라. 내가 '아니오. 저는 본부가 아니라 현장에서 일할 생각이에요. 재난의 현장에서요' 했더니, 글쎄 어이 없다는 듯 빤히 쳐다보면서 '그럼 한비야 씨, 이 자리에 왜 나오셨어요?' 하지 뭐야. 그런 반응에 좀 당황했어. 하기야 어느 남자가 여자 따라 순순히 전쟁터로 가겠니? 그래서 생각했지. 아무래도 내 '임자'는 같은 일을 하는 사람 중에서 찾아야겠다고. 이미 현장에 와 있는 사람 말이야."

"결혼이 하기는 하고 싶은 거예요?"

마치 내가 마음에도 없는 말을 한다는 듯 따지고 드는 수진이. 꼭 우리 엄마의 특명을 받고 내 본심을 캐러 나온 탐정 같다. 아이고, 무서워라.

결혼에 대한 지금의 내 생각은 '꼭' 해야겠다거나 '절대로' 하지 않겠다는 양자택일이 아니다. 그야말로 물 흐르는 대로 순리에 따르고 싶다. 하게 되어도 좋고 그러지 않는다고 해도 나쁘지 않다는 얘기다.

결혼을 해보지는 않았지만 여행과 비슷하지 않을까 생각한다. 여행에서 만나는 동반자에 따라 좋아지거나 나빠지는 경우를 많이 겪었다. 여행지의 모든 조건이 완벽하더라도 함께 다녔던 사람이 마음에 들지 않으면, "거기 별로였어" 하게 된다. 반대로 매일 비도 오고 도둑도 맞고 물어물어 찾아갔는데 볼 것이 하나도 없는 유령 마을이었대도 같이 간 사람과 마음이 맞으면 그곳에 대해, "정말 좋았어. 너도 한번 가봐"라고 말하게 된다.

그럴 때마다 인생이라는 긴 여행을 좋은 동반자와 함께한다면 혼자보다 한결 즐거울 거라고 생각했다. 동반자와 함께 커나갈 수 있다면 인생이 얼마나 풍요로워질 것인가도 생각했다. 그리고 아이를 가지려면 생물학적인 나이를 고려해 마흔 살 전에 결혼을 해야 하지 않을까 하는 조급함도 생기곤 했다.

하지만 지금은 마음이 오히려 편안해졌다. 꼭 내 아이를 낳아야 겠다는 생각에서 벗어났기 때문이다. 입양이나 결연이나 다른 방법도 있다는 게 보이기 시작한 것이다. 아니, 요즘 나는 결혼이라는 제도만이 '정도(正道)'라고 생각하지 않게 되었다. 혼자 살 수도 있고, 같이 산다 하더라도 상황에 따라 연애만 할 수도 있고 동거를 할 수도 있다. 그것이 비윤리적이거나 반도덕적이 아니라면 말이다. 하여간 지금까지 말한 어떤 삶의 형태로 살든지 나의 본질은 크게 변하지 않을 것 같다. 내 별명처럼 '바람의 딸'로, 좀더 나이 들면 '바람의 아줌마'로, 그리고 나중에는 '바람의 할머니'로 지금 같이 정신적인 자유를 누리면서 살아가려고 한다. 그것도 나름대로 의미가 있을 것이다.

"수진이, 너 사는 거 보고 샘나면 결혼할게."

수진이에게 한 마디 던지니 냉큼 말을 받으며 돌아눕는다.

"이상으로 한비야 씨와의 파워 인터뷰를 마치겠습니다. 자, 조명, 불 좀 꺼주세요."

귀여운 것 말귀도 밝지.

4월 4일 여관 방은 왜 뜨거울까?

이곳 월악산 미륵사지를 중심으로 세 개의 고갯길이 있다. 하나는 문경으로 가는 하늘재, 어제 걸어온 수안보로 넘어가는 지름재. 그리고 오늘 내려갈 송계계곡을 끼고 가는 닷돈재다. 이곳은 옛날에 산도적들이 고갯길을 막고 행인들에게 통행료조로 다섯 돈씩 걸었다고 해서 닷돈재란다.

국립공원 월악산은 내가 발 관리를 하듯이 정말 '관리'가 잘 되고 있어서 국립공원 통행료 1천 원이 아깝지가 않다. 길은 아주 말끔하고 곳곳에 있는 간판 표지들도 친절하고 유용한 정보를 담고 있다. 길 옆이나 계곡에 쓰레기도 보이지 않는다. 무엇보다 마음에 드는 것은 음식점이나 휴게소가 난립해 있지 않다는 것이다. 아직 행락철이 아니라 잠시 철수하고 있는 건지는 모르겠지만 곳곳에 마구잡이로 천막을 치거나 커다랗게 틀어놓은 국적 불명의 뽕짝 반주를 듣지 않아도 되니 그것만으로도 기분이 좋다. 이 공원을 관리하는 공무원들에게 고맙다는 편지를 쓸까 잠깐 생각해봤을 정도다.

오늘은 '초보자 일행'이 있으니 다 같이 즐기면서 갈 수 있는 만큼만 가기로 했다. 월악팔경의 하나인 송계계곡. 월악산은 지리산 능선의 깊은 맛과 설악산의 현란함을 모두 갖춘 곳이라고 하는데, 과연 듣던 대로다. 송계계곡은 클로즈업 치약처럼 초록색 물이 때로는 졸졸, 때로는 우르르 콸콸 흐른다. 그렇게 흐르던 물이 커다란 바위를 만나면 크고 작은 폭포를 만들어낸다. 양옆에는 설악산 한 귀퉁이를 떼어다놓은 듯 험한 바위들이 멋진 조화를 이룬다. 고무서리계곡의 맑은 물과 암벽이 잘 어우러진 망폭대(望瀑臺)가 바로 월악산 영봉의 정기가 한데 모이는 정점이란다.

이렇게 미니 설악산 계곡이 계속되다 잊을 만하면 통통하고 아기자기한 미니 지리산이 '나 여기 있어' 하고 나온다. 그러다 얼마 가지 않아 '나도 뼈 있어' 하는 듯 돌산이 또 나타난다. 그뿐인가. 송계라는 이름값을 하듯 울창한 송림에서 뿜어나오는 솔 향기는 어떻고. 오늘 하루 종일 연초록, 초록, 진초록 등 온갖 초록을 보아 눈까지 좋아졌겠다. 송계계곡 짱이다.

차도 별로 다니지 않고, 날씨도 좋고, 친구와 낄낄거리며(이 친구는 이히히히 낙타 소리를 내며 웃는다. 이 웃음소리가 사람을 더 웃긴다) 걸으니까 금상첨화다. 얘기를 하고 걸으면 에너지가 두 배로 들고, 혼자 걸을 때처럼 깊은 생각을 할 수 없고, 경치를 자세히 감상할 수도 없는 단점이 있다. 하지만 같은 것을 보고 느끼면서 경험을 나눈다는 것도 참 멋진 일이다. 미륵사지에서부터 14.5킬로미터, 아주 만족스러운 네 시간 길이었다.

월악나루(충주호 일주 선착장)에서 숫갓마을에 이르는 국도 36번 길은 송계계곡만은 못하지만 역시 월악산을 배경으로 한 경치가 수려하다. 처음 이렇게 오래 걸어보는 수진이와 형수가 언제쯤 그만 걷자는 말을 하려나 했는데 숫갓마을에 도착한 5시가 넘어도 찍소리 없이 잘도 걷는다. 모자 간에 죽이 맞아 콧노래까지 부른다. 지금까지 최소한 20킬로미터는 걸었는데. 초자들이 제법이다.

운 좋게 오전에 두 번, 오후에 두 번밖에 다니지 않는다는 시외버스를 만나 제천으로 갔다. 우리가 걷고 있는 길에는 묵을 만한 곳도, 먹을 만한 곳도 없기 때문에 일단 큰 도시로 나가기로 한 것이다. 버스에 올라탄 형수의 벌겋게 상기된 얼굴에는 오늘 한 일을 뽐내고 싶어하는 기색이 역력하다. '그럴 만도 하다, 형수야. 네가 걸은 길이 자그마치 50리도 넘으니까.' 엄마 친구인 '이모' 눈에도 그렇게 보이니 수진이 눈에는 얼마나 대견해 보일까. 사실 나는 찡찡거리지 않고 잘 걸어준 수진이가 더 대견하다.

제천역 근처는 대단한 여관 밀집 지역이다. 의림파크텔, 동산파크, 신라파크, 수궁파크, 카프리파크 등 이름도 다양하다. 그 가운데 지하에 목욕탕이 있는 여관을 잡았다. 내 경험으로 목욕탕을 겸업하는 여관은 예외 없이 난방이 훌륭했다. 저녁을 먹으러 나가면서 열쇠를 맡기려고 주인 아줌마를 불렀는데 조용하다. 우리 셋이 장난삼아 합창으로 "아줌마야" 부르니 한참 만에 아줌마가 씩씩거리며 나온다.

"화장실에 있는데 왜 이렇게 불러요?"

그게 괘씸했을까. 우리는 그날 전기구이 통닭이 될 뻔했다. 방바닥이 너무 뜨거워 이불과 요까지 깔았는데도 도저히 누워 있을 수가 없었다. 방문을 활짝 연다고 부지깽이처럼 달궈진 방바닥이 식겠는가.

견디다 못 해 방에서 나와 목욕탕 들어가는 입구 마루에 쭈그리고 앉아 있었다. 이게 웬 시집살이냐. 《단종애사》에서 뜨거운 방에 갇힌 단종의 심정을 알겠다.

우리나라 사람들은 왜 이렇게 뜨거운 방에서 자는 것을 좋아할까? 한 달 전에 신세진 전라도 할머니들도 다음 날 앞가슴에 땀띠가 나도록 보일러를 올려놓았다. 그리고 자야 아침에 개운하다시면서.

땔감이 흔치 않던 옛날에도 그랬을까? 100년 전 한국을 여행했던 《조용한 아침의 나라 조선》의 저자 A. H. 새비지-랜도어의 경험을 들어보자.

"나는 그 아궁이를(아궁이 방을) 직접 사용했던 첫 번째 경험을 잘 기억하고 있다. 그때 나로서는 아궁이가 너무 뜨거워서 내가 실수를 저지르지는 않았나 하는 생각이 들었고, 급기야는 잠자는 방이 아닌 화장터 아궁이에 들어온 것이 아닌가 싶었다. 그런데 주먹으로 종이 창문에 구멍을 뚫어 통풍을 시킨 것이 일을 열 배나 그르치고 말았다. 왜냐하면 내 몸의 반은 데워지고 있었고, 나머지 반은 얼어붙고 있었기 때문이다. 이날부터 고래(아궁이)를 사용하는 사람들이 아침에 죽지 않고 일어나는 것이 나에게는 항상 놀랍고도 설명할 수 없는 사실로 각인되었다."

지금 이 여관 풍경과 별반 다를 바가 없다. 점심에 청둥오리볶음, 저녁에는 돼지고기 삼겹살로 영양 보충을 잘 해놨는데 밤새도록 육수로 다 빠지겠다.

청춘이란 인생의 어느 기간이 아니라 마음가짐

4월 5일 이 나이에라니, 무슨 나이 말인가

친구가 오는 것은 정말 반갑지만 헤어져 혼자 남으면 콧등이 찡해져 싫기도 하다. 수진이와 형수는 차 타고 서울로 올라가고, 나는 어제 마친 자리를 찾아서 청풍을 향해 다시 한 줄로 난 길을 따라 걷는다.

이 길은 참 특이하다. 어제 끝났던 숫갓마을에서 신현2리까지 한 시간 반은 여느 국도변이나 다름없었지만 거기서부터 오티까지는 산길이다. 동네 사람에게 물어보니 그 길이 청풍 가는 지름길이라는데, 가는 도중에 민가도 없고 이정표도 없어 하마터면 한국통신공사 송전탑까지 올라갈 뻔했다. 동네 야산이지만 봉화재라는 어엿한 이름까지 있는 고개다.

한참을 오르락내리락 하면서 밭과 산이 어우러진 산촌 풍경을 실컷 맛보았다. 비탈진 밭에는 눈이 온 것처럼 얇게 비료가 뿌려져 있고, 그 밭을 가는 소와 농부의 '이랴' 소리가 정겹다. 방금 갈아 엎은 진한 고동색 밭에서 풍기는 흙냄새가 누룽지처럼 구수하다.

어미 소 옆에서 놀고 있는 갓난 송아지. 내가 다가가니 얼른 제 어미 옆으로 달아나 그제야 안심했다는 듯 빤히 쳐다본다. 어미 소 인들 무슨 힘이 있겠느냐만은, 그렇지 저 송아지에게는 세상에 둘 도 없는 보호자인 게다. 한줌도 안 되는 하룻강아지가 지나가는 나를 보고 멍멍 짖는다. 내가 일부러 쫓아가는 척하니까 단숨에 젖이 출렁출렁한 어미 개 옆으로 도망가서는 분하다는 듯 캉캉거린다. 제 어미가 대단히 힘이 센 줄 아나 보다.

차가 다니지 않는 길이라 사람이 귀했던가. 풀을 뽑던 할머니가 나를 보더니 힘들겠다며 무조건 자기 집에서 하룻밤 자고 가란다. 내가 "할머니도 농사일 힘드시죠?" 했더니 "젊은 사람이 힘들긴 뭐가 힘들어?" 한다.

나이 육십에 젊다고 생각하는 멋쟁이 할머니라고 생각했는데, 실제로 이 마을에서 제일 나이가 적다고 한다. 그러고 보니 이번 여행길에 만난 사람들은 온통 할머니 할아버지들이고 갓난아기는 물론 어린이나 젊은이들은 거의 볼 수가 없다. 환갑을 맞은 어른이 한 동네의 막내가 되는 것, 이것이 믿기 어려운 우리 농촌 고령화의 현실이다. 그런데 할머니 개인으로는 잘 된 일이다. 환갑이 넘으면 보통은 '이 나이에 내가 무슨'이라는 말을 하게 되고, 더구나 여자라면 더욱 움츠러들게 마련인데 말이다.

내가 제일 싫어하는 말은 '여자니까', 그리고 '이 나이에'다. 이

두 마디가 잘 해보자는 기를 꺾을 수도 있고, 또 최선을 다하지 않고도 남들이 그저 잘 봐줄 거라는 '빠져나갈 뒷문'이 될 수도 있기 때문이다.

"여자가 참 간도 크다."

만 6년 동안 혼자서 세계일주를 했다고 하면 사람들 대부분의 첫 번째 반응이다. 내전 중인 곳을 다니다가 총살당할 뻔하기도 하고, 밤거리의 릭샤꾼에게 끌려가기도 하고, 광견병 걸린 개에게 물리고, 성난 원숭이 떼에게 쫓기고, 정면 충돌한 교통사고에, 가슴 졸이는 밀입국과 밀항을 하기도 한 내 여행기를 읽은 사람들의 반응은 더욱 그렇다. 어떤 외과의사가 '한비야 씨 뱃속은 틀림없이 반은 위고, 반은 간일 겁니다' 하는 재미있는 편지를 보내와서 한참 웃은 적도 있다.

생각하는 것과는 달리 여행에서는 '여자니까' 더 어렵고 힘들기보다 '여자라서' 더욱 알차고 멋진 경험을 하게 된다. 예를 들어 중동을 여행할 때는 '여자니까' 현지인 집에 묵으면서 여자들과 아이들과 친하게 지낼 수 있었고, 덕분에 모슬렘 문화를 제대로 경험할 수 있었다. 남자라면 주인집 여자들 얼굴도 보지 못했을 거다. 이번 국토종단에서도 그렇다. 여자라서 혼자 사시는 할머니들에게 하룻밤 재워달라기도 하고, 그분들의 기막힌 삶 이야기도 들을 수 있었다.

많은 우리나라 여자들은 '이 나이에'와 '여자니까'라는 토를 달며 자기 능력을 스스로 과소평가하는 것 같다. 시작도 하기 전에 포기하거나, 나는 '이것밖에 못 하는 사람'이라고 자기 능력의 한계를 그어버린다. 그런데 무슨 일을 시작하지 못하거나 잘할 수 없는 것이 정말 단순히 나이와 성별 때문일까? 혹시 그 이면에는 새로운 것에 대한 두려움이나, 말과는 달리 실제로는 노력을 기울일 준비가 되어 있지 않아서 엄살을 부리고 핑계를 대는 것은 아닐까. 나는 개발되지 않은 인간의 능력은 보석의 원석과 같다고 생각한다. 잘 갈고 다듬기만 하면 아름답고 값진 보석이 될 수 있는데도 자기를 그냥 돌덩이, 혹은 유리 덩어리로 취급하는 사람들이 의외로 많다.

나이도 마찬가지다. 사십대는 삼십대에게, 그 삼십대는 이십대에게 똑같은 말을 한다.

"참 좋은 나이야."

그러고는 나이 타령이다.

"10년만 젊었어도. 아니, 5년만 젊었어도."

젊디젊은 이십대 아가씨들이 나는 벌써 여섯이에요, 곧 아홉 되는 노처녀예요, 하는 것을 들으면 기가 막히기도 하고, 안타깝기도 하다. 지금 '이 나이'가 다른 사람들이 몹시 부러워하는 나이일 뿐만 아니라 자신에게는 가장 젊은 나이이기 때문이다.

나도 그랬다. 내가 세계일주를 시작한 것은 서른다섯 살 때였다. 대개 배낭여행을 이십대 초반에 한다면 그야말로 나는 할머니 배낭족이었다. 그뿐만이 아니다. 대학교도 6년 늦게 들어갔고, 첫 직장도 남들에 비해 10년 정도 늦었다. 그러니 나는 늘 늦었다는 생각으로, 그리고 기회가 많지 않다는 조급함에 뭐든지 빨리빨리 해야 하고 남을 이겨야만 성이 풀렸다.

그런데 긴 여행을 통해서 '이 나이에'라는 강박 관념에서 상당히 자유로워졌다. 세상에는 각자 자기만의 속도와 진도로 짜인 주관적인 시간표가 있다는 것을 깨달았기 때문이다.

아프리카 최고봉인 킬리만자로 우흐르봉을 오를 때의 일이다. 나는 틈만 나면 산에 가는 산쟁이고, 누구보다도 빨리 정상에 올라야 한다는 생각에 등산길을 단숨에 올라가고 싶었다. 하지만 가이드가 정상에 오르고 싶으면 무조건 '뽀올레, 뽀올레(천천히, 천천히)' 걸어야 한다기에 억지로 천천히 걸으니 영 성에 차지 않았다. 다른 사람들이 뛸 듯이 빨리 가고 있는 것을 보니 더욱 그랬다.

그러나 삼 일째부터 가이드가 왜 그러는지 알게 되었다. 우리를 앞질러 가던 많은 사람들이 고산증 때문에 도중에 포기하기 시작했던 것이다. 5,895미터 우흐르봉 정상에 도착했을 때, 거기에는 근육질의 건장한 젊은이들보다 놀랍게도 할머니나 장애인 등 약해 보이는 사람들이 더 많았다.

인생도 마찬가지가 아닐까 한다. 자신이 어디로 가고 있는지 목표가 있다면, 그리고 자기가 바른 길로 들어섰다는 확신만 있다면, 남들이 뛰어가든 날아가든 자신이 택한 길을 따라 한 발 한 발 앞으로 가면 되는 것이다. 중요한 것은 어느 나이에 시작했느냐가 아니라, 시작한 일을 중간에 포기하지 않고 끝까지 꾸준히 했느냐인 것이다.

재작년인가, 킬리만자로 정상에 우뚝 서서 행복해하던 한 한국 할머니가 생각난다. 산을 좋아하는 이분은 평생 꼭 한 번 하고 싶던 등정을 준비하면서 얼마나 신이 났을까. 대단치 않았을 체력으로 마침내 정상에 선 그 할머니는 칠순을 바라보는 나이였다. 또 지난 1월부터 지금 이 순간에도 미국 정치자금법 개혁을 위해 미 대륙 4,888킬로미터 길(1만 2천 리가 넘는다)을 걸어서 횡단하고 있는 맹렬 여성 도리스 해독 할머니는 올해 무려 여든아홉 살이다.

'이 나이에'라니, 도대체 무슨 나이 말인가. 미국의 시인이자, 유대교 설법사요, 철학자인 사무엘 울만이 〈청춘〉이라는 시에서 이렇게 웅변적으로 말하고 있다.

청춘이란 인생의 어느 기간이 아니라 마음가짐을 말한다.
장밋빛 볼, 붉은 입술, 나긋나긋한 무릎이 아니라
씩씩한 의지, 풍부한 상상력, 불타오르는 정열을 가리킨다.
인생이라는 깊은 샘의 신선함을 이르는 말이다.

청춘이란 두려움을 물리치는 용기,
안이함을 선호하는 마음을 뿌리치는 모험심을 의미한다.
때로는 20세 청년보다는 60세 인간에게 청춘이 있다.
나이를 더해가는 것만으로 사람은 늙지 않는다.
이상을 버릴 때 비로소 늙는다.

세월은 피부에 주름살을 늘려가지만
열정을 잃으면 영혼이 주름진다.
고뇌, 공포, 실망에 의해서 기력은 땅을 기고
정신은 먼지가 돼버린다.

60세든 16세든 인간의 가슴속에는
경이에 이끌리는 마음,

어린애와 같은 미지에 대한 탐구심,

인생에 대한 흥미와 환희가 있다.

우리 모두의 가슴에 있는 '무선 우체국'을 통해

다른 사람들과 하느님으로부터

아름다움, 희망, 격려, 용기, 힘의 영감을 받는 한

그대는 젊다.

영감이 끊기고, 영혼이 비난의 눈으로 덮이며

비탄의 얼음에 갇힐 때

20세라도 인간은 늙지만,

머리를 높이 치켜들고 희망의 물결을 붙잡는 한,

80세라도 인간은 청춘으로 남는다.

더 이상 무슨 말이 필요하겠는가.

"오티마을은 동쪽은 구실재·한티재, 서쪽은 봉화재, 남쪽은 말구리재, 북쪽은 하녀물재로 되어 있어서 오티재로 명명됐고, 한길가, 배같말, 안말, 메차골, 청풍나드리 다섯 골로 형성된 5개 반 마을이다."

마을 비에 써 있는 이름들이 참 예쁘다. 지나가는 동네 아저씨들에게 뜻을 물어보니 정확하게는 모르겠단다. 무슨 뜻일까? 외지인인 나도 궁금한데 그 동네에 살면서 궁금하지 않을까?

오후 4시, 지방도로 597번을 걷고 있다. 멀리 보이는 산은 월악산인가, 멀리 보이는 물은 충주호겠지. 호수를 낀 화려한 산들의 잔치, 산길을 돌아가면 파란 호수가 시야에서 사라졌다가 다음 굽이에서 숨박꼭질하듯 다시 나타난다. '아, 멋있다', '정말 멋있다' '기똥차게 멋있다'가 점층법적으로 터져나오면서 걸음이 멈춰지고 자꾸 사진기에 손이 가서 진도가 잘 나가지 않는다. 경치에 취해서 발걸음이 가벼운지 무거운지도 모르겠다.

비가 올락 말락 하더니 청풍에 다 와서는 주룩주룩 내리기 시작했다. 우중충한 날에 끈적끈적한 여관 방이라. 생각만으로도 진저리가 쳐진다. 여관 앞 구멍가게에서 군것질거리를 사며 혹시나 하는 마음에 이 동네에 혼자 사시는 할머니가 없냐고 물었더니 가게 보던 아줌마가 바로 앞집을 가리킨다.

"숭악하게 여자 혼자 여관에서 어떻게 자나? 나랑 같이 자."

할머니는 사정 얘기를 하니 순순히 허락하신다. 적어도 일흔은 넘어 보이신다. 방에 들어가 할머니 얼굴을 자세히 보니 핏기가 없는 게 체한 것 같았다.

"할머니, 저녁에 뭐 드셨어요?"

"잔치가 있어서 떡하고 고기하고 먹었어."

"심장이 뛰고 속이 울렁거리지요?"

"그려."

"잠깐만 기다리세요."

한달음에 약국에서 소화제를 사 왔다. 할머니는 약을 드시면서 엉뚱한 소리를 한다.

"내가 주선 한 자리 설까?"

"주선이 뭐예요?"

"마흔 살 된 용접공인디 시어머니만 있는 자리여. 배운 건 없어

도 사람은 먹던 떡이여. 남자가 순하고 무른 게 임자같이 다부진
사람 만나야 혀."

"할머니, 저는 지금 시집 안 가요."

"늙어 꼬부랑이 될 때까지 혼자 워치케 살려 그려. 밑지는 듯 가
야 혀, 그 나이에는."

"무슨 나이요?"

"아, 임자 나이가 서른은 넘었겠구먼."

"할머니, 저 마흔도 넘었어요."

"뭐시여?"

골치가 아프다던 할머니가 갑자기 눈망울을 반짝이신다. 이때가
저녁 8시도 안 됐는데, 12시 자기 직전까지 집중적인 고문이 계속
됐다. 아프다는 것도 다 나으셨나 보다.

'여적지 시집 안 가고 버티고 있는' 딸을 둔 우리 엄마를 진심으
로 걱정했고, '이 나이 먹도록' 시집 안 간 나를 온갖 험한 말로 협
박(?)하신다.

"사람이 그러면 못쓰는 법이여. 집이 엄마가 곱게 눈을 감을 수
있겠어? 이 늙은이 말 들어, 시집은 가야 하는 거여."

나중에는 완전히 애원조다. 할머니의 마음은 충분히 알겠지만 솔
직히 이런 말이 이제는 좀 지겹다. 남의 일을 가지고 너무한다는
생각이 든다. 본인이 잘 알아서 할 텐데 웬 성화들인지 모르겠다.
내가 시집 안 가고 있는 것이 조국 통일이나 인류 평화에 해를 끼
치는 것도 아니건만.

4월 6일 발로 느끼는 오감 만족 여행

"집에 있는 사람이 무슨 돈이 필요해, 다니는 사람이 필요하지. 얼른 넣어둬. 아침밥을 못 해 먹여 속이 쓰려 죽겠는디. 그 돈으로 가다가 요기해. 빵 같은 것 사 먹지 말고 밥 사 먹어야 혀."

집을 나오면서 용돈 쓰시라고 2만 원을 드렸더니 막 화를 내면서 받지 않으신다. 그러고는 동네 어귀까지 나와서 손을 흔드시며 헤어지는 순간에도 중요한 후렴 한 마디를 잊지 않으신다.

"시집은 꼬오옥 가야 혀."

주말부터 청풍에서 벚꽃축제가 벌어진다고 동네는 청사초롱을 단다, 현수막을 건다, 어수선했지만 정작 주인공인 벚꽃은 하나도 피지 않았다. 작년에도 백열등에 불을 켜서 억지로 벚꽃을 피웠다고 한다. 산과 호수만으로도 충분히 아름다운 곳인데, 하얀 벚꽃까지 피면 그야말로 선경이겠다.

청풍에서 금성 가는 길 언덕에는 청풍문화재단지가 있다. 충주댐을 만들면서 수몰된 곳에서 옮겨온 유물들로 규모는 작지만 민속촌처럼 재미있게 꾸며놓았다. 양반집, 서민집 안에는 할머니, 할아버지들이 직접 쓰시던 손때 묻은 생활 도구들이 그대로 전시돼 있다. 한 집에 들어서니 닭장 속에 수십 마리의 닭들이 꼬꼬댁거린다. 금방이라도 "게 누구슈?" 하며 집주인이 튀어나올 것만 같다. 방 안의 장롱 등 세간살이, 부엌의 식기, 창고 안팎의 투박한 농기구들도 시골 외가에 와 있는 듯 모두 자연스럽고 정겹다.

다시 산길과 호숫길이 나타난다. 오르락내리락, 꼬불꼬불. 지나가는 차도 없고 날씨도 적당히 흐리다. 아름다운 길, 마음에 쏙 드는 길이다. 이렇게 걷기 좋은 길은 될수록 천천히 걷고 싶다. 나는 지금 기록을 세우려는 것도 아니고, 누구와 경쟁하고 있는 것도 아니고, 일행이 있어서 보조를 맞춰야 하는 것도 아니니까 이렇게 멋진 길을 빨리빨리 갈 이유도 필요도 없다. 아니, 빨리 가면 그만큼 손해다. 될수록 천천히! 더 천천히!! 더욱 천천히!!!

아, 걷는 즐거움이여. 차를 타고 이름난 곳 위주로 돌아다니면 도저히 느낄 수 없는 기쁨이다. 차로 하는 여행이 머리와 눈만의 즐거움이라면 걷는 여행은 눈으로 보고, 코로 향기 맡고, 귀로 듣고, 발로 느끼는 '오감 만족 여행'이다. 이번 여행을 떠나며 기대는 했지만 이 정도일 줄은 정말 몰랐다.

걸으니 자연과도 진솔하게 만날 수 있다. 스쳐가는 수많은 나무들, 풀들, 새들, 꽃들. 나는 지금도 이름 없는 새, 이름 모를 나무라고 부르지만 그 새나 나무에 왜 이름이 없겠는가. 내가 모를 뿐이지. 이번에 서울에 가면 우리나라 꽃 도감, 나무 도감, 새 도감 등을 사야겠다. 그리고 부지런히 공부해야지. 이제부터라도 제 이름으로 불러주고 싶다. 그래서 하나하나 잘 사귀고 싶다.

계획했던 하루 거리를 다 걷고 난 후의 즐거움 또한 무엇과 바꾸랴. 오늘 얼마만큼 걸었나 짚어보며 지도에 온 만큼을 형광펜으로 색칠할 때의 성취감과 뿌듯함이라니. 함께 걸은 사람이 있다면 그들과 경험을 공유했다는, 그리고 어려움을 나눴다는 그 말할 수 없이 끈끈한 연대감 역시 짜릿했을 것이다.

육체노동 후의 즐거움도 대단하다. 갑자기 50~60리를 걸으면 다음 날 아침에 적어도 30분은 뻗정다리로 걷게 된다. 그러나 한 발짝 움직일 때마다 허벅지와 종아리에 느껴지는 고통은 오히려

달콤하기까지 하다. 온몸을 움직인 후 느끼는 피곤함은 머리나 손, 혹은 육체의 일부만을 썼을 때 느끼는 피곤함과 질적으로 비교할 수가 없다.

게다가 병까지 고친다고 한다. 오로지 걷는 것만으로 질병의 80퍼센트를 고칠 수 있다는 말은 허풍이 아닌 것 같다. 걸으면 우선 동맥 활동과 심폐기능이 활발해지고 혈액 순환이 좋아진다. 또 핏속의 콜레스테롤 수치를 낮추기도 하고 낮은 콜레스테롤을 정상으로 올려주기도 한다. 걷는 운동이 심장마비를 28퍼센트나 감소시킨다는 연구 결과도 있다. 천식 환자에게도 도움이 되고, 골절과 골다공증, 당뇨 등 성인병이 예방되는 것은 물론, 암까지도 막을 수 있다고 한다. 보약이 따로 없다.

살 빼는 데 관심 있는 사람들이 솔깃해할 얘기도 있다. 걸으면 살이 골고루 예쁘게 빠진다. 어느 체형, 어느 체질이라도 마찬가지다. 이건 한비야가 100퍼센트 보증하는 확실한 다이어트법이다. 뱃살, 허리, 허벅지 지방 군살은 쏘옥 빠지고 볼륨을 주는 근육은 단단해지니 어떤 옷을 입어도 폼이 난다. 꾸준히 운동을 해서 뺀 살이라 건강미까지 넘친다. 일석이조 정도가 아니라 일석십조, 백조, 천조다.

걸을 수 있다는 것은 모든 동물 중에서 인간만이 받은 최고의 특혜다. 이 놀라운 특혜를 맘껏 누리길 바란다. 그리고 위에서 말한 각종 보너스도 푸짐하게 받으시길.

5시 반, 제천에 있는 한의원에 갔다. 한의사인 요셉 씨에게 한방 종합 검진을 받기로 했기 때문이다. 혜경이의 친구가 소개했는데,

새로 도입한 진맥 기계로 내장 기관의 기능과 체지방, 체세포 등의 상태를 알아보는 검사를 받기로 했다.

처음에는 안 한다고 우겼다. 혹시 어디가 나쁘다고 하면 어떻게 하나 은근히 겁이 난 것이다. 더 이상 걷지 말라고 해도 끝까지 가겠지만 마음이 편할 리 없다. 이 경우는 아는 게 병이고 모르는 게 약이라고 생각했는데 혜경이가 난리다. 약속해놓고 왜 이제 와서 딴소리냐고 그 큰 눈을 치켜뜬다. 이럴 줄 알고 자기가 정선에서 일부러 왔다나.

"알았어. 하면 될 거 아냐."

그런데 검사하기를 잘했다. 시간도 별로 걸리지 않았고 결과도 아주 좋았다. 검진 결과는 동그란 모양으로 나올수록 좋다는데 나는 거의 완벽한 원에 가까웠다. 체세포나 체지방, 골밀도 등 외적인 요인도 최상이란다. 그러면서 하는 말.

"비야 씨는 관리도 잘 했지만 선천적으로 튼튼한 몸을 타고 났어요."

이런 말을 들을 때마다 나를 건강하게 낳아준 부모님께 감사드리게 된다. 특히 우리 엄마에게. 예쁘게 낳아준 것보다 훨씬 고마운 일이다(예쁘게도 낳아주고, 튼튼하게도 낳아주었으면 더욱 좋았으련만). 그리고 내 건강을 진심으로 염려해주시는 분들께 이 자리를 빌려 고맙다는 말을 전하고 싶다.

내가 여행을 떠날 때마다 마른 쑥을 보내주신 익명의 스님, 몸에 좋지 않은 커피 대신 마시라며 치커리를 보내준 강원도 특수학교 선생님, 오지여행할 때 응급조치용으로 수지침과 사용법을 그림까지 그려 보내주신 자상한 아주머니, 그 외에 마음으로 걱정해주시는 많은 분들.

'정말 감사합니다. 보여주신 그 관심과 사랑, 잊지 않겠습니다.'

앞으로 적어도 40년은 더 써야 하는 몸이니 이제부터라도 혹사 시키지 않고 살살 달래서 잘 써야겠다. 게다가 장기 기증 서약을 했으니까 내 몸을 더욱더 아껴야 한다. 다 쓰고 난 내 몸의 일부를 다른 사람들이 요긴하게 쓰려면.

4월 7일 여행 30일째, 오늘은 땡땡이

혜경이와 하루 종일 땡땡이를 쳤다. 이번 여행 중에 가진 두 번째 온종일 휴일이다. 오늘은 여행 시작한 지 30일째 되는 날, 전 구간의 5분의 3을 걸었다.

나만의 속도로 걷자

4월 8일 웃겨, 날 잡아가보겠다고?

제천에서는 어디서든지 의림지를 볼 수 있는 줄 알았다. 그런데 알고 보니 그곳은 내가 가고 있는 길에서 많이 벗어나 있었다. 충청도의 별명인 호서(湖西)가 바로 의림지의 서쪽이라는 데서 유래됐을 만큼 유명한 곳이지만, 이번에는 가보지 않기로 한다. 한 걸음이 아쉬운 참이니까.

국도 옆으로는 감자, 옥수수, 고추를 심고 있는 농부들이 많이 보인다. 감자, 옥수수가 많아지는 걸 보니 강원도가 가까워지는 모양이다. 아저씨 한 분이 어디 가느냐고 묻기에 평창엘 간다니까 하시는 말씀.

"평창까지 까마이 남았는데요."

뒤끝을 살짝 올리는 그분의 말씨도 충청도보다 강원도 사투리에 가깝다.

주천으로 가는 길에 야구모자를 쓰고 알록달록한 티셔츠에 양복 바지를 입은 조그만 체격의 삼십대 남자가 신경에 거슬린다. 내가 천천히 가면 천천히 걷고 빨리 가면 빨리 걷는 폼이 나를 따라오는 게 분명하다. 만약 깜깜한 밤이고 차가 드물게 다니는 곳이었으면 바짝 긴장을 했을 테지만 훤한 대낮인 데다 차가 많이 다니는 길이라 안심이다. 할 말 있으면 빨리빨리 하고 갈 일이지. 아니나 다를까 그 사람이 말을 건다.

"어디까지 가세요?"

"평창이요."

"왜 걸어서 가세요?"

"도보 국토종단 중입니다."

"이렇게 혼자 걷다가 누가 잡아가면 어떻게 해요?"

드디어 본색을 드러내며 느물대기 시작한다.

"안 잡아가요."

내가 귀찮다는 듯 딱 잡아떼고는 앞만 보고 걸었다.

"그럼 내가 잡아가볼까?"

갑자기 반말을 하며 히죽 웃는다. 병신 같은 놈, 힘들어 죽겠는데 웃기고 있네.

"이것 봐요. 바쁜 사람한테 말 시키지 말고 아저씨 갈 길이나 가세요, 네?"

내가 걸음을 멈추고 눈을 치뜨며 정색을 하고 말했다. 그랬더니 이 사람 느글거리는 눈빛으로 "이거 되게 무서운데" 하며 내 어깨를 치는 것이 아닌가.

기가 막혀 쳐다보니 무서워서 그러는 줄 알고 본격적으로 어깨를 손으로 만지작거리려고 한다. 이것 봐라. 너 오늘 임자 만났다.

"야아 이 새끼야, 어디를 만져."

내가 목청껏 소리를 지르며 그놈 옷소매를 움켜잡고는 그대로 같이 찻길로 뛰어들었다. 저 멀리서 차가 오고 있는 것을 보아둔 것이다. 오던 차가 급정거를 하면서 바로 앞에 멈췄다. 그 뒤차도, 그 뒤의 뒤차도 급히 멈췄다. 이런 상황을 전혀 예상치 못한 놈은 깜짝 놀라 내 손을 뿌리치고 다리야 날 살려라 오던 길로 달아났다.

"무슨 일이에요?"

승용차 안의 노부부가 묘한 표정으로 쳐다본다. 마치 내가 저 남자를 성희롱하다가 현장을 들킨 것처럼.

"미안합니다. 저 사람이 자꾸 따라와서요. 미안합니다."

운전석에서 고개를 삐죽 내민 다른 사람들에게도 고개를 숙였다.

"그러니까 왜 여자 혼자 다녀요? 위험하게시리."

한 아주머니가 혀를 끌끌 찬다. 걱정과 비난이 섞인 목소리다. 억울했지만 할 말이 없다. 따라 붙는 남자와 함께 찻길로 뛰어드는 여자를 보고 위험하다고 생각하는 사람이 정상일 테니까. 추근댄 사람이 원인 제공자인데도 피해자인 내가 혼나고 있다.

하여간 그놈, 내가 그렇게 세게 나올 줄은 꿈에도 몰랐을 거다. 옛날처럼 '어머, 아저씨 왜 이러세요' 할 줄 알았겠지. 오늘 쓴맛을 톡톡히 보여주려고 했는데 비겁하게 도망가는 바람에 오프닝 게임에서 끝났지만 다시 한 번 허튼 짓 해봐라. 그때는 바로 본 게임으로 들어갈 테다.

이 일이 있은 후 몇 시간 동안은 자꾸 뒤를 돌아보게 된다. 혹시 그놈이 아까의 망신을 만회하려고 대규모 지원군을 이끌고 다시 나타날지도 모른다는 불안한 생각이 들었다. 이래서 여자 혼자 길을 떠나면 모두들 걱정하는 거다.

우리 엄마도 마찬가지겠지. 지금 이 순간에도 얼마나 걱정하고 있을까? 사정 모르는 사람은 가끔 "우리 딸도 한비야 씨처럼 컸으면 좋겠어요" 한다. 그러나 우리 엄마한테 물어보시라. 내가 얼마나 키우기 힘든 딸인지. 이번 여행 끝나면 며칠간은 조신하게 집에 있으면서 말도 잘 듣고 효녀 노릇도 좀 해야겠다.

"아, 국토종단을 하려면 부산에서 임진각까지 짧은 길로 하지, 왜 하필 훨씬 먼 해남에서 강원도까지로 하슈?"

주천식당에서 만난 아저씨가 딱하다는 듯 말한다. 백 번 맞는 말이다. 하기야 국토를 돌아보는 방법이 어디 국토종단뿐이랴. 우리나라에서 제일 홀쭉한 곳을 골라 동쪽에서 서쪽으로 횡단하는 법도 있겠고, 해안선을 따라 걸을 수도 있다. 산악인들처럼 백두대간을 따라갈 수도 있고, 강원도나 전라도 등 특정 도 경계선을 따라 걸을 수도 있다. 아예 지그재그로 그야말로 전 국토를 누비며 다닐 수도 있고, 엄마 고향부터 아빠 고향까지 가보는 것도 방법이다.

시간이나 기간도 그렇다. 지금 나처럼 뭉텅이 시간을 낼 수 있는 사람이라면 한꺼번에 걷는 것이 좋지만 직장이나 학교를 다니는 사람이라면 주말마다 걸을 수 있을 것이다. 갈 수 있는 만큼 가다가 다음에 전에 멈췄던 곳부터 다시 걸으면 된다. 매주 시간이 나지 않을 때는 1년을 작정하고 할 수 있는 만큼 조금씩 다닐 수

도 있고, 혹은 자녀들과 함께 '네가 중학교에 들어가기 전까지 국
토종단을 하자'는 등의 장기 계획을 세운다면 그렇게 어려운 일도
아니다.

함께 걷는 사람은 누구라도 좋다. 혼자 걸어도 좋고, 친구끼리 혹
은 온 가족이 함께 걷는다면 평생 아름답고 잊지 못할 기억이 될
것이다. 아이들이 못 걸으면 어떡하나 걱정되는가? 어른은 제 걱정
이나 하시길. 아이들이 생각처럼 연약하지 않다는 것, 부모들만 빼
고 모두 다 안다.

여행은 직접 다니는 것만큼이나 준비 단계의 설렘도 즐거운 법이
다. 하지만 계획을 짤 때 반드시 지켜야 하는 제1원칙이 있다. 여정
을 절대 무리하게 짜지 말라는 것이다. 도보여행은 말 그대로 여행
이지 의지력 테스트나 극기훈련이 아니다. 반드시 스스로가 즐길
수 있는 거리와 속도로 가라. 이렇게 하면 누구든지 우리나라 땅을
자기 발로 걸어볼 수 있다. 그것도 아주 즐겁게.

4월 9일 '싸가지 많은' 놈의 쓰레기 처리법

몸살기가 있는 것 같아 하루 쉴까 하다가 1시쯤에야 길을 나섰
다. 주천에서 한동안은 내리막의 호젓한 산길이더니 판운에 들어
서면서부터는 평창강을 따라 걷는 물길이다. 이 평창강은 주천강,
동강으로 이어지고 평창강과 동강이 합수머리에서 만나 충주댐을
지나 섬강을 거쳐 한강으로 흐른다. 물은 같은 물인데 사람들이 이
름만 다르게 부르는구나. 수심이 얕은지 스르륵스르륵 자갈 위로
강물이 흐르는 소리가 참 듣기 좋다. 강물 위에는 백로의 그림자가

드리운다. 재두루미와 황새도 보인다. 강 뒤로는 초록색 산이 놓여 있다. 평화로운 풍경이다.

생각해보니 일주일째 지방도로 597번을 따라 걷는 중이다. 가도 가도 아름다운 597번 길! 환상적인 597번 길! 나의 각종 비밀 번호를 몽땅 0597로 바꾸고 싶을 만큼 마음에 쏙 드는 길이다.

적어도 6시까지는 걸을 생각이었는데 5시부터 장대비가 쏟아진다. 마침 도착한 마지 삼거리 휴게소 이층에 숙박할 데가 있어 좀 이르지만 오늘은 여기서 묵기로 했다.

저녁을 먹으면서 주인 아저씨와 이런저런 얘기를 나누게 됐다.

"여기 평창강에는 1급수에만 사는 고기들이 많이 살고 있어요. 아가씨, 영화 〈쉬리〉 보셨어요? 그 쉬리도 있어요. 여기선 '쉐리'라고 부르죠."

"어머, 그 고기가 저 강물에 산다는 말이에요? 한번 봤으면 좋겠다."

"하하하, 서울 사람들은 그 고기가 뭐 천연기념물이나 되는 줄 알지만 사실은 아주 흔한 민물고기예요. 물만 깨끗하면 우리나라 어디에서든지 살죠."

쉬리는 자갈이 많이 깔린 맑고 차가운 강 상류에서 떼 지어 사는데 그런 조건을 갖춘 곳이 바로 여기 평창강이란다.

"아가씨도 보긴 봤을 거예요. 한국 사람이 쉬리 한 번도 안 봤다는 건 말도 안 돼요."

그렇겠지, 나 같은 자연맹이 눈앞에 갖다놓는다고 도라지인지 산삼인지 알 수가 있나.

"그런데 이대로 가다가는 쉬리고 피라미고 다 없어질 거예요. 도시 사람들이 오면 어찌나 어질러놓고 가는지……."

아저씨는 강한 불만을 털어놓는다. 관광객들이 많이 오면 장사가 잘 돼서 좋지만 강으로 보면 참으로 딱한 일이란다.

"서울 사는 사람들, 다들 많이 배우고 잘살아서 깨끗할 줄 알았는데 얼마나 지저분하게 해놓고 가는지 정말 너무해요."

행락객에게 물가에 버린 쓰레기를 가져가라고 하면 당신이 뭔데 이래라저래라 하느냐고 되레 큰 소리여서 몹시 속상하단다. 자신에게 공권력 있는 직함이 있다면 벌금도 세게 물리고 혼구멍도 내주고 싶다고 한다. 그 물이 한 달 후에는 한강으로 가서 도로 자신들이 마실 물이 되는 줄 모르는가 보다며 고개를 절레절레 흔든다. 그리고 하는 한 마디.

"윗물이 맑아야 아랫물도 맑을 것 아니래요?"

아저씨 심정이 어떤지 잘 안다. 나도 몇 년 전 여름 한철을 일영에서 지내면서 비슷한 일을 여러 번 당했다. 내가 있던 집 근처에는 개울도 있고 사진을 찍으면 그럴듯하게 나오는 다리도 있고 아담한 뒷산에 수풀도 우거져 아이들과 하루 놀러 나오기 안성맞춤인 곳이다. 도시 사람들이 한나절이라도 자연과 접하며 숨통을 틀 수 있는 곳이라 알음알이로 오는 사람들의 발길이 심심치 않았다.

노는 것까지는 좋은데 문제는 쓰레기다. 찌개 등 먹다 남은 음식 쓰레기를 개울에 버리는 것은 물론 다른 쓰레기도 그냥 놓고 가기 때문에 여름 내내 동네 사람들이 골치를 앓는다. 그 쓰레기를 치우는 것은 고스란히 동네 어른들 몫이다. 개울이 지저분해지고 동네가 더러워지는 것을 못 보시는 분들이니까. 쓰레기 수거차가 오지 않는 곳이라서 비닐봉지든 뭐든 있는 대로 한꺼번에 모아서 불을 놓는데 그 시커먼 연기와 비닐 타는 냄새가 하루 종일 동네에 가득

하다. 맹독성 다이옥신은 또 얼마나 나올까? 남이 버리고 간 쓰레기로 겪는 고통이 괴롭고 억울하기 짝이 없다.

누구든 내 눈에 띄기만 해봐라 벼르고 있는데 어느 날 생일 케이크 상자를 포함한 산더미 같은 쓰레기를 그냥 물가에 놔두고 떠나려는 한 사십대 부부와 초등학생 아이들을 보았다.

"저, 아저씨, 이 쓰레기도 가지고 가셔야죠."

내가 웃으면서 좋은 소리로 말했다. 그런데 아저씨는 불쾌한 표정이 역력하다.

"쓰레기를 어떻게 가져가요?"

볼멘소리를 한다.

"어떻게는요, 차에 싣고 쓰레기통 있는 데로 가져가셔야죠. 이 동네는 쓰레기 차가 안 오거든요."

"아, 물기 있는 것을 어떻게 실어. 다른 사람들도 다 놓고 가는데 우리한테만 왜 이래."

옆자리에 탄 아줌마가 내가 말도 안 되는 소리를 한다는 듯 퉁명스레 말한다. 좋은 말로 하려던 나도 기분이 나빠졌다.

"어느 사람이 놓고 가요? 아무튼 이 쓰레기 가져가세요."

그러니 아줌마는 한술 더 뜬다.

"도대체 아줌마가 뭔데 이래라저래라 하는 거야?"

"아줌마가 안 가져가면 내가 치워야 하니까 그렇지요. 아줌마는 남의 쓰레기 치우는 게 좋아요?"

나도 언성을 높였다. 그랬더니 옆에서 듣고 있던 남편이 화를 벌컥 내며 다짜고짜 눈을 부릅뜬다.

"이런 싸가지 없는 여편네가 어디다 큰 소리야?"

시골 사람이라고 무시하는 투가 역력하다. 아이구, 웃겨. 그러면 내가 찌그러들 줄 아나 보지.

"뭐라구요? 쓰레기 버리는 사람이 싸가지 없는 거지, 쓰레기 버리지 말라는 사람이 싸가지 없는 거예요? 저 아이들한테 부끄러운 줄 아세요."

나도 길길이 뛰며 일전을 각오했다. 그때 마침 옆집 아저씨가 지나가고 있어 은근히 응원을 기대했는데 그냥 보고만 있는 거다. 어쨌거나 내가 하도 큰 소리를 치니까 그 '싸가지 많은' 부부가 아이들에게 빨리 차에 타라고 하더니, "무식한 여자하고 말이 통해야지" 하며 그냥 붕 떠나버린다. 기가 막히고 분해서 얼굴이 화끈 달아오른다.

"아저씨는 왜 그냥 보고만 있어요? 뭐라고 한 마디 하셨어야죠."

내가 동네 아저씨에게 공연히 화를 벌컥 냈다.

"아무리 말해도 소용없어. 우리라고 해볼 만큼 안 해봤겠어. 입만 아프지."

아저씨가 겸연쩍게 웃으면서 '유식한' 식구들이 버리고 간 쓰레기를 주워 불 놓는 구덩이에 넣는다. 유감스럽게도 이런 일이 여름내내 셀 수도 없이 많았고, 그 아저씨 말대로 내 입만 아픈 일이라는 걸 곧 알게 됐다. 만약 그때 그 사람들이 이 글을 읽는다면 어떤 생각을 할까? 자기들이 한 짓이 얼마나 부끄러운지 깨닫고 다시는 그러지 않을까? 아닐 것 같다. 그런 사람일수록 쓰레기 얘기가 나오면 도대체 그 많은 쓰레기는 누가 버리는 것이냐고, 우리나라 사람들은 정말 기본이 안 되어 있다고 열을 올리면서도 자기를 알아보지 못하는 곳에서는 몰래 쓰레기를 버리면서 살 것 같다. 그 자

식들도 제대로 보고 배우지 못했으니 다음 대에조차 희망이 없어
보인다. 도대체 어디부터 잘못된 걸까.

바깥에는 비바람이 몰아친다. 속 시원하게 소나기나 쫙 뿌렸으면
좋겠다.

3장
한 걸음의 힘을
나는 믿는다

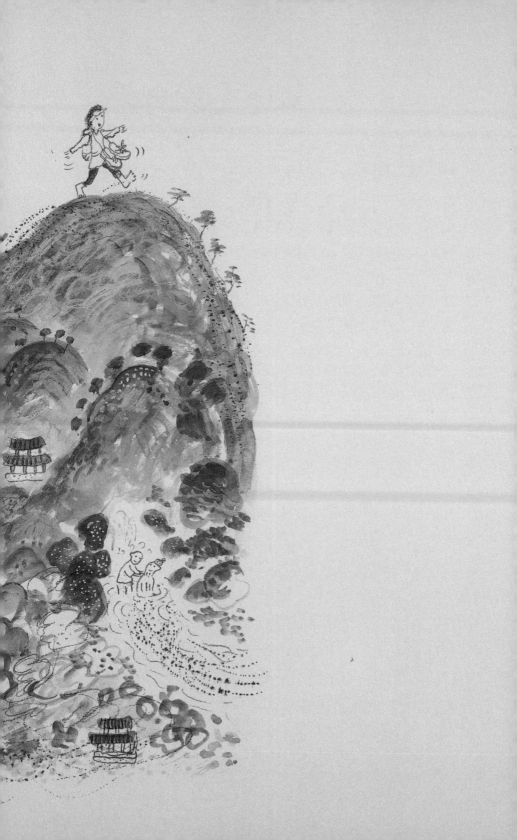

1퍼센트의 가능성만 보여도

4월 10일 하루 종일 아름다운 평창강을 따라 걷다

바람이 불고 비가 오니까 두리번거리기가 어려워져서 오히려 걸음이 빨라진다. 어제 많이 걷지 못한 것을 보충하려고 아침부터 서둘렀다. 오늘은 아는 신부님이 계신 대화성당까지 갈 예정이다. 두시간쯤 걸으니 평창읍. 길거리에는 메밀로 만든 꼴두국수를 파는 식당이 많다. 오늘이 마침 10일, 장 서는 날이란다. 평창군의 특산물은 메밀, 고추, 마늘, 감자, 옥수수. 특히 곧 지나갈 방림면, 진부면, 대화면의 찰옥수수와 풋옥수수가 유명하다. 옥수수엿과 옥수수묵도 이름났다. 그 외에 고랭지 채소나 한약재도 알아주지만 역시 이곳의 먹을거리는 감자와 옥수수다.

그래서인지 국도변에는 감자 심는 사람들이 유독 많다. 어느 밭을 지나다가 아예 발길을 멈추고 쪼그리고 앉아 감자 심는 것을 유심히 봤다. 일하던 아줌마는 나를 한번 힐끗 쳐다보더니, 겸연쩍게 웃는다.

"왜 그렇게 쳐다본다야. 아, 감자 숨그는 것 처음 본대유?"

그러면서도 보란 듯이 손을 재빠르게 놀려 감자를 놓는다. 조그만 바구니에 수북이 담겨 있던 싹이 튼 감자 조각들이 순식간에 땅속으로 사라진다. 손 참 빠르다. 한 달 후면 흰색, 보라색 감자꽃이 피겠지. 예쁘겠다.

나는 감자를 심어본 적은 없지만 통통하게 살찐 감자를 캐본 적은 있다. 파키스탄의 훈자마을에서 민박할 때였다. 그곳에서는 끼닛거리로 감자나 당근이 필요하면 시장에 가지 않고 호미를 가지고 밭으로 나간다. 밭 이랑에서 누렇게 퇴색한 줄기를 잡아당기면 흙이 잔뜩 묻은 굵은 알감자들이 줄줄이 끌려 나온다. 얼마나 신기하던지. 마침 그때가 감자 수확철이라서 말리는 할아버지를 겨우 졸라 하루 종일 식구들 감자 캐는 것을 거들었다(말을 바로 하자면 캐는 것이 아니라 잡아끄는 거다). 식사 때마다 내가 캔 감자를 볶거나 쪄서 반찬을 만드는데 달디단 꿀밤 맛이었다. 그나저나 감자의 원산지는 남미의 안데스 산맥 중앙고원 지역이라지? 옥수수는 중미인 멕시코가 원산지다.

그러고 보니 강원도의 먹을거리가 중남미 인디오들과 공통점이 있는 셈이다. 세계여행 때 중남미에 가서 보니 감자는 예전처럼 주식 삼아 먹지 않았지만 옥수수만은 여전히 가장 중요한 식량이었다.

인디오들이 옥수수 덕에 찬란한 마야, 잉카 문명을 일으킬 수 있었다는 설은 설득력이 있다. 무엇보다도 먹는 문제가 해결돼야 문화든 신앙이든 가능할 테니까. 그래서일까, 과테말라의 오래된 도시 체체테낭고의 아주 유명한 성당에 가보니 성모 마리아상이 있는 제단 한 옆에 머리가 옥수수 모양으로 된 신이 모셔져 있었다. 그렇지. 먹을 것을 가져다주는 신이 얼마나 고맙고 귀할까.

중남미 어디를 가나 드넓은 옥수수밭이 눈에 띄고, 시장에는 옥수수 말린 것이 산처럼 쌓여 있었다. 집집마다 마른 옥수수 알갱이를 석회수에 담가놓았다가 가루를 내 반죽해서 얇은 전병을 만든다. 그 전병을 뜨겁게 달군 팬에 살짝 구운 것이 이들이 매일 먹는 또르띠야다. 살 만한 사람들은 고기며 다른 과일이나 채소도 먹지만 가난한 사람들은 삼시 세 끼 멀건 커피 한 잔에 또르띠야와 검은 콩을 으깬 후리홀레스가 음식의 전부다. 멕시코의 대표 음식 타코도 옥수수 전병을 기름에 튀겨 그 안에 다진 쇠고기, 양파, 토마토, 치즈가루 등을 넣어 먹는 것이다.

우리나라에서 옥수수를 삶거나 튀겨서 간식으로 먹는 것처럼 중남미에서도 그것이 주요 간식거리다. 버스나 기차를 타면 우리나라의 호도과자나 김밥 장수들처럼 삶은 옥수수에 치즈가루를 뿌리고 살짝 레몬즙과 소금을 바른 '마이즈 꼰 께소'를 팔러 오는 장수가 반드시 있다.

그러나 우리나라처럼 옥수수가 수많은 사람들을 굶주림에서 살아남게 한 나라가 또 있을까?

보릿고개. 그 넘기 어려운 고개를 우리나라 사람들은 이 옥수수와 함께 넘었다. 식량으로서만이 아니라 굶어 죽지 않기 위한 처절한 몸부림이 응집된 것이 바로 이 옥수수다. 이 세상 어느 곳에서 채 여물지도 않은 옥수수를 먹으며 목숨을 이어갔을까. 아마 우리나라밖에 없을 것이다.

평창의 길가 식당에서 파는 올챙이국수 또는 올갱이국수가 그것을 보여준다. 옥수수가 익기 시작하는 춘궁기에 채 익지도 않은 옥수수를 따서 맷돌에 갈아 앙금을 가라앉혀 옥수수풀을 쑨다. 그것을 구멍 뚫은 바가지에 넣어 누르면 올챙이 모양의 묵이 생긴다. 이것으로 만든 것이 올챙이국수다.

마야, 잉카인의 옥수수는 포르투갈 사람들에 의해 인도, 동남아시아, 중국을 거쳐 15세기경 우리나라에 이르렀다. 인디오에게는 치욕적이었을 스페인의 침략이 우리에게는 중요한 구황 식품이 들어오는 계기가 됐으니 역사의 아이러니다.

춘궁기에 올챙이국수만 먹었겠는가. 이때가 되면 감자와 고구마는 이미 사치스런 먹을거리다. 다람쥐가 먹어야 할 도토리를 긁어와 묵을 쑤어 먹질 않나, 쑥을 뜯어다 쑥죽을 끓여 먹질 않나, 칡뿌리, 나무뿌리, 송충이가 먹어야 하는 솔잎이나 벌레들이 먹는 소나무 껍질, 심지어는 흙까지 먹으면서 생명을 부지했다.

예전 춘궁기 때 이야기를 듣고 있자면 불쌍하다는 생각보다 끈질긴 생명력에 고개가 숙여진다. 내 조상 중의 어느 분이, 그 조상의 어느 조상이, 그렇게 몇 대를 올라가 또 어느 분이 지독한 굶주림 속에서 살아남아 나에게까지 생명이 이어진 것이다. 내가 가진, '1퍼센트의 가능성만 보여도 끝까지 포기할 수 없는 기질'은 개인적인 성향이라기보다 한국 사람이면 누구든지 핏속에 각인된 유전적 요소가 아닐까.

아무리 생각해도 그런 것 같다. 우리의 유전자에 담겨 있는 이런 강인함은 평상시에는 잘 드러나지 않지만 극한 상황이 되면 유감없이 발휘된다. 특히 이런 성향은 외국에서 생활하는 한국 사람들에게 두드러지게 나타난다. 세계여행을 하면서 이런 놀라운 한국인을 많이 만났다.

사할린에서 강제 이주를 당해 중앙아시아 허허벌판에 버려진 고려인들. 그들은 척박한 땅에서 목화, 감자 농사를 짓고 살아남았다. 만약 그들이 아니었다면 중앙아시아는 아직도 황무지일 것이다. 간도 지방도 마찬가지다. 절대로 농사를 지을 수 없다는 땅에서 가장 어렵다는 쌀농사를 지어 훌륭한 농경지로 만들었다. 선진국에서 인간의 힘으로는 절대로 불가능하다고 했던 다리 공사, 터널 공사를 해내는 이들도 바로 우리나라 사람들이다.

수많은 보릿고개를 넘으면서 삶에 대한 집착이 점점 강해져 운명도 비켜가게 하는 강인함이 된 것이 아닐까. 우리 역사가 겪었던 수많은 사건들 중 비슷한 하나 때문에 망하거나 없어진 민족과 나라가 헤아릴 수 없이 많은 것을 생각하면 우리에게는 분명 뭔가가 있는 것이다. 내가 그런 피를 가진 한국인이라는 사실이 뿌듯하다.

해가 저물 무렵 대화성당에 도착했다. 비를 쫄딱 맞아 생쥐 꼴이 되었다. 아무리 여행 중이라지만, 그리고 아무리 성직자라지만 또래 남자를 만나러 가는 꼬락서니가 말이 아니다. 나는 도대체 기본이 안 되어 있다.

4월 11일 들으면 기뻐하실 이야기

하느님, 오랜만에 주일 미사를 드립니다.

무척 아름다운 성당입니다. 한 사제의 의지와 노력이 이렇게 아름다운 성전을 만들어놓았습니다. 독일로 유학 가는 것도 포기하

고, 여기 강원도 조그만 마을에 성전을 짓기로 결심하신 황 베네딕도 신부님입니다. 팬플루트 하나 들고 서울 성당을 돌며 연주해 모금한 돈으로 우선 본채를 짓기 시작했답니다. 그러던 중 한 조각가가 제대, 십자가 등의 돌로 만든 예술품을 봉헌하고, 그가 소개한 실내장식가는 도자기를 깨뜨려 만든 타일로 벽을 장식하고, 또 그분의 소개로 만난 유리공예가는 성당의 모든 창문을 신비한 스테인드글라스로 만들어 바쳤습니다. 신부님은 기도와 음악을, 신자들은 헌금과 정성을, 신자도 아닌 이 예술가들은 작품을 바치며 모두의 힘으로 성당을 완성하였습니다. 건물만큼 아름다운 이야기입니다. 당신이 들으면 기뻐하실 이야기입니다.

하느님, 이렇게 돌아다니는 저도 보시면 기쁘십니까? 저는 감히 그럴 거라고 생각합니다. 세계 오지여행을 무사히 마치게 해주셨으니까요. 또 이렇게 우리나라를 걸을 수 있도록 해주고 계시니까요. 진심으로 감사드립니다. 언제나처럼 이번 여행 중에 늘 저와 함께하셨던 것 잘 알고 있습니다. 파키스탄의 해발 5,000미터 낭가파르밧 제2 베이스캠프로 가면서 천 길 낭떠러지 크레바스에 빠질 뻔한 순간을 생생하게 기억하고 있습니다. 한 발만 더 내딛었으면 그 천 년의 빙하 속으로 떨어질 뻔한 그때, 제 목덜미를 묵직하게 잡아당긴 손길, 그것은 분명 당신이었습니다. 아니었습니까?

그러나 일상생활에서 필요할 때만, 혹은 하느님의 가르침 중 마음에 드는 것만 취하는 이 '뷔페식 신자'에게 아직도 희망을 가지고 계십니까? 제가 말과 생각과 행동으로 부끄러운 일을 많이 저지르고 있어도 예쁘게 보이십니까? 비슷한 일을 만나도 매번 똑같은 잘못을 저지르는 의지박약한 제게 왜 폭포처럼 넘치는 사랑을 주시는 겁니까? 제가 도대체 무엇이기에 이런 공을 들이고 계십니까? 나중에라도 제 역할을 할 것 같아서 그러십니까?

남다른 경험을 하게 해주시고 언제나 제가 필요할 때마다 거기에 꼭 알맞은 사람을 보내주시면서 저를 위해 준비하고 계신 일, 그것이 도대체 무엇인지 정말 궁금합니다. 알 수는 없지만 깊은 뜻이 있다는 것만은 의심치 않습니다. 준비하신 대로 쓰시옵소서. 순종하겠습니다.

그러나 하느님, 제가 어디서 무슨 일을 하든 항상 다른 사람이 절 돕고 있다는 것을 잊지 않게 해주시옵소서. 특별한 대접을 받을 때, 제 인간적 가치가 높아서라고 우쭐거리지 않게 해주시옵소서. 늘 범사에 감사하면서 조금씩 미안해하면서 살 수 있도록, 제가 오만해지려고 할 때마다 부디 함께해주시옵소서. 무엇보다도 하느님이 제게 들이고 있는 공을 잊지 않게 하여주시옵소서.

하느님, 하루가 다르게 약해지시는 우리 엄마의 건강과 마음의 평화를 빕니다. 사시는 날까지 고통 없이 편안하게 지낼 수 있도록 부탁드립니다. 우리 본당 신부님, 수녀님은 봉성체 오실 때마다 엄마 얼굴이 점점 어린아이같이 맑아지니 좋은 일이라고 합니다만 서서히 진행되는 이별에 식구들 모두가 몹시 힘듭니다. 우리 엄마에게도 마찬가지겠지요.

내 어머니 나라의 건강도 간절히 구합니다. 당하고 있는 어려움을 슬기롭게 이겨 더 단단한 나라, 좀더 성숙한 나라가 될 수 있도록 늘 함께하여 주시옵소서. 저와 동시대를 살고 있는 이 지구 위의 전 인류를 위해서 빕니다. 특히 이 순간에도 견딜 수 없는 고통을 당하고 있는 난민들 한 사람 한 사람에게 당신의 은총과 평화가 골고루 나눠지기를 빕니다.

이 모든 말씀 우리 주 예수 그리스도를 통하여 기도드리옵니다. 성부와 성자와 성령의 이름으로, 아멘.

4월 12일 이그, 바보, 멍청이, 덜렁이

이른 아침에 성당으로 반가운 사람들이 찾아왔다. 친구 순옥이네 식구들이다. 중학교 1학년, 초등학교 4학년인 딸들도 오고 순옥이의 언니인 경희 언니와 형부도 오셨다. 이름 하여 '위문 공연'이다. 내가 좋아하는 '순옥표' 누룽지 튀김도 가져왔다.

도서관 사서인 최순옥은 중학교 2학년 때 같은 반이었다. 13번, 14번 짝꿍으로 만나 25년이 지난 지금까지 인생의 대소사와 일상의 희로애락을 함께 나누는 제일 오래된 친구다. 남편과 아이들과 아웅다웅, 티격태격할 때도 있지만 알콩달콩, 오순도순 깨가 쏟아지게 사는 걸 보면 '아, 결혼을 할 만하구나' 하는 생각이 든다. 한국에 있는 동안은 책을 쓰고 빌리느라 도서관에 뻔질나게 다니기 때문에 우리 식구들보다 얼굴 보는 날이 훨씬 많다. 이 친구만 보면 나는 괜히 바빠 죽겠다, 힘들어 죽겠다, 이런저런 일 때문에 속상해 죽겠다 하면서 갖은 엄살을 부리는데, 얘도 나만 보면 그러고 싶단다.

순옥이 식구들과 적어도 한나절은 같이 걷겠다는 생각에 가슴이 부풀었는데, 늦으면 길이 막힌다고 두 시간도 되지 않아 서둘러 가 버린다. 너만 길에 남겨두고 가서 가슴이 아프다면서. 치, 그런 말 하지나 말지. 같이 걷지도 않을 거면서 먼 길을 오기는 왜 왔담. 툴툴거렸지만 친구 얼굴 본 것만으로도 사실은 힘이 난다. 경희 언니는 가다가 커피 사 마시라고 5만 원을 주고 간다. 커피값이 그사이에 그렇게 올랐나? 이 언니는 아직도 나를 용돈 줘야 하는 어린아이 취급이다. 하여간 우리 언니든 남의 언니든 언니들은 동생들도 같이 늙어간다는 걸 모르신다니까.

햇볕은 쨍쨍. 기온은 갑자기 20도 이상으로 올라간다. 아스팔트에는 벌써 아물아물 아지랑이가 피어오른다.

아차차차. 이런 실수가 있나. 걸으면서 떠오르는 감상을 그때그때 적으려고 주머니 속에 넣고 다니는 작은 수첩을 성당에 놓고 왔네. 어럽쇼, 일기장까지. 대치가 되는 물건이라야 새것으로 사고 말지. 일기장과 수첩이니 꼼짝없이 다시 돌아가야 한다. 벌써 10리 넘게 걸어왔는데, 거기까지 다시 가야 하다니 기가 막히다. 서울에서라면 퀵서비스를 이용하면 되는데.

그래도 얼마 되지 않아 생각이 났으니 그나마 다행이다. 예전에 인도에서는 정말 낭패였다. 여관에 묵으려면 여권을 맡겨야 하는데 한번은 나오면서 여권 받아오는 것을 깜박 잊었다. 그 사실을 안 것은 버스로 열다섯 시간 거리인 다른 도시에서였다. 거기에 비하면 이건 아무것도 아니다. 겨우 왕복 두 시간 거리니 말이다(겨우라고 하지만 사실은 죽을 맛이다).

다시 나타난 나를 보고 반가워하시는 신부님 보기가 쑥스러웠다. 내가 묵은 방을 샅샅이 뒤져보아도 일기장이든 수첩이든 보이지 않는다. 큰일 났다. 다른 건 다 괜찮아도 일기장만은 잃어버리면 정말 안 되는데. 성당에서 일하는 모든 사람을 장시간 괴롭힌 끝에 다행히 찾기는 찾았다. 그 웬수덩어리가 어디에서 나왔겠는가. 바로 하루 종일 지고 다닌 내 배낭 안이었다. 아침에 친구 일행이 온다고 허둥지둥 짐을 싸다가 평소와는 달리 일기장을 배낭 머리주머니에 넣어둔 것을 까맣게 잊고 있었던 것이다.

이럴 수가. 나는 치미는 화를 도저히 참을 수 없어 머리를 쥐어박으며 마구 욕을 한다.

"이그, 이 바보, 멍청이, 덜렁이."

머리가 나쁘면 이렇게 손발이 고생을 한다. 매도 맞는다. 욕먹어도 싸다.

이미 걸었던 길을 다시 가려니까 갑자기 머리가 텅 비어버린 느낌이 들면서 피곤이 몰려온다. 하루 정도 죽은 듯이 쉬었으면 좋겠다. 며칠 전부터 잘 때 나도 모르게 아이고 아이고 고양이 앓는 소리를 낸다. 종아리가 당겨서 화장실 갈 때도 기어서 간다. 발에 물집도 안 생기고 입술은 부르트지 않았지만 힘들기는 한 모양이다. 왜 아니겠는가, 벌써 한 달하고도 오 일을 걸어왔으니. 따뜻한 봄날에 혼자 슬슬 걸으면서도 이렇게 지치는데 한여름에 60~70리씩 땡볕 아래 행군하려면 탈진할 만도 하겠다. 어디서 늘어지게 낮잠이나 자고 갔으면 소원이 없겠다(소원 한번 참 소박하구나).

영동고속도로와 사이좋게 나란히 길을 걷는다. 늦은 오후가 되니 언제 해가 쨍쨍 내리쬐었던가 싶게 하늘이 컴컴해지면서 비바람이 몰아친다. 정말 봄 날씨 변덕은 죽 끓는 듯하다. 바람 때문에 우산이 자꾸만 뒤집혀서 배낭이며 신발이며 옷이 다 젖었다. 내일 저녁 동생네 식구들과 오대산에서 만나기로 한 약속만 아니면 당장이라도 이 근처 따뜻한 여관 방에서 허리가 아프도록 잤으면 좋겠다. 하지만 아이들과는 국도변보다 오대산 월정사 길을 함께 걷고 싶은 마음이다.

작동 중인 로봇처럼 그냥 기계적으로 발이 옮겨진다. 머릿속이 텅 비어 아무 생각도 없다. 눈에 보이는 경치도 낯설다. 한 줄로 이어진 길이 길게도, 짧게도 느껴지지 않는다. 그야말로 몸 따로 마음 따로다. 강가에 백로들이 보인다. 백로 한 마리가 모습이 좀 이상해서 자세히 보니 바람에 너풀대는 하얀 비닐 쓰레기였다. 힘드니까 헛것이 다 보인다.

오후 5시 무렵 이승복 기념관으로 들어가는 갈림길에서 속사(束沙)라는 마을을 지난다. 속사? 왜 이런 강원도 산골짜기에 '모래를 묶어놓다'라는 마을 이름이 생겼을까? 아무리 지치고 피곤해도 이런 것 저런 것이 궁금해 죽겠다. 나, 못 말리는 궁금증 환자.

밤 10시부터 잠자리에 들었지만 새벽까지 선잠을 잤다. 여관 1층이 노래방인지, 혹은 성인클럽인지 밤새도록 쿵쿵거리는 악기 소리며 돼지 멱따는 노랫소리 때문에 도저히 잠을 이룰 수 없었다. 귀마개라도 있었으면……. 휴지로는 아무리 틀어막아도 소용이 없다. 밤새도록 잠을 설치니 피곤이 더 쌓인다. 몸을 뒤척일 때마다 내 귀에도 끙끙 앓는 소리가 들린다. 날씨는 덥다덥다 하면 더 더운 것처럼 느껴지는데, 아플 때는 끙끙 신음소리를 내면 좀 덜 아픈 것 같다. 여기 방도 달군 부지깽이다. 놀랍게도(?) 밥맛이 없다.

만 권의 책보다
만 리를 여행하는 것이 낫다

4월 13일 가족들과 함께한 행복한 강행군

동생네 식구들이 온다는 날인데 아침부터 휴대폰이 터지지 않는다. 다니다 보니 휴대폰이 안 되는 지역이 생각보다 많다. 우리나라가 산악 국가라는 것이 확실하다. 그나저나 애네들이 몇 시쯤에 도착하려나? 오늘은 진부를 거쳐 월정사 입구까지 간다. 가야만 한다. 가야 할 것 같다. 가야 할 텐데…… 가야 하나……. 아침부터 걷기가 싫어서 다리를 질질 끌면서 걷는다. 이게 다 어젯밤에 숙면을 취하지 못한 탓이라며 툴툴거린다.

'도대체 어디 아픈 데가 있어야 걷지 않을 핑계를 대지.'

복에 겨운 불평도 해본다.

저녁에 드디어 남동생, 올케, 지영이, 재혁이에 차돌이까지 왔다(차돌이는 지난 11월에 '입양'해 온 우리 새 식구, 몸무게 1.5킬로그램짜리 요크셔테리어 강아지다). 기분 정말 째진다. 초등학교에 다니는 지영이와 재혁이는 '현장 학습'이라고 학교에서 이틀간의 결석을 허락받았단다.

우리나라도 참 좋아졌다. 해외여행을 다니면서 한 가족이 몇 달씩 여행하는 것을 심심치 않게 보게 되는데, 유럽 등 선진국에서가 아니라 다니기 쉽지 않고 물가가 싼 나라에서 더 많이 만난다. 처음에는 깜짝 놀랐다. 부모가 얼마나 힘들까, 아이들은 매일 바뀌는 환경에 어떻게 적응할까, 특히 학교는 어떻게 하나 하고. 저녁마다 엄마, 아빠와 공부를 하지만 그것으로 학교 수업을 대신할 수 있을까 하는 생각이 들었다.

인도를 여행할 때 뉴질랜드에서 온 가족을 만났다. 삼십대 후반의 엄마, 아빠와 열 살짜리 사내아이 앤디, 여덟 살짜리 여자아이

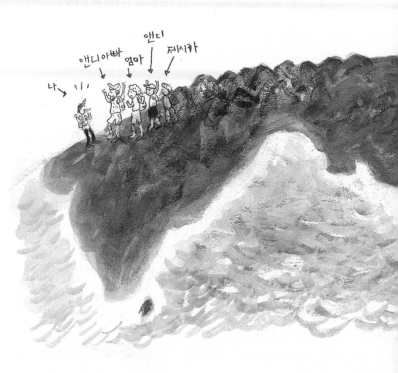

제시카, 이렇게 네 명이 1년간 아시아를 여행하고 있었다. 나와 만날 때는 벌써 8개월 동안 타이, 베트남, 중국, 티베트, 네팔을 거친 베테랑이었다. 인도를 돌고 파키스탄, 이란을 거쳐 터키에서 여행을 끝낼 예정이라고 했다. 이들도 나처럼 될수록 현지인처럼 먹고 자고 이동하는 저경비 여행을 하고 있었고, 그들의 밝은 분위기에 마음이 끌려 일주일 이상을 같이 다녔다. 사실 가족 단위의 여행은 어떻게 하는지 호기심이 컸다.

이들과 다니면서 내가 우선 놀란 것은 앤디와 제시카의 독립심이었다. 그 아이들은 자기 짐을 스스로 지고 다녔다. 좀 버겁다 싶은 배낭인데도 부모는 절대 거들어주지 않는다. 숙소를 정리한다든지 빨래를 널고 개는 일도 모두 알아서 한다.

엄마 엘리자베스의 지론.

"아이들이 할 수 있는 일을 대신해주는 것은 독(毒)이다."

또 친화력도 대단했다. 허름한 식당의 주인아저씨, 리어카에서 파인애플을 깎아 파는 아줌마, 길 가는 학생, 기차 안에서 구걸하는 거지 아이 등 만나는 사람과 단박에 친해진다. 현지인들뿐 아니라 나 같은 외국인 배낭여행자들과도 밥 한 끼 먹는 사이에 친구가 된다. 다니면서 보고 들은 것이 많아서인지 화제도 풍부하다. 아는 게 많으니 알고 싶은 것도 많다. 뭐든 궁금해하고, 잘 모르는 것은 알 때까지 인상까지 써 가면서 꼬치꼬치 캐묻는다. 외국어도 어찌나 빨리 배우는지 프랑스어, 일본어에 배낭여행자의 주류인 이스라엘 여행자의 히브리어까지 욕심을 낸다.

뭐니뭐니 해도 나를 제일 놀라게 한 것은 그들의 인내심이다. 한 번은 기차에 좌석이 없어서 몇 시간을 콩나물시루 같은 곳에서 서서 가게 되었다. 어른인 나도 숨을 쉴 수 없을 만큼 힘든데 아이들은 짜증은커녕 리무진을 타고 있는 듯 편안한 얼굴이었다. 하도 기특해서 "힘들지?" 하니, "아니오. 중국에서는 이렇게 열다섯 시간을 간 적도 있는데요" 한다.

여느 때는 끼니 때 반드시 콜라가 있어야 하고, 시간만 나면 휴대용 컴퓨터 게임기를 꺼내고, 둘이서 하루에도 수십 번씩 원수처럼 티격태격 싸우고, 부모 몰래 현지인들에게 그 나라 욕을 배우고, 공부하는 시간만 되면 도망 다니고, 곰인형을 배낭에 넣고 다니는 영락없는 꼬마들이지만 이들은 '선택한 방랑 생활'을 통해서 세상을 살아가면서 꼭 필요한 것들을 체득하고 있었다.

우리는 이제 시작이지만 이미 많은 나라에서 6개월에서 1년까지의 여행을 '현장 학습'으로 인정해 시험만 통과하면 학년 진급에 지장이 없도록 제도적으로 보장하고 있다. 절차가 까다로워서 별난 부모나 극성 부모만 할 수 있는 것이 아닐 뿐더러 호주나 뉴질랜드처럼 국가 차원에서 적극적으로 권하기도 한다. 아주 부럽고도 현명한 일이다.

하지만 누구나 장기간의 세계여행을 할 수 있는 것도 아니고, 할 필요도 없다. 세계든, 제 나라든 여행에서 얻을 수 있는 것은 본질적으로 같다는 게 내 생각이다. 많이 부딪치고, 많이 보고 느끼고, 수많은 사람들을 만나면서 스스로 깨닫는 '학습' 시간이라는 점에서 말이다. 어른들에게도 마냥 어리게만 여겼던 아이를 제대로 볼 수 있는 '현장 학습' 시간이 될 것이다.

중국에는 '만 권의 책을 읽는 것보다 만 리를 여행하는 편이 낫다'는 말이 있다. 내 조카들도 이번에 20리는 걸을 테니 적어도 20권의 책을 읽는 것과 같다. 이틀에 책 20권이라. 여행은 아무리 생각해도 남는 장사다.

귀염둥이 차돌이는 오랜만에 나를 보고 반가워서 숨도 제대로 쉬지 못한다. 보자마자 몸을 비수같이 날리더니 얼굴을 핥고 귓불을 깨물고 몸을 비비며 어쩔 줄을 모른다. 그걸로 성이 안 차서 제 자리를 뱅글뱅글 돌다가는 저만큼 뛰어갔다가 가속도를 이용해 다시 전속력으로 뛰어와 내게 안긴다. 저렇게 마구잡이로 달려들다 뇌진탕을 일으키는 건 아닌지. 온몸으로 표현하는 반가움이 저녁 내내 계속된다. 그렇게도 좋을까. 동생 내외도 이 특별한 외출에 아주 즐거워한다.

4월 14일 하느님 너무 하세요

걱정했던 일이 벌어졌다. 비바람이 몰아치는 것이다. 며칠 동안 날씨가 궂었어도 찍소리 안 하고 '제발 동생네 오는 날만은 좋은 날씨 주십시오'라고 화살기도(생각이 날 때마다 형식 없이 짧게 하는 기도)를 했건만. 간밤에 천둥 번개가 치면서 장대비가 와서 밤새도록 저렇게 퍼붓는다면 내일 아침에는 하늘의 물이 동이 날 거라고 올케와 서로 위로를 했다. 설상가상으로 바람까지 몹시 차다. 이런 날씨로는 극기훈련식 현장 학습이 예상된다.

아침을 든든히 먹고, 우선 옷을 있는 대로 껴입었다. 그 위에 비옷을 입고 목도리에 장갑으로 완전 무장을 했다. 아이들은 너무 옷을 많이 입어 눈사람 같다. 각자 작은 배낭을 메고 우산을 하나씩 쓰고 차돌이는 올케 가방 안에 넣고 비옷으로 가린 다음 출발.

오늘의 목적지는 10킬로미터 지점인 월정사다. 원래는 18킬로미터의 상원사였는데 이런 날씨로는 아무래도 무리다. 길 떠난 지 5분도 안 돼서 손이 시릴 정도로 춥다. 잠깐 동안이지만 우박도 떨어졌다. 바람 때문에 우산이 자꾸 뒤집혀 쏟아지는 비를 전혀 막아주지 못한다. 꼬마들이 얼마만큼 견뎌줄까 걱정인데 제 엄마, 아빠는 아무 근심 없는 표정이다.

오대산 호텔을 돌아 월정초등학교를 지나서 울창한 숲으로 들어갔다. 가끔씩 비를 피할 수 있는 버스 정류장에서 차돌이가 안녕하신가 확인해야 했지만 아이들은 낄낄거리며 잘도 걷는다. 참 신기하다. 저 개구쟁이, 어리광쟁이 녀석들이 이렇게 찬 비바람을 뚫고 저렇게 씩씩하게 걷고 있다니. 그것도 밝게 웃는 얼굴로.

월정사 계곡에 접어드니 깊은 숲에 들어온 기분이다. 초등학교

1학년 재혁이가 소리 지른다.

"와, 꼭 쥐라기 공원 같다."

영화에서 본 것처럼 나무들이 빽빽해서일 것이다. 어슴푸레 물안개까지 끼어서 더욱 그렇다.

"자, 숨을 크게 들이마셔봐. 숲에서 나오는 좋은 향기가 몸속으로 들어와 몸을 튼튼하게 한단다."

3학년 지영이가 내 흉내를 내면서 숨을 쉬더니 눈까지 지그시 감고, "아이, 달콤해" 한다. 이 녀석은 상당히 시적이다.

계곡의 옥같이 파란 물에 떠 있는 야생 원앙새도 한 쌍 보았다. 이 동네 사람들이 아주 좋아하는 새다. 부부가 한날한시에 그 새를 보면 금슬 좋게 백년해로한다는데, 동생 부부가 동시에 발견한 것이다. 좋겠다.

진부에서 정선으로 차를 타고 넘는다. 혜경이네로 가는 길이다. 내 국토종단 길에서 벗어난 길이지만 친구를 지척에 두고 발길이 떨어지지 않아 잠시 들렀다 오기로 했다. 국도 405번. 이 길은 드라이브하며 보는 경치가 좋기로 전국에서 아마 열 손가락 안에 들 것이다. 왼쪽으로 끊어질 듯 이어지며 계속되는 계곡, 그리고 그 옆과 뒤로 솟은 겹겹의 산, 산들. 굽이굽이 이어지는 물길에 저절로 〈정선아리랑〉 가락이 나올 법하다. 차 타고 지나기에는 너무 아까운 길이다. 혼자였으면 비가 오든 눈이 오든 당장 내려 걷고 싶다. 이번 국토종단은 땅끝부터 땅끝까지의 직선거리를 걷는 것이라 어쩔 수 없이 빠졌지만 여행이 끝나는 대로 기념 삼아 꼭 걸어봐야겠다.

진부에서 나전까지 39킬로미터, 거기서 오른쪽으로 가면 정선이고 왼쪽으로 가면 아우라지 나루터다. 이쪽으로든 저쪽으로든 진부에서 토요일 오후에 시작하면 일요일 오후까지 충분히 걸을 수 있는 거리다.

저녁에 도착한 정선 무능리 대철베드로의 집. 방학 때마다 만나는 아이들은 아이들끼리 반가워하고 어른들은 어른들끼리 반가워한다. 눈을 부릅뜨고 윽박질러서 아이들은 일찍 재워놓고, 어른들은 밤늦도록 라면까지 끓여 먹으면서 놀았다.

4월 15일 앗, 오대산 입산 금지!

아니, 이게 웬 날벼락이란 말이냐.

아이들과 오전에 민둥산을 올라갔다 와서 마침 장이 서는 날이기에 장 구경을 갔다가 순대, 도넛까지 잘 먹었다. 오후 늦게야 동생네는 서울로 가고 나는 오대산 월정사 입구의 전원카페 '오대산 가는 길'로 다시 원위치 했다. 내일 산에 갈 생각으로 가슴이 부풀어 있는데 안주인 양숙 씨가 지나가는 말처럼 '오대산 입산 금지'라는 비보를 전한다.

놀라서 다그치듯 물어보니 5월 15일까지는 상원사에서 명개리로 넘어가는 뒷길을 갈 수 없다며 마치 자기 잘못인 듯 미안해한다. 단숨에 월정사 입구 관리소까지 가서 알아보았지만 절대로 갈 수 없다는 말만 반복한다. 어떻게 하나. 전혀 예상치 못한 복병이다. 다시 진부로 나가 홍천 쪽으로 돌아가는 방법이 있긴 하지만 왔던 길을 돌아가는 것은 정말 내키지 않는다. 게다가 이번 여행 중에 꼭 넘어보고 싶은 산 가운데 하나가 바로 오대산이다. 어쨌든 상원사까지는 갈 수 있다고 하니 일단 거기 가서 방법을 모색해보는 수밖에 없겠다.

저녁 비가 오려는지 날이 꾸물꾸물해지며 사방이 순식간에 어둑어둑해진다. 괜히 마음까지 착잡해져 터벅터벅 걸어 내려오다가 열 살 남짓한 꼽추 아이를 보았다. 아이로서는 아주 드문 안팎 곱사등이다. 저 아이에게 무슨 일이 있었던 걸까? 이 동네 아이일까? 조금 올라가면 야영 캠프장이 있던데 지체부자유 아이들을 위한 캠프가 있는 것일까. 자꾸만 쳐다보니 자기를 구경 삼아 보는 줄 알았는지 뚱한 얼굴이 돼 잰걸음으로 달아난다. 다시 날 쳐다보면 웃어줘야지 했는데 그럴 기회가 없었다.

나는 곱사등이를 보면 가슴이 뜨끔하고 죄 지은 기분이 된다. 그럴 만한 사연이 있다. 초등학교 때 일로, 오래전 일인데도 어제인 듯 생생하게 기억난다.

우리 집 앞에는 우물이 있었다. 어느 날 그곳에서 돌도 채 지나지 않은 친구 동생을 데리고 놀다가 그만 시멘트 바닥에 놓치고 말았다. 꽝 소리가 날 정도로 세게 떨어졌다. 꼬집어도 웃기만 하는 아기인데, 처음에는 얼굴이 새파래지더니 조금 있다가는 숨이 넘어갈 듯 자지러지게 울었다. 무서워서 얼른 아이 엄마한테 데려다주며, 우물쭈물 말을 하려고 했다.

"아줌마, 내가 칠성이를 떨어뜨……"

그러나 그 말이 끝나기도 전에 아기 엄마는 "응, 우리 아가, 배가 고파서"라고 아기를 어르며 젖을 물렸다. 나는 아기를 떨어뜨렸다는 말은 차마 하지 못하고 집으로 돌아왔다. 그날 저녁 너무 걱정이 돼서 저녁밥도 못 먹고 안절부절못하다가 엄마에게 물었다.

"엄마, 아기를 시멘트 바닥에 떨어뜨리면 큰일 나?"

"그럼, 척추를 다치면 곱사등이가 되고, 머리를 다치면 바보가 돼. 그러니까 정미 동생 데리고 놀 때 조심해야 해, 알았지?"

엄마가 마치 아까 일을 본 듯이 말했다. 어찌나 떨리던지. 그때부터 나는 정미 동생만 보면 등을 만져봤다. 혹시 곱사등이가 되는 것은 아닌지 해서. 눈도 들여다보았다. 혹시 바보가 되는 것은 아닌지 해서.

얼마 후 정미네는 이사를 가고 영영 소식이 끊겼다. 지금도 지체부자유자를 보면 내가 떨어뜨린 정미 남동생이 그렇게 된 것은 아닐까 가슴이 철렁 내려앉는다. 만의 하나, 혹시의 혹시라도 그렇게 되었다면⋯⋯. 사죄할 길은 없지만 미안하다. 아니, 사죄할 길이 없어 더욱 미안하다.

돌아보면 미안한 사람이 어디 정미 동생뿐이랴. 내가 알고도 가슴 아프게, 섭섭하게, 얄밉게 군 사람들은 물론, 나는 비록 선의를 가지고 한 언행이지만 그것 때문에 상처받았을 많은 사람들에게 정말 그럴 뜻은 아니었다고 말하고 싶다.

부디 용서해주시길.

'넘지 말아야 할 선'을 넘다

4월 16일 졸지에 배낭 보살이 되다

남한에서 제일 높은 산을 순서대로 말하면 한라산(1,950미터), 지리산(1,915미터), 설악산(1,708미터), 그리고 네 번째가 지금 넘고 있는 오대산(1,563미터)이다. 오대산은 금강산, 설악산으로 이어지는 태백산맥 안의 산인데, 두 산과는 분위기가 사뭇 다르다. 금강산, 설악산이 기암괴석들로 화려하다면 오대산은 듬직하고 묵직하다. 넓게 펼쳐진 능선이 부드럽고 은근한 멋이 있어 지리산과 함께 '산에 안긴다'는 느낌을 준다.

오대산은 하늘에서 보면 다섯 봉우리가 연꽃이 활짝 핀 것 같다고 한다. 그래서일까, 골짜기마다 불교 신앙이 스며 있다. 방금 지나온 월정사나 상원사, 그리고 오늘 밤에 묵을 적멸보궁 아래 사자암을 비롯, 관음암, 지장암, 미륵암 등 사찰이 즐비하다. 이 산은 지혜의 문수보살 산이라고 한다. 오대산과 문수보살에 얽힌 유명한 이야기가 있다. 사실 나는 오늘 들은 얘기다.

조선 7대왕 세조가 몹쓸 피부병에 걸렸다. 불심이 깊었던 세조는 이곳 오대산 월정사를 찾아 병을 낫게 해주십사 기도하고는 상원사로 가는 도중 계곡에서 쉬게 되었다. 맑은 물을 보고 그는 주위를 물리친 후 혼자 몸을 씻었다.

마침 그때 숲속에서 놀고 있던 동자승을 보고는 그 아이에게 등을 씻어달라고 부탁했다. 목욕을 마친 세조는 동자승에게 당부를 한다.

"어디 가서 임금의 몸이 종기투성이라는 말을 하지 말아라."

그랬더니 그 동자승이 빙긋 웃으며 하는 말.

"임금님도 어디 가서 문수보살을 직접 보았다는 말을 하지 마십시오."

다음 순간 동자승은 온데간데없이 사라지고 세조 몸의 종기는 씻은 듯 나았다는데 상원사에 모셔져 있는 목각 문수 동자상이 바로 그 주인공이다.

오대산은 전나무(나무에서 나오는 하얀 물질을 예전에 '젓'이라고 불러 젓나무라고도 한다) 천지다. 국도변에서 소나무 숲만 보다가 쭉쭉 뻗은 전나무를 보니 신선하다. 월정사와 상원사로 올라가는 좁은 길도 미루나무처럼 날씬한 전나무 숲이다. 뿌연 아침 안개를 뚫고 나무 사이로 비치는 싱싱한 아침 햇살이 설렐 정도로 상쾌하다.

적멸보궁. 상원사에서 한 30분 정도 꼬불꼬불 오솔길을 따라 올라가면 오대산 최고의 성지가 나온다. 寂滅寶宮! '적멸'은 그지없이 안정되고 고요한 상태를 가리키는 말로 열반의 경지를 이르는데, '적멸보궁'이란 말은 법당은 있되 그 안에 불상이 봉안돼 있지 않은 곳을 의미한다. 부처님의 머리뼈 사리가 모셔진 이곳은 우리나라 4대 적멸보궁 가운데 으뜸으로 치는데, 신앙심이 깊은 불자들은 월정사나 상원사보다 이곳을 더 많이 찾는다. 나는 공사 중인 상원사 대신 하루 묵을 곳을 찾다가 여기까지 오게 됐다.

'적멸'보궁이라더니 그곳을 찾는 사람들이 묵는 사자암 숙소는 조용한 것과는 거리가 멀다. 보통 절보다 사람도 많고 훨씬 시끌벅적하다. 가는 날이 장날이라고 다음 날이 바로 음력 초하루라서 그렇단다. 불자들은 여기서 하루 자고 내일 새벽에 적멸보궁에서 초하루 기도를 올리려고 온 것이다. 가까이는 진부나 홍천에서, 멀리는 서울이나 부산에서 온 신도도 여럿이다.

나도 약간의 시주를 하고 여자들이 묵는 방으로 들어갔다. 5평 정도 되는 방에는 이불이 여기저기 펴져 있고, 먼저 온 한 무리의 보살님들이 한창 이야기꽃을 피우고 있었다.

수십 년째 매달 초하루면 어김없이 온다는 오십대 후반의 보살님들은 서로 별명인지 애칭인지 김치 보살, 꺽다리 보살, 보조개 보살 등으로 부른다.

화장기 없는 얼굴에 회색 절바지와 단색 스웨터를 입은 보살들이 괜히 살갑게 느껴진다. 방구석에 널려 있는 빨래의 주인인 할머니 보살은 지금 백일기도 중이란다.

"무엇 때문에 기도를 하세요?"

"다 자식들 잘 되라꼬 하는 기지, 뭐가 있겠노. 내사 이날 이때까지 내를 위해선 부처님 전에 단 한 번도 절을 올린 적이 없는기라."

"할머니 성불하게 해달라는 기도는 안 하세요?"

"혼자 성불하면 뭐 하노. 난 다 살았데이. 우쨌거나 자식들이 잘

돼야 안 되겠나."

자식, 자식, 자식. 그 자식이 뭐기에. 자식들의 무병장수. 자식들의 대학 입학. 자식들의 취직과 입신양명. 우리의 어머니, 할머니들의 기도의 주제는 온통 자식이다.

불을 끄고 누웠는데 도저히 잠을 이룰 수가 없다. 10명이 자도 넉넉하지 않을 방에 30명 이상이 자느라 한 치의 여유도 없다. 모두 통조림 안에 촘촘하게 놓여 있는 꽁치 형상이다. 설상가상으로 방바닥은 데일 정도로 뜨거워 숨쉬기가 답답하고 땀이 비질비질 난다.

결정적으로 잠을 설친 이유는 보살님들의 수다 때문이다. 아무리 불자(佛者)고, 여기가 그지없이 고요해야 할 '적멸'보궁이지만 모처럼 일상에서 벗어난 아줌마들이 모였으니 하고 싶은 얘기가 얼마나 많을까. 소근소근, 쑥덕쑥덕, 속삭속삭, 숨 죽여 쉬쉬하는 얘기 소리가 더 잘 들린다. 그러다가 나오는 웃음을 참지 못하고 터뜨리니 '백일기도 보살'이 짜증을 낸다.

"아이고 보살님들, 잠 좀 주무이소, 야?"

이런 일이 흔한지 방 벽에는 협박조의 문구가 쓰여 있다.

'보살님들, 말 많이 하시면 기도 효험이 없습니다.'

밤 12시 30분부터 사람들이 깨서 부스럭댄다. 옷을 단단히 입고, 손전등 하나씩을 들고 새벽 2시 불공을 드리러 적멸보궁에 오를 준비를 하는 것이다. 3시에 하늘이 열릴 때 하는 기도가 가장 효험이 있다고 옆에서 자던 장충동 보살이 내 손을 잡아끈다. 내가 안 가겠다니까 서둘러 올라가지 않으면 바깥에서 절을 해야 한다며, 그래서 사람들이 저러는 거라고 빨리 가잔다. 하기야 더 누워 있어봤자 잠도 못 잘 것 같아 못 이기는 체 따라 올라갔다.

환갑은 훨씬 넘어 보이는데 어디서 저런 힘이 날까. 펄펄 난다. 숙소에서 법당까지 계단을 오르는 폼도 20년 이상 젊은 나보다 빠르고, 법당에서는 힘 하나 들이지 않고 나비처럼 가볍게 절을 한다. 그렇게 하루에 333배를 하신다니 신심도 신심이려니와 그 절하는 자체가 대단한 운동이 되어 몸과 마음이 절로 튼튼해진 모양이다.

4시 30분에 아침 공양이다. 아직도 사방이 깜깜한데 아침밥이라니. 너무 일러 안 넘어갈 것 같은데도 꿀맛이다. 여러 명이 둘러앉아 먹다가 내가 오늘 오대산을 넘어갈 거라고 했더니 장충동 보살이 미안해한다.

"아, 등산 왔구만. 아이고 미안해요. 나는 그것도 모르고 자는 사람 깨웠네."

그러고는 가방 안에서 들기름 냄새 폴폴 나는 절편을 꺼내 한 봉지 싸주신다.

"배낭 보살. 가다가 요기하세요."

졸지에 나는 '배낭 보살'이 되었다. 고맙습니다, 절편 보살님. 간밤에 말은 많이 하셨어도 기도 효험이 있기를 진심으로 바랍니다.

4월 17일 하지 말라는 짓을 하는 즐거움

입구에 버젓이 산화 경방 기간에는 입산을 금지한다는 경고문이 붙어 있다. 뜨끔하다. 벌금도 벌금이지만 가다가 걸리면 무슨 망신이냐. 다른 나라를 다니는 것 같으면 모른 척하다가 들키면 못 알아듣는 척이나 하지. 성실한 대한민국 국민의 한 사람으로서 몰래 넘어가려니 마음이 영 편치 않다.

그러나 생각해보라. 지뢰가 묻혀 있는 것도 아니고 무장공비가 숨어 있는 것도 아니고 산사태로 길이 무너진 것도 아니다. 아무런 비상사태에 해당되지 않는, 오로지 산불 방지가 목적이라니 산을 넘으면서 불을 쓰지 않으면 되는 것이다. 불이라는 말도 하지 않으면 되는 것이다. 아닌가?

적멸보궁에서 공원 관리인들이 9시에 출근한다는 정보를 얻었다.

"북대사로 초하루 불공드리러 간다고 하세요."

절편 보살이 귀띔해준다. 아침 7시 반. 드디어 '넘지 말아야 할 선'을 넘었다. 그리고 상원사 입구에 있는 공원 관리사무소가 보이지 않을 때까지 걸음아 나 살려라 들입다 뛰었다.

그러나 북대사까지는 그렇게 뛰지 않아도 된다. 입산 금지이긴 하지만 사찰까지 막아놓은 것은 아니니까. 문제는 북대사를 넘어서 명개리까지의 18킬로미터 구간이다. 거기서 걸리면 변명의 여지가 없다. 그러나 어쩌겠나. 이미 들어선 길인걸. 꼭 누가 따라올 것만 같아 뒤돌아보고 또 돌아보면서 잰걸음으로 걷는다.

30분쯤 지나니 어느 정도 '범법자 스트레스'에 적응이 되는 것 같다. 심장 박동수가 안정권에 접어들자 마음먹은 일을 실행에 옮긴다. 배낭을 내려놓고 길바닥에 앉아 신발과 양말을 벗고는 신발 끈으로 신발 두 짝을 엮어 목에 걸고 맨발로 걷기 시작했다. 맨발 도보여행이다. 이번 여행 중에 한 번은 꼭 맨발로 걷고 싶었다. 문경새재에서처럼 그냥 한 시간 정도 흉내만 내는 것 말고 하루 종일 흙길로만 걸어보았으면 했다. 맨발로 걸으면서 발바닥의 느낌도 알고 싶었고 우리 땅의 체온도 궁금했다. 오늘이 안성맞춤이다. 이 길은 446번이라는 번호를 단 포장되지 않은 지방도다. 게다가 입산 금지 기간이라 맨발로 걷는 나를 볼 사람도 없으니 이런 좋은 기회를 놓칠 수 없다.

구불구불 길을 따라 올라간다. 맨살에 닿는 차가운 흙이 산뜻하다. 크고 작은 돌이나 굵은 모래 때문에 몹시 따갑지만 이것 역시 즐겁다. 견딜 수 없이 발바닥이 아플 때는 가끔씩 거친 길을 피해 길과 마른풀 사이로 걷는다. 오대산은 굽이마다가 전망대다. 겹겹이 포개진 둥글둥글한 산들. 하얀 뭉게구름은 손만 뻗으면 닿을 것 같다. 모처럼 새파란 하늘이다. 숲을 스치는 바람소리가 마치 자갈 위를 달리는 차 소리 같다. 이 시원하고 향긋한 바람은 또 어디에서 오는 건가.

낙엽에 발이 푹푹 빠진다. 매끌매끌하지만 감촉이 좋다. 겁 없는 다람쥐 한 마리가 발밑을 가로지르며 왔다갔다 한다. 눈이 딱 마주쳐도 도망은커녕 무서워하는 척도 안 한다. 몇 달 동안 사람이 안 다니니까 제 세상인 줄 아나 보다. 정상 부근인 평창군 진부면과 홍천군 내면의 군 경계선 근방에는 4월 중순인데도 아직 눈이 쌓여 있다. 녹지 않은 얼음판을 건너가야 하는 때도 있었다. 미끄럽고 발이 시렸다.

아무도 없는 길을 커다란 배낭을 메고 목에는 등산화 목걸이를 하고 히죽히죽 웃으며 울퉁불퉁한 돌멩이투성이 길을 맨발로 걸어가는 나를 누군가 본다면 뭐라고 할까? 미쳤다고 하겠지. 그러거나 말거나 나는 좋기만 하다.

입산 금지 산중에 요기를 할 가게나 식당이 없는 것은 너무나 당연한 일. 적멸보궁에서 보살님이 싸준 흰 절편으로 시장기를 달랬다. 절밥이나 절떡은 참 담백하고 맛있다. 내게는 아련한 향수를 불러오는 맛이기도 하다.

우리 식구들은 절밥, 절떡을 수없이 먹었다. 우리 외할머니가 막내 삼촌까지 결혼을 시키고 비구니가 되셨기 때문이다. 정식으로 계를 받으신 후 삭발을 하고 절로 들어가 정진하셨다. 쉰이 넘은 나이에 편안함이 보장된 삶을 뒤로하고 녹록치 않을 제2의 인생을 택하신 우리 할머니. 회색 승복이 아주 잘 어울리셨다. 내가 중학교 때는 무문관(無門館)이라는 곳에서 3년간 면벽참선하시며 시퍼렇게 불도를 닦으셨다. 그런 외할머니께 우리 가족이 천주교로 개종하겠다고 말씀드렸을 때가 생각난다.

"무엇을 믿든지 열심히 믿으면 다 같은 거야."

할머니는 전혀 개의치 않으셨다. 그렇게 포용력 넓은 '스님 할머니'도 대를 잇는 일에 관한 한 어쩔 수 없는 '보통 할머니'셨다. 우리 엄마가 딸 둘을 낳고 다시 아이를 가졌다는 얘기를 듣던 그날부터 지극 정성으로 기도를 드리셨다. 내가 태어났을 때 할머니는 우셨다고 한다. 아들을 점지해달라고 갖은 치성을 드렸을 텐데 셋째도 딸이었으니 얼마나 섭섭하셨을까? 다행히 동생이 아들이라 터를 잘 팔았다고 뒤늦게 귀여움을 돌려받았다. 그래도 달고 다니셨던 할머니의 후렴 한 마디.

"셋째가 아들이었으면 얼마나 좋았을꼬!"

할머니, 지금도 제가 아들이 아니라서 섭섭하세요? 그래도 조금은 기특하시죠? '아들보다 좋은 딸'이 아니라 '이 세상 사람들에게 좋은 딸'이 되려고 애쓰고 있으니 끝까지 지켜봐주세요, 스님 할머니.

절떡에 무슨 효험이 있었던 모양이다. '유치장에서의 하룻밤' 등 한바탕 곤욕을 치르겠거니 단단히 각오했는데 너무나 다행히(그리고 너무나 싱겁게) 명개리에 있는 관리 초소 아저씨들이 몇 가지만 형식적으로 묻고는 통과시켜주었다. 고마운 마음에 이분들께도 초하루 절떡을 기꺼이 나눠드렸다.

오후 3시. 여기는 강원도 홍천군 명개리. '양양 43킬로미터, 속초 63킬로미터'라는 이정표가 보인다. 이제부터 구룡령을 넘어 갈천까지 가야 한다. 그 사이에 여관은커녕 마을도 없다고 한다. 오늘 안으로 20킬로미터 떨어진 갈천까지 다 갈 수는 없지만 해가 아직 남았으니 일단 걸으면서 생각하기로 하자. 오대산을 맨발로 넘어와서인지(나중에는 잔돌 때문에 하도 따가워서 양말을 신고 걸었다) 확실히 발이 덜 피곤하다. 밤새 잠을 설치고 꼭두새벽에 일어났는데 졸리지도 않다. 맨발로 걸으면 발바닥의 혈점이 저절로 자극을 받아 건강에도 좋고 머리도 맑아진다는 것이 사실인가 보다.

홍천군과 양양군을 잇는 56번 국도. 새로 포장을 했는지 스프링처럼 구불구불 올라가는 길이 새카맣다. 계속 오르막이다. '경사 8퍼센트'라는 표시가 보인다. 종아리 뒤가 당기는 걸 보면 가파르기는 한가 보다. 이렇게 자꾸만 올라가다가 오대산 봉우리들과 어깨를 나란히 하고 걷겠다. 날이 좋으면 설악산 대청봉도 보인단다. 낮은 봉우리들은 벌써 눈 아래다.

오후 4시. '양양 39킬로미터, 속초 59킬로미터'라는 이정표가 보인다. 아직도 오르막이다. 한 시간 전에 지나온 명개리가 발 아래 아득하다. 멀리 가까이 산들이 마치 해안을 향해 달려오는 파도 같다.

이런 외진 길을 혼자 가는 것이 딱해 보였던지 평소보다 훨씬 많은 승용차가 태워주겠다고 선다. 당장 올라타고 싶은 유혹을 간신히 물리치고 5시까지 걸어 해발 1,013미터 구룡령 정상 휴게소에 도착했다.

자다가 끙끙 앓는 소리에 내가 놀라 깼다. 묵을 곳이 없어 구룡령 휴게소에서 트럭을 얻어 타고 갈천으로 왔다. 숙소에서 9시 뉴스를 보다가 그만 스르르 잠이 들어버렸다. 세수도 안 하고 지도에 지나온 구간도 표시하지 않고 그냥 자기는 처음이다.

한밤중에 깨어나 세수를 했더니 그만 잠이 달아나버렸다. 며칠 밀렸던 일기 쓰고 편지 몇 장 쓰고도 잠이 안 와서 오랜만에 배낭 속에 묻어두었던 《이갈리아의 딸들》을 꺼내 밤새 다 읽었다. 역시 책은 밤을 패며 읽어야 제 맛이다. 새벽녘에 자꾸 발이 간지럽기도 하고 따갑기도 해서 자세히 보니 왼발에 작은 물집이 잡혔다. 야, 물집이다! 귀찮다기보다 오히려 반갑다. 도보여행을 계획할 때는 걷다 보면 발 전체에 물집이 생길 거라는 은근한 기대가 있었다. 그 발을 찍어놓으면 그럴듯한 기념 사진이 될 거라고 생각했는데, 발이 워낙 튼실하다 보니 그런 작은 소망(?)마저 뜻대로 안 된다.

오늘로 걷기 시작한 지 40일째. 전 구간의 5분의 4를 왔다. 다르게 계산하면 5분의 1이 남았다. 세계일주 마무리 도보여행의 끝도 이제 일주일 앞으로 다가온 거다.

내 걸음이 꽃보다 빨라서

4월 18일 개구리가 죽자 하고 울어대는 밤

"안녕하세요. 어서 오세요."

"아휴, 비야 씨, 오랜만이야. 건강해 보이네."

"먹을 것 많이 준비해 오셨어요?"

"그래 그래, 감자떡도 있고 건빵도 있고 사탕도 있어."

아침 10시에 소설가 이경자 언니와 오정희 선생님이 내가 묵은 곳으로 오셨다. 국토종단을 하게 되면 따라붙겠다는 그 많은 사람 중에 정말로 나타난 네 번째 팀이다. 경자 언니는 어젯밤에 내려와 고향인 양양에서 묵었고 춘천에 사시는 오 선생님은 오늘 새벽 차로 내려오셨단다. 지난 겨울 인사동에서 마지막으로 뵌 오 선생님은 정말 반갑다. 한 가닥으로 뒤로 묶은 머리와 빨간 등산 조끼가 썩 잘 어울리신다.

내가 어제 무리를 해서 구룡령 오르막을 다 걸었던 것은 바로 두 분 때문이다. 어려운 시간을 내셨으니 좀더 경치 좋고 걷기 좋은 길을 걷게 하고 싶었다. 이틀간 같이 걷기로 했으니 아무리 슬슬 걸어도 적어도 논화까지는 갈 수 있겠다. 오늘은 어제 마지막 지점인 휴게소에서 시작, 구룡령 정상에서 갈천을 거쳐 서림 삼거리 정도까지 갈 계획이다.

오르막이 있으면 내리막이 있는 법. 어제 올라온 만큼 반대편으로 구불구불 내려가는 중이다. 바로 어제 얼음과 눈이 덮인 오대산을 넘어왔는데, 여기는 완연한 봄이다. 이곳의 봄은 도둑처럼 슬그머니 오는 것이 아니라 황금박쥐처럼 '짠' 하고 나타나는가 보다.

산속의 봄. 새순이 돋아나는 낙엽송의 조그만 연두색 이파리들이 앙증맞다. 노란 개나리가 흐드러졌고 하얀 벚꽃도 절정에 달했다. 밥풀 같은 앵두 꽃잎이 조금만 건드려도 공중에서 흩어진다. 키 작은 배나무에 다닥다닥 붙어 있는 하얀 배꽃은 꼭 무당들의 모자에 붙은 흰 장식을 연상시킨다.

엄나무 가지에는 먹음직스러운 두릅이 뾰족뾰족 올라와 있고, 가끔씩 칡넝쿨이 딴지를 건다. 이것은 국도를 따라 가면서가 아니라 철조망을 뚫고 빙글빙글 도는 길을 가로질러 가다가 본 것들이다. 그동안 꽃보다 내 걸음이 더 빨라 봄꽃들이 만개하는 것을 하나도 못 보겠다고 투덜댔는데 오늘로서 그 말이 쏙 들어가게 생겼다.

어제 묵었던 갈천리(葛川里)는 토박이 이름으로 '칡내' 혹은 '치래'라고도 한다. 칡내는 물론 칡이 많아서고, 치래는 양양까지 70리 남았다는 뜻이다. 내려오면서 보니 발에 차이는 것이 칡이고, 국도변의 간이 상점에서도 칡즙 아니면 말린 칡을 주로 판다. 칡이 이렇게 흔하니 춘궁기에 굶어 죽지는 않았을 것이다.

이 지방 지명에는 쌀 이름도 있다. 미천계곡이 그것이다. 미천(米

川)은 토박이 이름으로는 쌀골짜기였단다. 심심산골에 쌀농사를 지을 리는 없고 옛날 선림원에서 공양미 씻은 뜨물이 흘러 계곡물을 하얗게 물들였다는 내력이란다. 그때에도 어떤 입은 칡뿌리 먹고, 어떤 입은 쌀밥 먹고 했나 보다. 이렇게 국토종단을 하면서 마을 이름에 얽힌 이야기를 묻고 알아가는 재미가 쏠쏠하다.

서림의 상평초등학교 어귀의 아름드리 벚꽃나무를 이정표로 오늘의 걷기를 마감했다. 두 분 다 지친 기미는커녕 벌써 내일을 기대하는 표정이 역력하다. 다리도 아프고 양쪽 발에는 분명 물집이 여러 개 잡혔을 텐데도 말이다. 걷는다는 것은 바로 이런 것이다. 시간이 흐를수록 발걸음은 무거워져도 마음은 점점 가벼워지는 것. 좋은 사람과 함께 웃으며 걷는 길이야 더 말해 무엇할까.

오늘은 차를 얻어 타고 양양 물갑리에 있는 경자 언니네 시골집에서 묵기로 했다. 저녁에 도보여행의 기초인 족욕법과 물집 따는 법을 가르쳐주었더니 나를 존경하는 눈으로 쳐다본다. 모처럼 나무 넉넉히 땐 방에 누워 있으니 피로가 싹 풀리는 것 같다. 나무 때는 냄새가 구수하다. 고단해서 금방 자게 될 줄 알았는데 새벽 2시까지 잠이 들 조짐이 전혀 없다. 내로라하는 수다퀸 세 명이 모였으니 순서 기다렸다 얘기하기도 바쁘다. 고향에 온 경자 언니는 어린애처럼 들떠 있다. 고향 음식, 고향 냄새, 고향 사투리 등 정보를 주는 척하면서 눈꼴이 실 정도로 뻐긴다. 고향 자랑은 아무리 해도 흥이 안 된다더니 그 모습이 귀엽기도 하고 참 보기 좋다.

바깥 논에서 막무가내로 울어대는 저 개구리 소리. 꽥꽥거리는 것이 귀에 거슬리기도 하고, 듣기 좋기도 하다.

'개굴개굴 개구리 노래를 한다 / 아들 손자 며느리 다 모여서 /

밤새도록 하여도 듣는 이 없네 / 듣는 사람 없어도 날이 밝도록 / 개굴개굴 개구리 노래를 한다 / 개굴개굴 개구리 목청도 좋다.'

이 동시를 지은 선생님도 틀림없이 오늘 밤처럼 개구리가 죽자 하고 울어대는 바람에 수많은 밤을 설치셨을 거다.

그리고 새소리. 새들은 밤이면 자는 거 아닌가? 꼭 내 방 시계 소리 같아서 잠결에 버릇처럼 몇 번 울리나 세어본다.

꾹구우, 꾹구우, 꾹구우.

새벽 3시란다.

4월 19일 '오버'하는 한비야의 국제화

이틀간 같이 걷고, 먹고, 자고, 웃고, 떠들던 두 분과 헤어지려니 그것도 이별이라고 눈물이 찔끔 나온다. 배낭을 메고 돌아서는데 나도 모르게 아랫입술이 꽉 물어진다. 이제부터 또 혼자다.

산 넘어 산이라더니. 오대산 넘어 설악산에 가려는데 또 문제가 생겼다. 이곳 역시 산불 방지 입산 금지 기간이란다. 그것도 모르고 오늘 약간 무리를 해서라도 오색약수 길로 해서 대청봉까지 가려고 했다. 거기 대피소에서 이틀 정도 느긋하게 묵으며 일기장과 수첩 정리를 해야지 했는데. 꿈도 야무지지, '대청봉에서의 휴식'은커녕 들어가지도 못한다는데.

어떻게 하나. 설악산을 넘어가는 것이 이번 도보여행의 하이라이트 중의 하나인데……. 물론 양양으로 가서 동해안을 끼고 올라갈 수도 있지만 여기까지 온 이상 꼭 설악산 정상에 오르고 싶다. 일단 오색약수 입구까지 가보기로 했다.

역시나, 입구에는 입산 금지 안내판이 붙어 있다. 그러나 안내판만 보고 얌전히 그냥 돌아설 수는 없는 일. 머릿속에서 '정면 돌파'라는 작전 명령이 떨어진다. 근처에 있는 국립공원 관리사무소를 찾아갔다. 거두절미하고 산을 넘어갈 방법이 없겠냐고 물었다.

"학술적인 이유든지, 공익을 위한 것이 아니면 개인 입산을 허가할 수 없습니다."

친절하지만 단호하다. 충분히 이해한다. 그럴 수밖에 없겠지. 여기까지 입산 금지인지 모르고 와서 떼쓰는 사람이 어디 한두 명일까? 내 국토종단이 지극히 개인적인 일이니 안 되는 것이 당연하다. 상황이 이러니 정면 돌파를 꾀할 수밖에. 최대한 겸손하면서도 조리 있게 사정해보는 수밖에.

"잘 알겠습니다. 그런데요, 저는 지난 6년간 세계일주를 하고 국토종단으로 그 여행을 마무리하려고 합니다. 이왕 우리 국토를 걷는데 명산 설악산 정상으로 넘어가야지 주위를 빙빙 돌아갈 수는 없잖아요? 물론 내놓을 만한 대외적인 명분은 하나도 없습니다. 억지를 부릴 생각은 없습니다만 선처해주시기 바랍니다."

처음에는 내 말을 귀로만 건성건성 듣던 관리소 직원 두 분이 조금 지나서는 나에게 눈길을 주며 관심을 보였다. 잘 하면 될 것 같아 더욱 열과 성을 다해 사정 애기를 했다. 내 애기를 다 듣고 나서도 두 분 중 연장자는 여전히 굳은 얼굴로 곤란하다는 표정이었다. 하지만 젊은 직원이 호기심에 찬 말투로 이것저것 물어보더니 상급자에게 해주자는 듯한 눈짓을 보냈다. 잠시 후, 연장자가 구국의 결단을 내린다.

"알겠습니다."

입산 허가증을 내주겠다는 말이다. 야호! 내가 적어도 산불은 안 낼 것같이 보였나 보다. 사람 잘 보았다. 그리고 정말 고맙다.

그래도 허가증을 정말 손에 넣을 때까지는 조마조마했다. 갑자기 마음이 변할 수도 있으니까. 국립공원 관리공단 설악산 관리사무소장 이름으로 내준 발행 번호 59번 입산 허가서에는 반드시 중청 대피소에서 묵어야 하고, 오색약수에서 시작해 천불동 계곡으로 내려가야만 한다고 명시돼 있었다. 서류상의 입산 목적은 사찰 방문, 허가 기간은 1박 2일, 화기는 물론 엄금이며 이를 위반하였을 시 향후 3년간 입산 불허와 관련 법규에 의한 처벌 및 조치를 감수하겠다는 준법 사항도 적혀 있었다. 여부가 있겠습니까?

입산 허가증을 손에 넣으니 발걸음이 두 배로 가볍다. 그래도 이틀간의 산행을 위해 푹 쉬어두는 것이 좋을 것 같아 일찍 숙소를 잡았다. 공교롭게 말 많은 민박집 주인아저씨를 만났다. 숙박비를 받으러 내 방에 들어와서는 나갈 생각을 않고 뭐가 그렇게 궁금한지 소나기 질문을 퍼붓는다. 내가 피곤한 척하며 눈치를 주고, 아줌마가 남편에게 그만 가서 자라고 해도 막무가내다. 그런데 그건 내가 잘 안다. 원래 궁금증이 많은 사람은 말려도 소용없다.

왜 혼자 다니느냐, 남자들이 추근거리지 않느냐, 여자 혼자 다니니 좀 수상하다, 신문이나 잡지에서 많이 보지 않는가 현실을 비관한 여자가 여관 방에서 자살하는 얘기 등등 마치 형사라도 되는 양 캐묻는다. 그냥 네, 아니오, 건성으로 대답하며 자리를 물리려고 하는 순간, 미국인 친구에게 휴대폰으로 전화가 왔다. 아저씨, 당장에 눈이 휘둥그레져서 통화가 끝나자마자 또 참견을 한다.

"아가씨 영어 잘하네."

"네, 조금."

"이 아가씨, 알고 보니 아주 국제화한 아가씨구만."

국제화라. 아저씨는 영어를 하는 것이 곧 국제화라고 생각하는 모양이다. 이 아저씨뿐만 아니라 많은 사람들이 이런 생각을 가지고 있는 것 같다. 영어를 통한 국제화. 물론 틀린 말은 아니다. 영어가 이미 명실상부한 국제어가 되었고, 머지않은 장래에 공식, 비공식 만국 공용어 노릇을 할 것이 분명하기 때문이다. 그러나 여기서 한 가지 잊지 말아야 할 것은 영어는 '목적'이 아니라 단지 실용적인 '도구'일 뿐이라는 점이다(이에 대해 여러 가지 의견이 있지만 나는 그렇게 믿고 있다). 내가 안타깝게 여기는 것은 국제화라는 미명 아래 영어가 일상화, 일반화되는 과정에서 우리말이 제 대접을 받지 못한다는 점이다.

지식인들의 일그러진 언어 습관이 그 대표적인 예다. 교육 수준이 높을수록 우리말을 하면서 영어 등의 외국어를 섞어 쓰는 일이 비일비재하다. 전문 직업인이나 사회 지도층이라는 사람과 단 10분만 대화해보라. 무차별로 영어를 섞어 쓴다는 것을 곧 느끼게 될 것이다. 이런 현상이 제발 내가 만나는 사람들에 한하는 예외적인 것이었으면 좋겠는데, 안타깝게도 그건 아닌 것 같다. 어느 때는 듣고 있으면 아무것도 아닌 것 가지고 잘난 척하는 것 같아 우습기도 하고, 어느 때는 너무 '자연스러워서' 우울해지기도 한다. 그것조차 잘 들어보면 쓰임이 완전히 틀리는 경우도 수두룩하다. 어제 만난 대기업 사보 기자의 얘기를 예로 들어보자.

"한비야 씨 책을 읽어보니 나이브(naive)한 것 같아 참 좋았어요."

그에게 다른 뜻이 없었다면 나에게 욕을 한 셈이다. 나이브라는 말은 '순수, 순진하다'는 긍정적인 뜻보다 '경험이 일천하여 잘 속아 넘어갈 정도로 뭘 모른다'는 부정적인 뜻이 더 크니까.

고백컨대 나도 예전에는 그랬다. 그것도 아주 중증 중의 중증이었다. 입만 열면 조사만 빼고 거의 모든 단어를 외국어(외래어가 아니다)로 썼으니까. 여러 이유로 외국에서 살았고 또 몇 가지 외국어를 할 줄 알다 보니 이런 것이 오히려 당연한 것이라고 생각했다. 하도 그렇게 쓰다 보니 어느 때는 정말 우리말보다 외국어 단어가 먼저 떠오르는 때도 있었다. 주위에 이런 거슬리는 습관을 지적해주는 사람도 없었다. 내가 구제불능이라고 생각해서 그랬을 것 같다. 지금 생각하면 얼굴이 화끈하도록 부끄럽다.

어떤 이는 토박이말과 한자어와 유럽계 어휘가 마구 섞인 혼탁한 한국어 속에서 자유가 숨쉰다고 한다. 깊은 통찰과 학문적 경험 끝에 하는 말이니 하나의 의견으로 존중하는 바이다. 하지만 내 경우는(그리고 아마도 많은 경우는) 이분처럼 나름대로의 고민이나 논리적인 생각을 가지고 외국어를 섞어 쓴 것이 아니라 그저 '겉멋'이 들어 썼던 것이다.

그런데 나는 여행을 하면서 차츰 우리말이 얼마나 귀한 것인가를 깨닫게 되었다. 자기 나라 말과 글이 있다는 것이 얼마나 흔하지 않은 일이며 자랑스러운 일인가를 알게 되었기 때문이다. 세계 60억 인구가 쓰고 있는 말의 가짓수는 약 3,000~4,000개, 그 말 중에 문자까지 있는 것은 겨우 300개 남짓이란다. 현지인들에게나 같은 여행자들에게 우리나라의 독창적인 말과 글이 있다고 말할 때마다, 그 말을 듣고 놀라는 사람들의 얼굴을 볼 때마다 얼마나 우쭐했는지 모른다.

특히 우리글은 단지 24개의 모음과 자음으로 무려 11,172자를 만들 수 있는 우리나라 최고의 발명품이다. 오지여행을 다니면서 현지인들에게 준 가장 큰 선물은 한글로 써준 이름이었다. 가로 세로의 직선과 네모, 동그라미가 어떻게 자기 이름이 되느냐고 몹시 신기해했다. 어느 때는 아예 모음표, 자음표를 만들어 본격적인 한글 교육을 시킨 적도 있는데, 대부분 이삼 일이면 가족 이름을 손수 쓸 수 있을 정도로 쉽게 배운다. 우리나라 성인의 문자 해독률이 98퍼센트(1995년 유엔에서 발표한 인간개발지수)에 이르는 것도 이런 이유에서다.

말과 글에는 그 나라의 혼이 담긴다는 데는 이견이 없다. 우리말과 글에는 당연히 우리 민족의 혼이 담기고, 우리 민족이 존재하는 한 영원히 함께 가는 것이다. 그런데 지금 우리는 자랑스럽고 고맙게 생각해야 할 말과 글을 어떻게 대접하고 있는가. 아끼고 사랑하기는커녕 홀대를 하고 있지 않은가? 다른 사람은 어떻게 하나 살필 것도 없다. 나는 과연 잘 하고 있는가? 긴 여행 중에 이런 생각을 자주 하면서 많은 반성을 하게 됐다.

여행에서 돌아온 나는 우리말을 하면서 될수록 외국어를 섞어 쓰지 않으려고 한다. 나의 여러 가지 나쁜 언어 습관 중에서 이것을 일차적으로 고쳐야겠다는 생각이다. 물론 컴퓨터 용어나 특정 분야의 전문 용어까지야 쓰지 않을 재간이 없지만 조금만 신경을 쓰면 적어도 '겉멋용' 외국어는 많이 줄일 수 있다. 워낙 오래된 버릇이라 하루아침에 고쳐지지는 않지만 열심히, 그리고 꾸준히 노력하는 중인데 확실히 하루가 다르게 좋아지고 있다. 얼마 전 한 월

간지와의 인터뷰를 끝마칠 때쯤 기자가 지적해준 것이다.

"생각 밖으로 한비야 씨는 외국어를 거의 쓰지 않네요."

"어머, 당연한 거 아니에요?"

별거 아닌 것처럼 대꾸했지만 속으로는 으쓱했다. 남한테 고치자 말자 할 것도 없다. 각자의 경험으로 중요하다고 생각하는 만큼, 그리고 느끼고 깨달은 만큼 실천하면 되는 것이다. 이제 나는 '속 멋'이 들고 싶다. 분명, 애쓰는 만큼 좋아질 거다.

너무 진지해지는 것 같으니까 한번 웃고 넘어가볼까. '국제화'가 약간 지나쳐서 생긴 웃지 못할 일 하나. 나는 외국 지명이 나오면 당연히 세계지도상의 그곳을 생각하게 된다. 며칠 전에 내 남동생 과 나눈 대화 한 토막이다.

"요즘 중동에 코스모스가 활짝 피었더라."

동생이 말을 꺼냈다.

"그건 코스모스가 아닐 거야. 중동 날씨에 코스모스가 어디 있냐?"

내가 말도 안 된다는 듯 말했다.

"내가 봤는데."

"텔레비전에서 본 거지? 아마 자막 처리를 잘못한 걸 거야."

"텔레비전 아니야. 내가 직접 봤다니까."

"뭘 직접 봤다는 거야. 네가 요즘에 언제 중동에 갔어?"

"어저께도 갔는데, 부천 중동."

남동생이 부천 중동을 말하고 있을 때, 나는 당연하게 뜨거운 사 막의 중동을 염두에 두고 있었다. 그러니 말이 통할 리가 있나. 가 끔씩 내 국제화가 약간 '오버'하는 것, 아니 지나친 것 같다.

이틀간 전세 낸 설악산 등정

4월 20일 저 다람쥐가 뭘 달라는 걸까

얼룩진 산맥들은 짐승들의 등빠디
피를 뿜듯 피달리어 산등선을 가자.

흐트러진 머리칼은 바람으로 다스리자.
푸른빛 이빨로는 아침 해를 물자.

포효는 절규, 포효로는 불을 뿜어,
죽어 잠든 골짝마다 불을 지르자.

가슴에 살이 와서 꽂힐지라도
독을 바른 살이 와서 꽂힐지라도
가슴에는 자라나는 애기 해가 하나
나긋나긋 새로 크는 애기 해가 한 덩이

미친 듯 밀려오는 먼 바다의
울부짖는 파도들에 귀를 씻으며,

떨어지는 해를 위해 한번은 울자.
다시 솟을 해를 위해 한번은 웃자.

—박두진의 〈산맥을 간다〉

산은 내게 매우 소중한 친구다. 특히 우리나라 산은 아무리 험하
다 한들 아마추어가 오르지 못할 산이 없어서 더욱 친근하게 느껴
진다. 외국에 있을 때 한국에 돌아오고 싶은 구체적인 이유가 되기
도 한다. 늘 거기에서, 언제나 반갑게 맞아주는 산. 눈만 뜨면 보이
는 것이 산이요, 산 역시 늘 우리를 쳐다보고 있다. 그래서인지 초
원이나 사막만 계속되는 나라, 혹은 해안 지방을 오래 여행하다 보
면 뭔가 빠져 있는 허전함을 감출 수 없었다.

산이라면 어느 산인들 정이 가지 않으리오마는 서울 북한산을 빼
고 내가 제일 자주 찾는 산이 바로 설악산이다. 복잡한 일이 생겼
을 때, 새로운 친구와 더 친해지고 싶을 때, 외국에서 손님이 올 때,
그냥 서울을 잠시 벗어나 머리를 식히고 싶을 때 등. 술 좋아하는
사람들이 술 마실 구실을 찾는 것처럼 나도 갖가지 이유를 달아 설
악산에 오른다.

그래서 구석구석 눈에 익고 발에 익었다. 설악산 산행은 어디를
가도, 언제 가도, 누구와 가도 늘 특별하고 좋은 시간이었다. 이번
등산도 그럴 것이다. 아무도 없는 설악산을 혼자 넘어가는 기분은

어떨까?

등산로 입구에 서니 설악산 입산을 정식으로 허가받은 것이 새삼 천만다행이라고 느껴진다. 입구부터 산 둘레를 따라 높은 철조망이 무시무시하게 둘러쳐 있다. 오대산처럼 몰래 들어가기는 아무리 봐도 어렵겠다.

오늘은 오색약수부터 대청봉까지 네다섯 시간의 짧은 산행이다. 산을 오르기 시작한 지 한 시간쯤 지나 놀랍게도 한 무리의 등산객을 만났다. 나를 보고 그쪽에서 더 놀라는 표정이다.

"아가씨, 그냥 돌아가세요. 우린 대청봉에서 한 사람 앞에 10만 원씩 벌금 물고 내려오는 거예요."

거듭 다행이다. 설악산은 그냥 엄포가 아니라 정말 과태료를 물리는 엄한 곳이다.

아무도 다니지 않는 산길에 벌써 봄이 와 있었다. 진달래가 지천이다. 지금쯤 북한산 보광사에서 대동문까지 진달래 능선은 꽃잔치가 벌어졌겠다. 해원사에서 대남문으로 가는 길에도. 다람쥐 한 마리가 아까부터 나를 쫓아오다가 내가 멈추면 앞발을 들고 귀를 쫑긋 세운 채 양손을 비비면서 서 있는다. 뭘 달라는 걸까? 사람들이 도토리를 몽땅 긁어가는 바람에 다람쥐 먹을 것이 없다는 얘기를 들었다. 춘궁기를 넘기려고 그러는 것도 아니면서 너무하다. 다람쥐 양식이나 빼앗아 먹다니. 같은 사람으로 미안한 생각이 든다. 가방 속에 잣이 들었는데 조금 줘볼까?

설악폭포를 지나면서 나타나는 계곡의 물소리가 시원하다. 어제 비가 와서인지 바람도 깨끗하다. 힘이 솟는 것 같다. 산에만 들어오면 느껴지는 이 신기한 에너지.

산을 좋아하는 사람들은 막연히 '산의 정기'라고 부르지만 잘 생각해보면 정체를 알 수 있을 것도 같다. 이건 혹시 산에 있는 바위와 흙, 맑은 공기와 물, 나무와 풀, 그리고 그 안에서 살아가는 크고 작은 동물들 사이의 막힘 없는 순환 때문이 아닐까. 인간의 간섭이 없을 때 나타나는 광물, 식물, 동물의 자연스러운 교감, 그리고 인간인 나도 자연의 정복자나 이용자가 아닌, 그 일부로 자연의 질서 안에서 한 고리가 되는 일체감이 아닐까. 그 흐름 안에서 자연과 좋은 기를 주고받기 때문이 아닐까?

그런 것 같다.

중청 대피소의 운동장같이 넓은 방을 혼자 전세 냈다. 같이 묵는 사람들이 있으면 훈기가 좀 있으련만. 밤 기온이 영하로 떨어진다는 소리를 듣고는 담요에 눌릴 만큼 여러 겹 덮고 잤다. 압사(壓死)하는 것이 동사(冬死)하는 것보다 나을지 어떨지는 내일 가봐야 알겠다.

4월 21일 먹을 복 터진 날

"어제 대청봉에서 낚은 고기로 만들었어요."

대원 한 분이 농담을 하며 아침을 먹으란다. 간단히 먹는 아침상이 생선찌개에, 김치찌개까지 진수성찬이다. 누군가 내게 자기 요리 솜씨를 과시하려는 게 분명하다.

컵라면으로 적당히 때울 생각이었는데 웬 떡이냐. 어젯밤에도 미안해서 굳이 컵라면을 먹겠다니까 그건 맛이 없다며 보통 라면을 기막히도록 맛있게 끓여다주었다. 김치에 밥 한 공기까지 얹어서. 겨우내 사람이 다니지 않아서 그런지, 원래 그런지, 아니면 내가 여자라서 그런지 여섯 분 모두 무척 친절하다. 여러 가지로 고맙다.

대청봉의 아침이 더할 수 없이 쾌청하다. 이곳은 사시사철 바람이 불기로 유명한데 오늘은 바람도 한 점 없다. 수년간 근무하고 있는 아저씨들도 드물게 보는 좋은 날씨란다. 불어대는 바람 때문에 엎드려 있는 듯 키 작은 눈잣나무와 눈측백나무들이 고개를 들 만큼.

소청으로 가는 길에는 눈이 무릎까지 쌓여 있다. 눈 밑에 얼음이 얼었는지 몹시 미끄럽다. 시야가 탁 트인 곳에 오니 공룡, 용아, 화채능선이 한눈에 들어온다. 하늘을 향하여 쭉쭉 뻗은 바위 능선의 역동감이 강렬하게 전해진다. 두 팔을 벌리고 심호흡을 한다. 속이 시원하다. 정면으로는 잘생긴 울산바위가 선명하고, 뒤로는 동해 바다도 보인다. 이번에는 눈까지 시원해진다.

여기는 백두대간의 어디쯤인가. 백두산에서 시작해 두류산, 금강산, 설악산, 오대산, 태백산, 지리산으로 이어지는 우리나라의 등뼈 백두대간. 설악산 내의 대간 줄기는 어제 지나온 오색약수에서 대청봉을 지나 저 눈앞에 보이는 공룡능선을 따라 진부령으로 이어진다. 그래서 공룡능선을 타다 보면 백두대간 종주 중이라는 사람을 심심치 않게 만나게 된다. 목적지를 목전에 둔 사람들이어서인지 피곤한 얼굴이지만 아주 밝고 맑다. 그들을 보면 정말 부럽다. 나도 언젠가 백두대간을 종주하고 싶다. 아니 꼭 할 거다.

소청을 채 못 간 지점에서 고대하던 휴대폰이 터졌다. 큰언니, 올케, 양희은 언니, 조안 리 사장님 등에게 전화를 해서 막 약 올리고 뻐졌다. 내가 지금 어디에 있는지 맞춰보라고. 가수 양희은 언니가 제일 약올라한다. 이 언니랑은 4년 전 언니가 진행하는 라디오 프로그램에 초대 손님으로 나갔다가 죽이 맞아, 그날 방송 끝나고서 점심 먹고 저녁 먹고 목욕까지 같이 갔는데 지금은 서로의 집안 대소사를 챙겨주는 가까운 사이가 되었다. 이번에 꼭 한 번 같이 걸으려고 했는데, 콘서트 준비 때문에 짬을 낼 수 없어서 속상해했다. 속상할 거다.

조안 리 사장님도 오기로 한 날 급하게 외국에 갈 일이 생겼다. 모두 같이 걷겠다고 단단히 벼르고 철썩같이 약속해놓고 못 왔으니 약이 많이 오를수록 내 분이 풀리는 셈이다.

희운각 대피소까지는 눈도 얼음도 녹지 않아 몹시 미끄러운 내리막길이었다. 엉금엉금 기다시피 내려왔다.

오늘은 먹을 복이 터진 날이다. 희운각 아저씨가 점심으로 뜨거운 새 밥을 해줬다. 누룽지까지 눌려 걸쭉한 숭늉을 마셨다. 59년생 산쟁이 아저씨도 괴짜다. 백두대간 종주는 일찌감치 마쳤고, 동해안 북쪽에서 시작해 남쪽을 돌아 서쪽의 대천까지 우리나라 해안선 일주도 했다. 앞으로의 꿈은 중국의 만리장성 종주와 혜초 스님이 밟은 길을 따라 가는 것이란다. 그러면서 하는 말.

"한국도 제대로 모르고 어딜 그렇게 다녔어요?"

"글쎄 말이에요. 깊이 반성하고 있어요. 그런데 순서는 바뀌었어도 지금 다니고 있잖아요."

내 대답에 씨익 웃는다.

"그러네요."

나이를 가늠할 수 없는 천진한 웃음이다.

나이가 들수록 하고 싶은 일이 점점 더 많아진다. 아무리 생각해도 사람의 한 생, 길어야 백 년은 너무 짧다. 하고 싶은 것을 다 하자면. 여행만 해도 그렇다. 세계일주를 했다고 하면 "이제 갈 데가 없겠네요" 하는 사람들이 많다. 천만의 말씀이다. 다녀봤기 때문에 가고 싶은 곳이 더 많아진다. 시쳇말로 콧구멍에 바람이 든 것이다.

한국에 있게 된다면 우선 백두대간 종주와 적어도 200개 정도의 섬을 돌아보고 싶다(우리나라에는 약 3,153개의 섬이 있고, 그중 464개가 유인도이다. 섬이 많기로는 필리핀, 인도네시아에 이어 세계 3위라는 사실!). 국토의 가장 홀쭉한 곳을 동서로 횡단하고 싶기도 하다. 언젠가는 한국의 네 개 끝점, 즉 동쪽의 독도, 서쪽의 평안북도 용천군 마안도, 남쪽의 마라도, 북쪽의 함경북도 온성군 유포진을 연결해 다녀보고 싶다.

세계여행도 육로 여행만이 끝났을 뿐이다. 아직 가보지 않은 나라들도 천지다. 다음에는 배를 타고 지구 세 바퀴 반을 돌고 싶다. 섬에서 섬으로 다니면서 지구의 70퍼센트 이상을 차지하는 바다를 누비고 싶다. 그리고 바다에서 살고 있는 사람들과 만나고 싶다. 그러고는? 남은 곳은 하늘인가? 언젠가는 거기도 가고 싶다. 경비행기나 열기구를 타고 돌아보는 것도 좋겠지. 사람들은 만날 수 없어도 나름대로 특별한 맛이 있을 거다. 우주여행은 어떨까. 왜 안 되겠는가.

최근에 《길들일 수 없는 자유》라는 책을 읽었다. 지난 세기에 여행과 모험을 한 '대단히 간 큰' 여자 열 명의 이야기다. 거기서 이미 100년 전에 지구를 한 바퀴 돈 스위스의 여행가 엘라 마일라르

트라는 왜 자신이 그런 위험을 무릅쓰고 여행을 하는지에 대해 이렇게 설명하고 있다.

"도전은 나를 끊임없이 앞으로 몰아대는 채찍질과 같다. 위험은 인생에 있어 양념과 같다. 여행이란 자신의 육체적, 정신적 한계로 떠나는 소풍이며 어려움들이 나를 자극한다. 나는 극복하기 어려운 장애물을 극복했을 때 느끼는 그 따끔따끔한 만족이 필요하다고 솔직하게 인정한다."

내가 하고 싶은 말 그대로다. 마치 내 일기장을 베껴놓은 것 같다. 나는 여기에 감히 한 마디를 덧붙인다.

"위험할 수도 있는 도전을 행동으로 옮길 때, 만의 하나 잘못되면 어쩌나 하는 두려움 때문에 그렇지 않을 9,999번의 기회를 놓칠수는 없다."

희운각에서 계곡을 따라 내려가니, 설악산은 칠보단장하고 한껏 멋을 부린 완연한 봄 산으로 변신한다. 양폭에서 천불동 계곡을 지나 비선대에 이르는 길은 그야말로 필설로 다할 수 없는 아름다운 경치다. 은은한 줄로만 알고 있던 산벚꽃 향기가 라일락보다 더 진하게 온 산에 진동한다. 흰 꽃잎 때문에 마치 서리가 내린 듯 온 산이 하얗다. 바람이 불면 향기로운 꽃비가 내린다. 내 몸에도 그 향기가 밸 것 같다. 그리고 눈이 시리도록 푸른 신록. 초록의 단조로운 색깔이 맑어졌다 진해졌다 찬란하기까지 하다.

양폭산장 거의 다 와서 폭포가 흐르는 지점. 친구 서너 명이 앉아 놀기 맞춤한 정자바위에서 두 발을 뻗고 쉬면서 좌우를 둘러본다. 그림을 둘러친 것 같은 기암절벽. 그 사이를 굽이치며 크고 작은

소(沼)를 만드는 물이 얕은 곳, 깊은 곳에서 각각 흰색, 초록색으로 달라진다. 색깔만 달리 하겠나. 졸졸졸 흐르는 물, 폭포를 이루는 물, 커다란 웅덩이에 갇혀 있는 조용한 물. 흐르는 모양도 가지가지다.

이런 것을 보고 선경이라고 하는 모양이다. 넋을 놓고 한참 보고 있자니 저절로 침이 꼴깍 넘어간다. 절벽과 계곡이 기막히게 어우러진 천불동계곡 하나만으로도 설악산 이름값을 톡톡히 하고도 남는다. '입산 금지' 덕분에 이틀간 설악산을 홀로 가졌다. 산의 정기도 듬뿍 받았다.

나, 한비야 이제 죽어도 여한이 없다.

내게 입산 허가를 내준 국립공원 관리공단과 설악산에게 뭔가 보답할 일이 없을까 하다가 중청에서 커다란 쓰레기봉투를 얻어 하산 길에 쓰레기를 줍기로 했다. 몇 달 동안 사람이 다니지 않았기 때문에 등산로에는 쓰레기가 거의 보이지 않았지만 조금만 눈여겨보면 바위틈에 숨겨놓은 것이 많고도 많다. 과자 봉지, 음료수 캔, 일회용 도시락 박스 등. 나쁜 놈들이다. 버리려면 잘 보이는 데에나 버릴 일이지. 산 아래로 내려갔다 올라갔다 하며 주운 쓰레기가 배낭 부피보다 커졌다. 한번은 라면 봉지를 주우러 비탈진 곳을 내려가다가 오른쪽 발목을 심하게 접질렸다. 갑자기 정신이 아찔해져서 한동안 그 자리에 앉아 있었다. 비선대를 거의 다 와서 그나마 다행이다. 내일은 걷기가 불편할 것 같다. 쓰레기 '짱박아' 놓은 놈들, 진짜 못됐다.

내 발로 걸으며 가슴에 새긴 내 땅

4월 22일 노는 것이 더 힘들다

엎어진 김에 쉬어간다고 발목 삔 김에 하루 쉬기로 했다. 하루 종일 먹고 자고 텔레비전 보고 또 먹고 잤다. 자는 것도 정도가 있지 오후가 되니 허리가 아파서 도저히 누워 있을 수가 없다. 거울을 보니 얼굴도 붓고 손도 부었다. 너무 오래 누워 있어서 그런 것 같다. 종아리도 탱탱 붓고 허벅지까지 돌덩이처럼 딱딱해졌다. 무릎도 욱신거린다. 근육과 관절을 푸느라 뜨거운 물에 한참을 담그고 있었는데도 마찬가지다.

얼굴과 손이 붓는 것이야 보기에 안 좋아도 걷는 데는 별 상관이 없어 괜찮지만 발과 다리는 신경이 쓰인다. 발등과 발목이 부은 것은 접질려서 그런 거니까 내일이면 가라앉겠지만 무릎은 갑자기 왜 이러지. 여태껏 잘 해준 것도 고맙지만 하는 김에 마지막 일주일만 무사했으면 좋겠다.

'무릎아, 국토종단 후에는 엄살을 부리든 짜증을 내든 파업을 하

든 하자는 대로 다 할게. 며칠만 더 봐주라. 응?'

일단 붙이는 파스와 바르는 근육 로션으로 진정시켜야겠다.

속초는 설악동에서 반나절 거리다. 땅끝 남해에서 내륙으로 40일 이상 가로질러 내일이면 다시 바다를 보게 되는구나. 속초부터는 동해 바닷길을 쭉 따라가기만 하면 된다. 속초, 간성, 거진, 그다음이 이번 여행의 목적지인 통일전망대다. 가는 길 위에 있는 큰 도시를 꼽는데 다섯 손가락도 남아돈다. 이제 정말 며칠 남지 않았구나. 벌써부터 아쉽다.

한국 속담은 '시작이 반'이라고 하지만 중국 속담은 '행백리자반구십(行百里者半九十)', 즉 100리를 가는 사람이 90리를 걸어야 비로소 절반을 지난 것이라고 한다. 끝날 때까지 절대로 안심하면 안 된다는 얘기다. 나도 제대 말년 병장이 몸조심하듯 끝까지 긴장을 늦춰서는 안 될 것이다.

"불법으로 가르치다 걸리면 어떻게 되는 거지?"

"그 자리에서 여권 빼앗기고 추방이에요. 가끔씩 일제 소탕령이 내려요. 그러면 아주 조심해요. 가방 안에 교재도 가지고 다니지 않고 아파트로 들어갈 때도 주위를 살피죠. 솔직히 조마조마했어요. 안 걸려서 다행이에요."

늦은 점심을 먹으러 갔다가 1년간 우리나라에서 영어를 가르치고 간다는 캐나다 여자아이 켈리와 아니타를 만났다. 다음 주, 한국을 떠나기 전에 유명 관광지를 훑고 있는 중이란다. 맥 라이언을 닮은 켈리는 몸집이 자그마하고 바싹 깎은 머리가 잘 어울린다. 주근깨

투성이 아니타는 키도 크고 몸집도 투포환 선수 같다. 목소리도 기차 화통을 삶아 먹은 듯 크다. 둘 다 밝고 귀여워 마음에 들었다.

세계여행을 하면서 이 아이들처럼 우리나라에서 영어를 가르쳐 번 돈으로 여행을 다니는 사람을 적지 않게 봤다. 미국이나 캐나다, 영국이나 호주 등 영어를 모국어로 쓰는 사람들은 물론 네덜란드나 벨기에 등 비영어권 유럽인들도 여러 명 만났다. 한국, 대만, 일본 등이 돈벌이하기 좋다고 소문이 나 관심이 높다고 한다. 학교나 학원에서 정식으로 초청받는 것이 몹시 번거롭고 까다로워서 대부분 관광 비자로 와서 불법으로 가르치고 있다.

일단 한국에 오기만 하면 '조직'이 있어 일자리를 소개받는 등 정보를 주고받는데, 수업료는 운에 따라 크게 차이가 난단다. 학원 같은 데서는 이들이 불법인 것을 이용해 착취 수준으로 주기도 하고, 개인 교습을 하게 되면 한 시간에 20만 원을 받는 경우도 있다고 한다. 재미있는 것은 백인들은 영어가 모국어가 아니더라도 순전히 외모 덕분에 후한 대접을 받지만 동양계나 흑인은 미국에서 낳고 자랐어도 일자리 찾기가 쉽지 않단다.

"그래서 돈은 많이 벌었어?"

"1년간 아시아 여행할 만큼은요."

둘은 서로 쳐다보며 환하게 웃는다.

자리를 옮겨 맥주를 마시면서 이야기꽃을 피웠다. 내가 얼마 전에 세계일주를 마쳤다니까 술은 얼마든지 살 테니 아시아 지역 여행 정보를 알려달란다. 나는 이들이 한국을 어떻게 보고 있나 궁금해서 그러기로 했다.

"한국에 와보니 뭐가 제일 이상하디?"

내가 물었다.

"여자들이 똑같은 옷 입고, 똑같이 화장하고 다니는 거요. 그러지 않아도 똑같이 생겼는데, 다들 복제 인간인가 할 정도로 정말 신기했어요."

켈리가 말한다.

"나는 고등학교 아이들이요. 한국에 온 지 얼마 되지 않을 때였어요. 중·고등학생에게 주말에 제일 하고 싶은 일이 무엇이냐고 물었더니 실컷 잠 자는 것이라고 해서 깜짝 놀랐어요. 아이들이 놀지는 않고 잠을 자는 것이 소원이라니. 나중에 그 아이들이 대학에 들어가는 날까지 주말도 없이 새벽부터 밤까지 공부를 해야 하는 운명이라는 것을 알았어요. 정말 불쌍해요."

아니타의 말이다.

"가는 마당에 솔직히 한번 말해봐. 한국 사람들 뭐가 싫었니?"

이런 질문을 할 때는 기분 나빠질 각오를 해야 한다. 선교사나 사업가 혹은 노동자로 한국에서 오래 살았던 외국인 친구들에게 물어보면 좋은 소리보다 듣기 싫은 소리를 더 많이 하니까. 특히 이란, 네팔, 방글라데시에서 와서 불법으로 일했던 사람들의 얘기는 물어보기가 무서울 정도다.

켈리와 아니타는 사고방식의 정형화와 획일화, 젊은이들의 비전 없음, 남자들의 보수적인 성향과 술버릇, 공중도덕 없는 것, 잘 웃지 않는 사람들 등을 지적했다. 요즘에 봇물처럼 쏟아진 '자아비판서'에서 한 번씩은 언급되었던 것들, 우리들이 잘 알면서도 '웬일인지' 고치지 못하고 있는 바로 그런 것들이었다.

그날 헤어지면서 일주일 후면 아시아 여행길에 오른다는 그들에게 내 호신용 가스총을 주었다.

"여행 중에 필요할 거야. 아끼는 것 주는 거니까 다니면서 한국에 대해서 말 잘해줘야 해."

아이들은 한쪽 눈을 찡긋하더니 고개를 끄덕이며 환하게 웃었다. 국제화 시대에도 내 팔은 안으로 굽는다.

그날 저녁 숙소에 돌아와서 '객관적인 우리'라는 것에 대해서 곰곰이 생각해보았다. 사실 다른 나라와 교류가 별로 없었을 때는 우리가 누구인가, 우리 문화는 어떤 것인가에 대해 몰라도 괜찮았다. 하지만 인터넷만 접속하면 지구 반대편에서 무슨 일이 일어나는지 낱낱이 알 수 있고, 세계의 다양한 문화를 손쉽게 접할 수 있게 된 지금도 과연 그럴까?

우리가 만약 우리 자신을 잘 알지 못한다면 물밀듯 밀려드는 이문화와의 충돌과 혼란을 피할 수 없을 것이다. 이런 상황에 휩쓸리지 않고 제대로 대처하기 위해서는 먼저 우리 자신을 잘 알아야 한다는 것이 중론이다. 최근 우리 문화 비평서가 많이 나오고 또 많이 읽히고 있는 것은 바로 이런 맥락에서일 거다.

우리가 우리 문화를 보는 시각은 크게 두 가지인 것 같다. 자문화 중심주의, 거기서 한 발 더 나가면 맹목적 민족주의로 '하여간 우리 것이 좋은 것이여' 하는 것과, 자문화 멸시 혹은 무시주의로 모든 것의 원전과 원형은 서양이라고 생각하며 우리 것은 옳지 않거나 바람직하지 않다고 생각하는 것이다. 이것이야말로 바람직하지 못한 꼴불견이다.

물론 맹목적 민족주의 역시 아무런 도움이 되지 않는다. 그것이

나라 안에서는 단결의 구심이 되고, 앞으로 나가는 원동력이 되기도 하겠지만 나라 밖과 관계를 맺으려고 할 때는 오히려 방해가 되는 수가 있다.

그러나 원인을 들여다보면 우리가 이런 생각을 가지고 있는 것은 당연한 일이다. 전 세계에 한국처럼 하나의 언어와 인종으로 구성된 민족은 매우 드물다. 게다가 우리는 오랫동안 단일 민족이라는 동질성을 강조하며 살았기 때문에 다른 문화에 대해 열린 태도, 객관적인 태도를 갖기가 어려웠던 것이다.

여행을 다니다 보면 배낭족들이 모인 자리에서 우리나라를 소개하게 될 때가 많다. 여행 초기에는 교과서에서 배운 대로 반만년 역사와 세계 최초의 금속활자, 단일 민족 등을 자랑삼아 얘기했다. 그럴 때마다 여행자들의 반응이 한결같았다.

"그래서?"

처음에는 이런 반응에 적잖이 당황했다. 당연히 '그래요?' 하며 존경과 부러움을 담은 놀람을 기대했는데 '그래서?'라니. 횟수가 거듭되면서 이들의 '그래서?'는 이런 뜻이라는 것을 알았다. 5천년이라는 시간 자체가 세계 역사에 무슨 기여를 했다는 말인가, 금속활자 발명이 세계 문명사에 어떤 흔적을 남겼단 말인가? 단일 민족이라니? 그러려면 반만년 동안 단 한 명도 다른 민족과 결혼하지 않았다는 얘기인데 그런 것이 현실적으로 가능한가 하는 것이다. 악의는 전혀 없다. 그저 그것을 자랑스럽게 생각하는 우리를 신기하게 생각하는 거다. 이불 안에서 활개 치듯 객관성 없이 '우리만' 자랑스러워했던 건 아닌가 돌아보게 된다.

그러면 세계화를 지향하는 우리가 버려 마땅할 구시대의 유물이

'민족주의' 그 자체일까. 그건 절대 아니다. 평소에 나는 세계는 지구촌이고, 나는 거기에 속한 한 시민이라고 생각한다. 중동의 아프가니스탄 전쟁터에서 노는 아이도 내 조카처럼 느껴지고, 세계 곳곳에서 벌어지고 있는 인종 청소도 우리가 다 같이 풀어야 할 문제라고 여긴다.

하지만 아무리 이런 코스모폴리탄적인 생각을 가졌다 하더라도 내가 다른 나라에 가려면 꼭 필요한 것이 한 가지 있다. 바로 내가 대한민국 국민이라는 것을 증명해주는 여권이다. 국경을 넘을 때 나는 '세계 시민'이 아니라 한 사람의 '한국인'이어야 한다. 다른 나라를 넘나들 때 여권이 있어야 하는 것처럼 세계를 무대로 일하기 위해서는 우리가 한국인이라는 것을 확실히 하지 않으면 안 된다.

'사해동포주의자'와 '민족주의자'. 얼핏 들으면 대칭되는 말 같지만 조금만 자세히 보면 본질적으로 같은 말임을 알 수 있다. 전 세계가 인터넷으로 연결되어 국경이 없어 보여도 아직까지 세계를 구성하는 단위는 개인이 아니라 국가나 민족일 수밖에 없다.

그렇게 본다면 나는 한민족, 그리고 한국이라는 단위에 속해 있다. 아무리 좋은 컴퍼스라도 축이 단단해야 동그란 원을 그릴 수 있듯이 코스모폴리탄이라는 커다란 원을 그리기 위해서는 민족주의라는 축이 필요하다는 것이 내 생각이다. 보다 크고 동그란 원을 그리고 싶다면 가운데 축이 흔들리지 않게 더욱 꼭 잡아야 하는 것 아닐까? 민족주의가 '우리'라면 사해동포주의는 다름 아닌 좀더 넓은 개념의 '우리'일 테니까.

그동안 정리되지 않아 산만하기만 했던 생각의 조각들이 하나의 그림으로 맞춰진 느낌이다. 개운하다. 오늘 하루 쉬어가기를 정말 잘했다.

4월 23일 나, 떴나 봐 *^^*

도보여행 46일째. 통일전망대까지 앞으로 약 60킬로미터.

온몸에서 파스 냄새가 진동을 한다. 오른쪽 발목의 부기도 여전하고, 오른쪽 무릎이 반복적으로 삐끗거리며 시리다. 누가 옆에 있으면 실컷 엄살을 부리고 싶다. 하지만 세상에 공짜가 어디 있나. 일생에 한 번 마음먹고 하는 국토종단인데, 이 정도도 힘들지 않으면 오히려 이상한 거다.

설악동에서 척산온천까지의 내리막도 멋진 봄 길이다. 활짝 핀 벚꽃이 가느다란 실바람에도 흩어 떨어져 나무 밑에 하얀 꽃방석을 만든다. 그리고 신록. 꽃도 아닌 나무 이파리에 이렇게 아름다울 수 있을까. 방금 나온 듯한 연초록의 새 이파리들이 눈이 시리다. 나무의 몸통과 가지도 까맣게 물이 올라 어여쁘다. 옷을 갈아입지 않는다는 소나무까지 연두색 솔잎이 새로 삐죽 나와서 초록색을 더 진하게 만든다. 곧 손톱만한 새끼 솔방울이 달리면 노란 송화가루를 날리겠지.

"썩세 빠졌구면(아주 억척스럽구면). 아, 그 길을 왜서 걸어서 가너?"

청간정 난간에서 만난 멋쟁이 할머니 한 분이 걸어서 통일전망대까지 가는 중이라는 내 말을 듣더니 하는 말이다. 그러고는, "나도 시집오기 전에는 엄청 돌아다녔지. 이 근방에서 내 나이 여자가 강릉 다녀온 사람 있으면 나와보라고 혀" 하신다.

할머니 평생 저 소리를 얼마나 많이 하고 다니셨을까? 저 뻐기는 얼굴로. 속초에서 강릉 갔다 온 것이 큰 자랑이신 할머니, 내가 세계일주를 했다고 하면 어떤 표정을 지으실까? 잠깐 쉬고 좀더 걸을까 했는데 거기 모인 어르신들 얘기가 하도 흥미로워서 떨치고 일어날 수가 없었다.

속초 청호동에 사시는 할아버지 이야기가 특히 그랬다. 함경도 흥남이 고향이라는 할아버지가 남한으로 내려와 사시던 곳은 38선과 만세고개에 걸쳐 있어 한국전쟁 중에 여러 번 이남, 이북이 바뀌었던 지역이라고 한다. 마지막으로 피난 내려올 때도 며칠 있으면 다시 올라가겠거니 생각하고 잠깐 짐을 부린 것이 오늘에 이르렀단다. 이렇게 내려온 북한 피난민들 때문에 조그만 어촌 마을에 불과했던 속초가 오늘날과 같은 도시의 꼴을 갖추게 되었는데, 지금도 70세 이상의 속초 사람들 가운데 60퍼센트가 실향민이란다.

이 할아버지 같은 월남 1세대는 50년이 지난 지금까지 내일이라도 통일이 되면 곧바로 돌아갈 생각을 하고 계신다. 애초부터 정착할 생각 없이 내려왔으니 당장이라도 올라갈 수 있도록 보따리까지 다 싸놓고 하루하루를 살아간다고 한다. 식구들을 그대로 두고 자기 한 몸만 내려오셨다니 외롭기는 얼마나 외로웠을 것이며, 잠깐 피해 내려온 것이니 뭘 변변히 가지고 왔겠는가. 하도 배가 고파 복어알도 숱하게 먹었는데 죽지 않고 여태까지 산 것만도 다행이라며 쓸쓸히 웃으신다. 재산 모을 생각이 없으니 버젓한 일자리도 없고, 맘 붙일 데 하나 없지만 언젠가는 돌아간다는 생각에 결혼도 하지 않고 살아온 이 할아버지 같은 사람이 흔하단다.

"아주마이는 어째 이렇게 걸어다니오?"

내일 모레가 여든이라는 할아버지들이 하나같이 어찌나 억센 함경도 사투리를 쓰는지 꼭 북한에 온 것 같다. 우리들에게는 막연하게만 느껴지는 분단의 아픔이 이들에게는 하루도 생각하지 않고는 지낼 수 없는 일상인 것이다. 1953년 휴전하던 날부터 지금까지 통일을 하루하루 손꼽아 기다리는 사람들이 사는 마을. 속칭 아바이 마을 사람들이다.

양양군 시의원이 청간정까지 마중하러 나와주었다. 여러 다리를 걸쳐 아는 분인데도 나를 칙사 대접을 해주어서 여행이 갑자기 익숙지 않은 호화판으로 바뀐다. 자동차를 타고 동해안 드라이브를 하고 나서 낙산비치호텔에서 해수 사우나를 하고, 저녁으로는 싱싱한 가자미회를 먹고 고급 카페에서 차도 마셨다. 오가는 도중에 양양과 강원도에 대한 이야기도 실컷 들었다. 누가 시의원 아니랄까 봐, 양양은 오를 양(襄), 해 양(陽)자를 쓰는 양기 서린 해맞이 고장이라며 고랫적 선사시대 역사부터 인진 쑥 이야기까지 고향 자랑하느라 정신이 없다.

자리를 같이한 의원 친구들도 재미있는 분들이다. 한 분은 동물병원 원장, 다른 한 분은 낙산 유스호스텔 원장이다. 모두 워낙 유쾌한 사람들이라 웃고 떠드는 사이에 하루의 피로가 싹 풀렸다.

동네 유지들과 즐거운 시간을 보내고 있자니 내가 시쳇말로 '떴나' 하는 생각이 든다. 이번 여행 중에도 내 책을 읽었다며 반가워하는 독자들의 신세를 많이 졌다. 강의만 해도 그렇다. 대기업이나 정부 기관에 강연을 나가면 집까지 차가 '모시러' 오는데 예전에는 쏘나타가 오더니 요새는 그랜저가 온다. 얼마 전에는 대통령 직속 여성특별위원회가 선정한 '신지식인 여성 5인'에 뽑히더니 급기야 뉴질랜드 총리가 내한했을 때는 대통령과 영부인의 초청을 받아 국내외 귀빈 60명에 끼여 대통령 내외분과 함께 청와대에서 만찬을 즐겼다(세상에 이런 일이!).

내가 어쩌다 이 지경(?)에 이르렀을까? 아무리 생각해보아도 이유는 단 한 가지. '전문적으로 잘 놀았기' 때문이다. 10년 전이라면 생각하기 어려운 일이다. 아무리 지구를 세 바퀴 반이 아니라 서른세 바퀴 반을 돌았다 하더라도, 그때였다면 '대통령과의 저녁'은커녕 신기한 여자 혹은 특이한 여자라고밖에 여겨지지 않았을 것이다. 잘해야 여성지나 텔레비전 여성 프로그램에서 화제의 인물로 거론되는 정도였을까. 그런데 세상이 바뀐 것이다. 어느덧 우리나라도 한 분야의 전문가의 가치를 인정하고 그 말에 귀를 기울이는 사회가 된 것이다.

늦은 감이 있지만 너무나 마땅하고 옳은 일이다. 교육 전문가든 환경 전문가든 떡장수든 나무꾼이든 한 분야에서 일가를 이룬 사람들의 체득에서 나온 얘기는 분명히 뭔가 들을 만한 것이 있고, 취할 것이 있다. 세계 오지여행을 한 내 얘기도 이제는 거기에 포함되는 모양이다.

사실 다양한 분야의 전문가들의 말을 듣는 것은 얼마나 중요한 일인가. 사람마다 제한적인 경험을 할 수밖에 없기에 우리가 듣고 배우고 심지어 몸소 체험한 것일지라도 그건 사실의 일부이지, 전부일 수 없다. 비유하자면 전혀 다른 의미의 '장님 코끼리 만지기'

라고 할까. 예전에는 꼬리를 만진 사람이 '코끼리는 밧줄처럼 길쭉하다'고 하거나, 귀를 만진 사람이 '코끼리는 접시처럼 넓적하다'고 하면 둘 다 틀린 말이거나 둘 중의 한 가지만 옳을 거라고 생각했다. 하지만 전문가의 시대에는 그 두 가지가 모두 맞는 말이 된다. 각기 다른 부분을 만진 사람들의 말을 잘 듣고 종합해야 비로소 코끼리 전체의 모습이 드러난다는 것을 알기 때문이다.

이런 전문가들은 어느 분야든 간에 한 가지 공통점이 있다. 자기가 하고 있는 일에 죽을힘을 다한다는 것이다. 대충대충이란 절대 없다. 다른 사람들이 보기에는 뭐 저만 한 일에 목숨까지 내놓느냐 하더라도 본인에게는 그 순간 그것이 가장 중요한 일이기 때문일 거다. 죽기를 각오하고 자기 일에 몰두하는 사람의 모습은 언제나 감동을 준다. 마라토너 이봉주 선수도 필사적으로 질주하는 경기 중에는 그렇게 든든하고 멋질 수가 없다. 바둑의 조치훈 기성 역시 한 판 한 판에 목숨을 건다고 한다. 조 기성이 목숨을 걸고 두는 바둑은 엄밀히 말하면 먹고사는 데 꼭 필요한 것은 아니다. 가벼운 여가 선용이라고 할 수도 있는 '노는 일'이 그에게는 무엇과도 바꿀 수 없이 중요하다. 그렇기 때문에 바둑을 두는 그의 모습은 구도자처럼 성스럽게 보이기까지 한다.

이렇게 목숨을 걸어야 각자가 받은 잠재력을 최대치로 개발할 수 있나 보다. 아니 그런 각오가 있어야 한 분야의 전문가가 될 수 있나 보다. 나도 그렇게 살고 싶다. 하고 싶은 일에 목숨을 걸고 싶다. 내가 몸담은 분야에서 내가 가진 능력과 체력과 잠재력을 아낌없이 쓰고 가고 싶다.

그리고 나중에 내 인생을 돌아볼 때 오지여행가나 국제 홍보 전문가 등의 어떤 타이틀도 붙지 않고 그냥 인간 한비야로, 내가 내 자신을 당당하고 기특하게 여긴다면 그것이야말로 '떴다', '졌다' 와는 상관없이 대단히 성공한 사람이 되는 거라는 생각이다.

4월 24일 지도 한 장의 힘

어제 숙소에서 김지선이라는 귀여운 아가씨를 만났다. 내 책을 모두 읽은 열혈 독자답게 커피 자판기 앞에서 나를 보자마자 반가 워서 어쩔 줄을 모른다.

"한비야 언니, 맞죠? 그렇죠? 신문에 난 걸 보고 지금쯤 동해안을 걸을 거라고 생각했지만 이렇게 만날 줄은 꿈에도 몰랐어요."

커피를 한 잔씩 들고 로비 의자에 앉았다. 지선이는 처음 만나는 내게 자꾸 고맙다고 한다. 몇 년간 증권회사에 다니다가 자기 한계 를 느껴 뭔가 다른 일을 모색하던 차에 내 책을 읽고 용기를 냈단 다. 일단 회사를 그만두고 미처 끝내지 못한 대학 공부를 마저 하 는 것부터 시작할 거란다.

"이번 국내 여행기는 언제쯤 나와요?"

당연히 내가 책을 쓸 것으로 알고 있다.

사실 이번 여행 내내 이걸 써야 하나 말아야 하나 고민하고 있다. 물론 처음 시작할 때는 전혀 계획이 없었다. 세계여행이라면 모를 까 남들도 다 하는 국내여행인데, 책으로 낼 만큼 신기한 것이 있 겠으며 하고 싶은 말인들 많을까 하는 생각에서였다. 그런데 이 주 일쯤 지나니까 생각이 달라지기 시작했다.

'이건 정말 특별한 경험이구나. 식구들과 친구들에게 빨리 말해

주고 싶다.'

얼마 후 갈등하는 나를 자극하는 놀라운 사실을 알게 됐다. 중간에 잠깐 서울에 다니러온 김에 참고나 할까 하고 교보문고에서 도보 국토종단기를 찾았는데, 관련된 책이 한 권도 없었다.

'그럴 리가 있나. 수많은 사람들이 하는 국토종단인데.'

기록 하나 남아 있지 않다는 것이 도저히 이해가 되지 않았다. 혹시나 하고 도서관에 검색을 부탁했는데 문화유산 답사기나 자동차 여행기, 산행기 등은 많아도 도보종단기는 없다고 했다. 적어도 시판되고 있는 책은 없단다. 왜 그럴까. 원래 우리나라 사람들이 기록을 남기는 데 인색해서 그런 건가. 그건 아닌데. 조선시대만 해도 글을 아는 선비라면 금강산 한 곳만 다녀와도 책 몇 권 분량의 유람기를 남겼고, 단 며칠의 정조의 화성 행차를 그림까지 곁들인 수백 쪽의 자세한 기록으로 남겨놓질 않았나.

'하여간 국토종단기가 없다니 나라도 기록을 남겨놓는 것이 좋지 않을까?'

그런 생각이 들기 시작했다. 앞으로 나와 같은 여행을 할 사람들에게는 참고가 되어 좀더 알찬 계획을 세우게 할 수 있을 것이고, 막연히 엄두를 내지 못하는 사람들에게는 '나라고 못 할소냐' 하는 자신감을 줄 수도 있을 것이다. 좋은 여행을 하는 사람보다 좋은 여행기를 쓰는 사람이 더 쓸모 있는 사람이라는 출판사 친구의 말도 생각난다.

그러나 막상 써볼까 생각하니 걱정도 많다. 혹시 시시한 책을 써서 종이만 낭비하는 것은 아닐까? 다시 책 한 권을 쓸 수 있을 만큼 내 머릿속에, 가슴속에 경험과 생각이 넘치고 있는가? 책을 쓴다면 또 얼마나 많은 밤을 새야 하나? 국토종단 후 중국에 가서 어학연수를 할 계획인데 중국 가기 전에, 또 본격적으로 국제 난민 기구에 들어가기 전에 마음 편히 실컷 놀아야 하는데.

아, 어떻게 할까!

청간정에서 송지호 해수욕장을 지나 간성까지 가는 길. 짠 바다 냄새가 난다. 바람도 몹시 분다. 다리도 쉴 겸 폼도 잡을 겸 바닷가 모래사장을 찾았다. 그러나 어디를 가도 철조망이 쳐진 군사 지역이다. 여름철에만 개방하는 해수욕장도 지금은 출입 금지. 모른 척 들어가려다가 총 든 군인들에게 제지당했다. 이미 나는 은근슬쩍이 통하지 않는 동네에 와 있다. 이리저리 구걸하는 양 기웃거리다가 공현진에 와서야 드디어 해변가로 들어갈 수 있었다.

모래사장에 신발을 벗고 큰 대 자로 누웠다. 모래가 차갑다. 바람은 더 차갑다. 될수록 오래 있고 싶어 껴입을 만한 옷은 다 꺼내 입었더니 그럭저럭 참을 만하다. 푸른 바다를 배경으로 해안에서 부서지는 하얀 파도. 푸른 하늘에 떠 있는 하얀 구름. 어디까지가 수평선인지 구분이 가지 않을 정도로 하늘과 바다색이 비슷하다. 갈매기가 사람 무서운 줄 모르고 코앞에서 왔다갔다 한다.

바닷길을 조금 걸어본다. 조개가루가 섞인 모래가 특별한 소리를 낸다. 이게 바로 소리 나는 모래, 명사(鳴沙)구나. 이중환은《택리지》에서 "동해안의 모래는 빛깔이 눈같이 희고 사람이나 말이 밟으면 소리를 내는데 그 소리가 쟁쟁하여 마치 쇳소리와 같다. 특히 간송과 고성 지방이 더 그렇다"라고 했다. 여기가 고성군이니 그게 바로 이 소리였나?

서걱서걱, 쓰윽쓰윽. 서걱서걱, 쓰윽쓰윽.

바닷바람에 몸이 오싹하지만 실려 오는 냄새가 정말 좋다. 가까운 사람들에게 이 소리, 이 내음, 이 느낌을 전해주고 싶다.

'그래 지선아, 아무래도 책을 써야 할까 보다.'

자기 전에 지도책을 꺼낸다. 오늘 걸은 길을 표시하고 나서 버릇처럼 이리저리 뒤적거린다. 언제나 느끼는 거지만 지도는 요술쟁이다. 매일 봐도 볼 때마다 새로운 것이 자꾸 나타나니 말이다. 나는 지도를 굉장히 좋아한다. 어릴 때나 지금이나 틈만 나면 들여다보며 시간 가는 줄 모르는 내 최대의 장난감이자, 길눈 어두운 나에게는 여행 필수품이다. 세계일주를 계획할 때나 여행할 때는 세계지도만 보았는데, 요즘에는 하루에도 몇 번씩 우리나라 지도를 들여다본다.

우리 국토의 크기 약 22만 평방킬로미터. 세계 육지 면적이 약 1억 5천만 평방킬로미터라니, 비율로만 보면 겨우 전 세계 면적의 7백분의 1이다. 세계지도가 조각 그림 맞추기라면 우리나라는 아주 작은 조각에 지나지 않겠지만 이곳이 바로 어느 곳도 대신할 수 없는 귀하고도 고마운 내 땅이다.

전에 누가 이런 소리를 하면 듣는 것만으로도 낯간지러웠다. 그리고 되묻고 싶었다. 진짜 그렇게 생각하느냐고. 그런데 세계여행 후 생각이 달라졌다. 중동의 떠돌이 쿠르드족이 자기 땅 없이 얼마나 비참하게 살고 있는지, 조상으로부터 물려받은 삶의 터전을 멀쩡히 눈 뜨고 빼앗긴 팔레스타인 사람들이 어떤 값을 치르고 있는지, 중국에 강점당한 티베트인들이 제 나라를 되찾기 위해 얼마나 많은 피를 흘리고 있는지, 아프가니스탄·소말리아·니카라과 난민들이 어떤 고통을 받고 있는지 직접 보고 나니 내 땅, 내 나라가 있다는 것의 소중함이 한층 절실하게 느껴진다.

우리나라를 흔히 토끼 모양이라고 한다. 그것도 귀가 잡힌 토끼. 그렇다고 보면 그렇게 볼 수도 있다. 그러나 예로부터 우리 국토는 오른손을 약간 위로 들고 있는 호랑이 형상이라고 여겼다. 백두산은 호랑이의 코끝, 평양은 가슴, 서울은 배, 백두대간은 등뼈, 지리산과 덕유산은 넓적다리, 부산은 척추의 끝이다. 우리 땅을 수십 년에 걸쳐 수십 차례 돌고는 '청구지도'와 '대동여지도'를 만든 고산자 김정호 선생은 각 도별 지도를 한 장의 전도로 맞춰 완성하는 순간, "아, 한 마리 포효하는 호랑이로다" 했다는 얘기가 전해온다.

귀 잡힌 토끼든, 뛰어나갈 듯한 호랑이든 땅 모양을 어떻게 보느냐가 무슨 상관이냐고 할 수도 있겠지만 이왕이면 다홍치마다. 호랑이를 갑자기 토끼라고 했던 세력의 의도도 의심스럽거니와 사람이든 국토든 누구한테 잡혀 있는 꼴로야 어떻게 제대로 살아갈 수 있겠는가. 뛰어나가려는 호랑이가 백 번 천 번 낫다.

이번 여행 중에 충청도 어딘가에서 어떤 아저씨가 이렇게 말했다.

"왜 그렇게 돌아다닌대유우. 여자 김정호인가 벼어."

우리나라에 제대로 된 지도와 지기를 남겨야 한다는 일념으로 평생을 방방곡곡 다니셨던 그분과 '놀러다니는' 나를 비교하는 것이 한편으로 송구스럽지만 또 한편으로는 기분이 좋기도 하다. 김정호 선생은 긴 세월의 체험을 통해 이런 말을 남겼다.

"애국은 그 땅과 그 땅의 사람들을 사랑하는 것이라, 땅을 모르면 그 땅을 사랑할 수 없다."

지금 국토를 걷고 있는 내게는 가슴에 확 와닿는 말이다. 내 발로 직접 걸으며 내 눈으로 직접 보고 내 가슴으로 직접 느낀 국토는 더 이상 지도 위의 한 조각 땅덩어리가 아니다. 그 땅 위에 있는, 거기에 뿌리내리고 사는 모든 것이 사랑스럽고 정이 간다. 그 땅에 사는 사람들 역시 더 이상 남이 아니다. 경상도에서 전라도 사람들 욕하는 소리를 들으면 듣기 싫다. 충청도에서 경상도 사람들 흉보는 것도 꼴 보기 싫다. 국토종단을 하면서 저절로 드는 생각과 다짐.

　'어떤 일이 있어도 이 땅을 한 치도 빼앗길 수 없다.'

　지금이 물론 땅을 뺏고 빼앗기는 전쟁 중은 아니지만 요즘 일본, 중국과 어업 협상하는 것을 보니, 저 바다도 우리 영토인데 저렇게 쉽게 내줄 수 있나 분통이 터져서 그런 생각이 더 드는가 보다.

　김정호 선생의 말씀에 내 생각을 더해 조금 달리 말해봐도 그럴 듯하다.

　"애국은 그 땅과 그 땅의 사람들을 사랑하는 것이라, 그 땅을 사랑하려면 제 발로 국토를 한번 걸어보아야 한다."

아직도 국토종단은 끝나지 않았다

4월 25일 이렇게 힘이 남아 있는데

국토종단 48일째. 몽구미, 할야, 봉포 등 동네 이름이 참 예쁘다. 고성, 간성, 가진, 거진, 대진처럼 비슷한 이름도 많다. 오늘은 화진포를 거쳐 통일전망대 입구인 마차진까지 갈 예정이다.

여전히 바다가 보이는 길을 걷고 있다. 길이 널찍하니 잘 닦여 있다. 햇볕도 좋고 바람도 적당히 분다. 여행이 끝나려니까 연일 날씨가 좋다. 지난 한 달은 내내 비가 오더니 그동안의 심술을 사과라도 하려는 건가. 좌우지간 고맙다.

"이곳은 군사 작전 구역이므로 민간인의 출입을 엄금함."

어디를 가나 해안선을 따라 가시 철조망이 쳐져 있고, 그 앞에는 작은 돌멩이가 삼단으로 쌓여 있다. 군데군데 헬리콥터 착륙장도 보이고, 군사 훈련장도 보이고, 경고문이 사방에 붙어 있다. 얼룩무늬 지프도, 군인을 가득 실은 트럭도 많이 다닌다. 군인들이 내가 앉아 있는 버스 창을 향해 차 안팎에서 자동 인형 같은 부동자세로 '충성' 하며 거수경례를 하는 것이 이채롭다. '별'이라도 떴나 버스 안을 둘러보니, 새파랗게 젊은 중위가 나와 눈이 마주치자 쑥스러워한다. 여기는 군인들이 '사람'보다 많다. 큰조카뻘밖에 되지 않을 병사들이 무척 든든하게 느껴진다. 북한이 가까워져가고 있다.

2시 30분 송포마을을 지나다. 건어물 가게가 즐비하다.
4시 30분 화진포. 오징어를 빨래처럼 널어 말리고 있다.
5시 30분 통일전망대 11.9킬로미터 지점. 통일전망대 출입 신고소에 도착.

내일이면 통일전망대. 힘이 이렇게 남아 있는데 여기서 끝내야 하다니 정말 아쉽다. 북쪽으로는 더 올라가지 못하니 꿩 대신 닭이라고, 좌향좌해서 155마일 휴전선을 따라 서해까지 도보횡단을 할까 보다.

그나저나 내일 종단이 끝나면 맨 처음 무엇을 할까? 우선 엄마와 조카들에게 전화해서 드디어 국토종단이 끝났다고 보고해야지. 모두들 좋아서 휴대폰에서 튀어나오려고 할 거다. 그 다음에는 근처 성당을 찾아 감사기도를 드려야겠다. 아주 길게. 목표 달성을 했으니 저녁에는 그동안 수고한 나에게 한턱 크게 쓰기로 하자. 좋다. 엊그저께 지나갔던 '그림의 떡' 낙산비치호텔에서 하루 묵는 거다. 거기서 늘어지게 해수 온천 하고 나서 호텔 레스토랑에서 와인을 곁들인 저녁식사도 하자(이럴 때 애인이 있다면 얼마나 좋을까).

그런 생각을 하고 있자니 갑자기 땀에 전 이 조끼를 빨리 벗어버리고 색깔 고운 블라우스로 갈아입고 싶고, 뭉툭하고 무거운 등산화 대신 예쁜 장식이 있는 하이힐이 신고 싶어진다. 설악산에서 삔 발목에 틈만 나면 바르는 물파스 냄새 대신 은은한 샴푸 향도 그리워진다. 다 내일이면 할 수 있는 일이다. 이제 딱 하루 남았다.

지나가다 길거리 상가에 내걸린 거울에 언뜻 비춰본 내 얼굴이 필리핀 여자처럼 까무잡잡하다. 뽀얗게 화장한 얼굴보다 낯익은 얼굴이다. 카키색 조끼에 까만 바지, 빨간 배낭을 메고 고동색 등산화를 신은 모습도 한껏 멋을 부린 나보다 훨씬 눈에 익다. 그래, 지금은 이 모습이 딱이다. 내가 '씨익' 웃어 보이니 거울 속의 나도 활짝 웃으며 답한다. 단박에 기분이 좋아진다(자기 웃는 모습에 스스로 기분 좋아지다니. 이거 정상인가?).

그건 그거고, 떠나기 전에 재미 삼아 본 신수에서 이번 여행 중에 배필을 만날 거라고 했다. '사랑의 대형 사고'가 난다고 신수 봐준 분이 큰 소리를 떵떵 쳐서 이제나저제나 은근히 기대하고 있었는데 오늘이 국토종단 끝나기 하루 전이니 아무래도 꽝인가 보다. 너무했다. 대형 사고가 아니라면 소형 사고, 하다못해 '세발자전거 사고'라도 있어야 하는 것 아닌가. 배필은커녕 그 비슷한 남자 구경도 하지 못했다. 명리학이고 토정비결이고 역술이고 이제 내가 다시는 믿나 봐라. 아이고, 내 팔자야.

지난 국토종단 길을 더듬어본다.

800. 49. 10. 225. 150.

이 암호 같은 숫자로 이번 여행을 요약할 수 있다. 약 800킬로미터를 49일간 걸었다. 배낭 안의 살림살이 무게는 10킬로그램, 발 사이즈 225밀리미터 등산화를 신고 걸었다. 총 경비가 약 150만 원이다.

이제까지 걸어온 길, 지나온 마을, 산, 들판, 만나고 스친 사람들, 그들이 쓰던 사투리가 머리를 스친다. 그동안의 생각, 다짐, 기쁨, 설렘, 외로움, 안타까움, 눈물까지도. 돌아보니 모두 스승이었다. 이번 종단은 나에게 많은 것을 요구하기도 했지만 그것과는 비교도 할 수 없이 값진 것을 아낌없이 주었다. 내 땅을 걷는 즐거움, 땀의 정직함, 시골 사람들의 따뜻한 인정, 내 강산에 대한 사랑을 일깨워주었다. 깨끗한 에너지도 듬뿍 받았다. 우리 국토가 어느덧 좋은 친구이자 스승이 된 것이다. 놀라운 일이다. 정말 예상치 못한 일이다.

국토종단의 경험은 또한 내게 평생 간직해야 할 아주 중요한 가르침을 주었다. 바로 한 걸음 한 걸음의 힘이다. 너무 거창해서 엄두가 나지 않는 일도 첫 마음 변치 않고 꾸준히 하면 바라던 것을 얻을 수 있다는 깨달음이다.

여행 첫날 만났던 전라도 할머니들이 생각난다.

"오메 징한 거, 절대로 못 간당께."

그분들이 지금 내가 여기까지 와 있는 것을 안다면 얼마나 놀라실까? 작은 발로 아장아장 걸어서 강원도까지 올 줄은 정말 모르셨겠지. 뛰는 재주도, 나는 재주도 없이 그저 묵묵히 한 발짝 한 발짝을 옮긴 것이 내가 한 일의 전부다. 그런데 내일이면 목적지에 도착한다.

국토종단이 끝나가는 지금, 나는 이 한 걸음의 힘이 세상의 모든 경우에도 적용된다는 것을 깨닫는다. 낙숫물 한 방울 한 방울이 바위를 뚫고, 풀뿌리 한 뿌리 한 뿌리가 큰 초원을 이루고, 나무 한 그루 한 그루가 푸른 숲을 이룰 수 있다는 것을 믿게 된다. 한 사람 한 사람의 힘이 모여 세상을 바꿀 수 있다는 시민운동의 힘도 믿게 된다. '한 술 밥에 배부르랴.' 물론 부르지 않다. 그러나 공든 탑이 무너지랴. 절대로 무너지지 않는다.

나는 국토종단을 하며 우리 속담 하나를 확실히 검증할 수 있었다. '천리 길도 한 걸음부터.'

꿈을 가진 사람은 두 부류다. 꿈을 꾸는 사람과 꿈을 이루는 사람. 소박하든 원대하든 모든 꿈은 아름답다. 그러나 꿈만 꾸고 있는 사람은 전혀 아름답지 않다. 감나무에서 감 떨어지기만 기다리는 것은 꿈을 꾸는 것이 아니라 요행수를 바라는 것이다. 이 세상에 요행수라는 것은 없다. 꿈은 스스로의 노력으로만 이루어진다.

꿈을 이루고 싶은가? 방법은 간단하다. 내일도 모레도 아닌 오늘, 한꺼번에 많이씩이 아닌, 한 번에 한 걸음씩 그 꿈을 향해서 걷는 것이다. 하고 싶은 일을 모두 다 할 수는 없지만 정말 하고 싶은 일을 택해 일로매진한다면 안 되는 일보다 되는 일이 훨씬 많다는, 이 한 걸음의 철학. 내 어머니의 땅이 준 커다란 가르침이다.

그나저나 이번 여행은 돈과 시간으로만 본다면 완전히 밑지는 장사였다. 49일 동안 걸은 거리(1,176시간)는 고속버스를 탄다면 해남에서 광주로, 광주에서 원주까지, 원주에서 강릉으로, 거기에서 고성 마차진까지 20시간이면 충분히 올 수 있고, 총 경비 150만 원 중에서 내가 차를 타지 않아서 굳은 돈은 겨우 해남부터 통일전망대까지의 차비 3만 원이었다. 하기야 인생이 장사라면 남을 때도 있고 밑지는 때도 있겠지. 그러나 길게 보면 무엇이 진짜 남고 밑지는 건지는 아무도 모르는 일이다.

4월 26일 날자! 저 넓은 미지의 세계를 향해!

민통선 군인 막사에서 대기 중이다.

여기서부터 통일전망대까지 4킬로미터는 민간인 통제 구역. 이 구역 안에 사는 민간인을 제외하고는 반드시 차를 타야만 지날 수 있다. 조금 기다리니 나를 호위할 두 명의 군인이 나타났다. 이제 나는 좌우에 보디가드(감시병)를 거느리고 이 구역을 걸어서 가게 된다.

아니, 어떻게 그럴 수 있느냐고? 무슨 특혜냐고? 도대체 누구 빽이냐고?

배 아프면 세계일주를 하다 말라리아 예방약 부작용이 나면 된다. 그리고 여행을 잠시 쉬는 동안 책을 쓰면 된다. 그 책을 어느 육

군 대대장이 읽고 열렬한 팬이 되었다. 그분이 나의 국토종단 계획을 알고는 이곳 대대장에게 부탁해서 민간인 통제 구역을 걸어서 갈 수 있도록 해준 것이다.

통일전망대로 오가는 승용차들이 통제 구역을 걸어가는 나를 이상한 눈으로 쳐다본다. 이상하겠지. 군인의 호위를 받으며 걸어가는 등산복 차림의 여자. 생포한 무장공비라고 생각할지도 모르겠다.

앞뒤좌우를 둘러보느라 걸음이 제대로 걸어지지 않는다. 거기에는 내가 여태껏 맞이한 봄 중에서 가장 아름다운 봄이 펼쳐져 있었다. 꽃이면 꽃, 나무면 나무, 멀리 바다가 보이는 밭, 한두 발짝씩 뒤로 물러선 나지막한 산, 그리고 아주 향긋한 흙냄새. 양손의 엄지, 검지손가락만으로 네모 칸을 만들어 들여다보면 어디를 보더라도 한 장의 그림엽서다. 50년 전에는 전국의 산하가 이랬겠지. 참으로 깨끗하고 조용하다. 뭔가 엄숙한 분위기도 감돈다.

쿵쿵쿵쿵.

군인들의 발걸음이 나보다 빨라서일까. 보조를 맞추느라 잰걸음으로 걸으니 숨이 턱까지 차고 심장이 뛴다. 심장 뛰는 소리가 천둥소리처럼 크게 들린다. 아니 아니, 이건 나한테서 나는 소리가 아니다. 사람 심장 뛰는 소리가 이렇게 클 리가 없지. 지금 내게 들리는 것은 우리 국토의 동맥이 뛰는 소리일 거다. 내 땅의 맥박 소리임에 틀림없다.

마지막 2킬로미터. 간간이 바닷바람이 불어와 땀을 식히지만 가슴이 뜨거워진다. 가슴이 벅차와서 자꾸만 심호흡을 하게 된다. 조금만 있으면 국토종단의 목적지, 아니 세계일주의 목적지에 닿게 된다. 지구를 한 바퀴 돌고 우리 땅을 한 줄로 쭉 걸어서, 7년이 걸려서.

오후 2시. 마침내 통일전망대에 닿았다.

마지막 발을 내디뎠을 때 감격하여 눈물이라도 날 줄 알았는데 의외로 담담해서 나도 놀랐다. 바글거리던 수학여행 학생들과 단체 관광객이 썰물 나가듯 빠져나간 후 학처럼 서 있는 전망대 망원경 앞에 홀로 선다. 아주 쾌청한 날씨 덕분에 금강산 1만 2천 봉의 마지막 봉우리라는 낙타봉 너머 말무리반도가 손에 잡힐 듯하다. 155마일 휴전선의 동해안 시발점이자 비무장지대의 남방 한계선이 한눈에 내려다보인다. 철조망 뒤로 펼쳐져 있는 푸른 바다가 눈부시다.

해가 아직 4시간이나 남았다. 이대로라면 40리는 충분히 갈 수 있는데. 그러면 오늘 중에 저 말무리반도에 닿을 텐데. 그런데 이게 뭔가. 철조망이 가로막혀 더 이상은 한 발짝도 앞으로 갈 수 없다. 겨우 이건가. 겨우 이 철조망 때문인가. 이게 50년 민족 분단의 실체란 말인가. 세계에서 유일한 분단국가의 실체란 말인가. 이제야 콧등이 찡해온다. 분함과 안타까움이 작은 가슴속에 범벅이 된다. 이번 국토종단은 여기서 끝내야 한다. 그러나 국토종단은 아직 끝나지 않았다.

200×년 ×월 ×일

1999년 4월 26일에 중단되었던 도보 국토종단을 다시 시작한다. 여기는 강원도 옛 통일전망대 자리.

오늘의 목적지 : 고성군 온정리 금강산 입구.

날씨 : 맑음.

배낭을 둘러메고 국도변을 걷는다. 길가 밭에서 김을 매던 한 아주머니가 바쁜 일손을 멈추고 궁금증을 참지 못해 묻는다.

"어데를 가지비?"

"함경북도 온성이요."

"이 에미나이, 거기가 어디라고 걸어가려고 하지비. 못 간단 말입니다."

사투리만 달랐지 어디서 많이 들어본 말이다.

이런 일기를 쓸 날이 하루 빨리 오기를 북녘 땅을 향해 있는 성모

상, 미륵불상, 십자가에 대고 빌어본다.

철조망 위의 푸른 하늘과 철조망 아래의 푸른 바다가 아름답다. 무심하게 그 바다를 바라보고 있자니 조금 전 어지러웠던 마음이 고요해진다. 그리고 잔잔해진 마음 위에 한 줄기 뿌듯한 자각이 스민다.

'오랫동안 가지고 있던 꿈 하나를 지금 막 이루었구나.'

끝은 시작의 다른 말이라고 했던가. 내 마음은 벌써 나도 모르게 또 다른 꿈을 향해 달음질치고 있다. 새로운 꿈을 향해 갈 내 인생의 다음 장에는 무엇이 기다리고 있을까? 나는 또 어떤 시간들을 보내게 될까? 궁금하기는 하지만 두렵지는 않다.

푸드득.

가까운 숲에서 새가 한 마리 날아오른다. 무슨 새인가 알아볼 틈도 없이 순식간에 하늘로 솟아올라 까만 점이 되면서 시야에서 사라진다.

아, 내가 찾고 있는 행복의 본질은 다름 아닌 저 새가 누리고 있는 길들여지지 않는 자유가 아닐까. 나도 날아오르고 싶다.

더 높이, 더 멀리. 두 날개를 활짝 펴고.

저 넓은 미지의 세계를 향해.

"엄마, 저를 낳아주셔서 고맙습니다."

중국 속담에 이런 말이 있다.

'세상에서 제일 그리기 쉬운 것은 귀신, 제일 그리기 어려운 것은 동네 강아지.'

정말 그랬다. 이번 국토종단기는 지난번의 세계여행기를 쓸 때보다 훨씬 어려웠다. 1년 반 동안의 세계여행을 책 한 권에 담아내는데(《바람의 딸, 걸어서 지구 세 바퀴 반》은 총 4권이 나왔다) 넉 달 남짓이면 충분했는데, 국토 종단기는 겨우 49일간의 여행을 글로 옮기는 데 무려 다섯 달이나 걸렸다. 들인 공도 마찬가지다. 누구나 다 아는 동네 강아지를 그리려니 본 대로 느낀 대로 말하는 것도 조심스럽고 힘들었다.

올 한 해 동안 나는 우리나라를 세 번 종단했다. 여행 전 예비 답사, 본 여행, 그리고 책을 다 쓴 후에 확인 답사를 한 것이다. 글을 쓰는 내내 20만분의 1 지도를 옆에 두고 살았으니 마음은 수십, 수백 번도 더 이 땅을 오르락내리락했을 것이다. 그 덕분에 이제는 내가 지나온 도시와 마을들은 눈 감고도 훤하다. 맨 처음 국토종단을 시작할 때 임실이 전라남도인지 경상북도인지 몰랐던 때와 비교하면 그야말로 장족의 발전을 한 것이다.

요즈음은 내가 걸었던 곳 얘기가 나오면 아주 잘 아는 양 뻐기고 그곳에서 온 사람들을 만나면 고향 사람이나 되는 듯 반갑다. 그 고장에서 온 농특산물도 우선으로 사게 되고 텔레비전에서 그 근처 얘기만 나와도 눈여겨보게 된다. 김정호 선생님 말씀대로 제 땅을 걸어보니 제 나라에 대한 관심과 애정이 저절로 생겨나는 모양이다.

글을 쓰는 동안 힘은 들었지만 참 즐거웠다. 구수한 사투리를 쓰시는 할머니들과 나눈 이야기는 아무리 곱씹어도 재미난다. 삼천리 금수강산의 아름다움도 만끽했고 정기도 듬뿍 받았으며 잠깐잠깐 빠져드는 상념의 시간들도 다시 여행을 하고 있는 것처럼 충분히 누렸다. 걷는 즐거움은 물론 한 걸음 한 걸음의 힘이 얼마나 귀한 것인지 아주 소중한 교훈도 얻었다. 너무나 고맙게도 49일이라는 짧은 기간 동안 내 어머니 나라는 내가 얻기 원하던 모든 것을 주었고, 아주 멋지게 내 세계일주의 피날레를 장식해주었다.

후기를 쓰고 있는 지금, 나는 마치 내일이면 정들고 익숙했던 곳을 떠나 새로운 나라로 들어가는 국경 앞에 서 있는 느낌이다. 지나온 모든 것이 사랑스럽고, 가슴 아팠던 기억까지 소중하게 여겨지는 것, 만났던 사람들에 대한 고마움과 아쉬움, 그리고 이것으로써 육로 세계일주라는 장은 마감이라는 생각 때문이리라. 그렇다고 해도 뒤돌아보며 느끼는 섭섭함이나 아쉬움보다는 앞날에 대한 설렘과 기대감이 훨씬 앞선다. 앞으로 내가 어떤 모습으로, 무슨 생각을 하면서 살지 나도 궁금하다.

몇 년 전 어느 책에서 읽었던 일화가 내가 앞으로 어떻게 살아야 하는지에 대한 좋은 이정표가 되고 있다. 첼리스트 로스트로포비치의 이야기이다. 세계 일인자라는 데 이견이 없는 이 거장은 일흔이 넘은 나이에도 하루에 5시간 이상씩 맹훈련을 하는 것으로 유명하다. 하루는 기자가 물었다.

"선생님은 세계에서 따라갈 사람이 없는 일인자시고 나이도 많으신데 왜 그렇게 열심히 연습을 하십니까?"

이 노장 음악가는 이렇게 대답한다.

"그건 내 소리가 지금도 조금씩 좋아지고 있기 때문이지요."

나도 이렇게 살고 싶다. 내 능력의 최대치를 발휘하여 아낌없이 쓰고 가고 싶다. 내가 어디서 무엇을 하든지, 어떤 모습으로, 어떤 타이틀로 살든지 이 점 하나 잊지 않고 산다면 적어도 남에게 짐이 된다든지 후회하는 일은 없을 것이다.

책을 마무리하는 동안 엄마가 돌아가셨다. 오랫동안 아프셔서 이미 준비했던 이별이지만 몹시 당혹스러워 정신을 가다듬을 수 없었다. 엄마를 땅에 묻고 돌아오던 날은, 아버지와 합장을 해서일까, 오히려 담담하고 마음이 평온했다. 28년 만에 아버지 옆에 누우신 엄마도 좋으셨을 거다.

물론 든든한 형제들이 있지만 이제 양주(兩柱)를 잃었으니 나는 이 세상에 홀로 남은 고아다. 이제는 마음의 지주 없이 정말 내 발로 걷고 내 날개로 날아야 하는 때가 온 것이다. 언제나 끝은 또 다른 시작으로 이어지는가. 이 책이 끝나는 것과 엄마의 죽음이 내 인생의 새로운 장을 함께 열고 있다.

그리고 엄마가 살아계실 때 여러 번 할까 말까 망설였지만 얼굴을 보면 쑥스러워 결국 하지 못했던 말, 마지막 지면을 빌려 털어놓는다.

엄마, 절 낳아주셔서 고맙습니다.

변하는 것과 변하지 않는 것들

7년 만이다. 개정판을 내느라 시험 공부하듯 밑줄 치고 메모하면서 이 책을 읽고 또 읽었다. 좀 묘한 느낌이었다. 지난 수년간 항상 마음 졸이는 긴급구호 팀장으로 살다가 느긋하게 여행하던 예전의 나를 만나고 있자니, 그 시절이 마치 전생인 듯 까마득하게 느껴졌다. 그래서 걸었던 그 길을 다시 확인해보고 싶어졌다.

녹음이 우거진 한여름에 차를 타고 길을 떠났다. 지난 세월 동안 내 모습과 내 마음, 내 생각에도 변한 것과 변하지 않은 것이 있는데, 그 길과 길에서 만난 사람들은 무엇이 달라지고 또 무엇이 그대로일까?

변하지 않은 것들이 먼저 눈에 들어왔다. 구수한 남도 사투리, 산하를 뒤덮고 있는 무덤, 일제의 잔재를 고스란히 안고 있는 지명들이다. 전 국토는 아직도 공사 중이고, 지방도로 597번은 변함없이 아름다웠으며, 우리나라 국토는 여전히 분단되어 있다.

내 생각 역시 처음 책을 쓸 때와 그다지 크게 달라지지 않았다는 점이 신기하다. 그때나 지금이나 어려운 일을 만나면 '해보지도 않고 어떻게 알아' 하는 배짱이 생기는 것, 사람은 공을 들여 사귀어야 한다는 것, 배낭을 싸듯 최소한의 것만 가지고 살고 싶다는 것. 무엇보다도 나는 '한 걸음의 힘'을 여전히 굳게 믿고 있다.

그러나 명색이 새로 고쳐, 새 단장을 하고 내는 책인데 변한 것에 대한 얘기를 집중적으로 해야 마땅할 거다. 그래서 처음 여행할 때와 지금을 비교하여 변한 풍물, 변한 정보, 변한 사람들 얘기를 아예 따로 정리해보았다.

여기서 꼭 해둘 말이 있다. 새로 내는 이 책이 인터넷 검색엔진처럼 친절하고 자세한 최신 여행 정보로 가득할 거라는 기대는 하지 말기를 바란다. 나는 개인적으로 너무 친절한 여행기를 좋아하지 않는다. 그런 여행 정보 책을 가지고 다니면 편하긴 하지만 끝나고 나면 시키는 대로 따라한 것 같아 허전하기도 하고, 뭔가 아주 중요한 걸 놓쳤다는 생각을 떨칠 수 없다. 여행의 묘미는 완벽한 지도 덕분에 매사가 계획대로 되는 데 있는 것이 아니라, 거친 약도 때문에 길을 잃고 헤매는 동안 생기는 뜻밖의 만남에 있다고 믿기 때문이다.

1장 : 땅끝마을에서 → 전라북도 무주까지(17쪽~108쪽)

국토종단의 첫발을 내디뎠던 땅끝마을에 섰다. 걸어서 강원도까지 간다고 했을 때, "워메, 걸어서는 못 간당께" 하시던 할머니들을 부지기수로 만났던 곳이다. "할머니 저, 걸어서 갔당게여. 그리고 벌써 7년이 지났당게여."

👟 땅끝마을 길옆으로 온통 전복 요리 음식점 현수막이다. 예전엔 없던 일이다. 웬 전복, 하면서 점심으로 '전복낙삼탕'을 먹었는데 정말 맛있었다. 바다 산삼이라는 비싼 전복은 그냥 맛보기 정도만 넣었을 줄 알았는데 손바닥만 한 게 한 마리 통째로 들어 있었다. 거기다 낙지에 인삼 한 뿌리까지 넣었으니 자양강장이 될 수밖에. 알고 보니 5년 전부터 이곳에 전복 양식 산업이 활성화되었다고 한다. 하여간 전복탕은 국토종단 첫날에 단백질과 비타민이 풍부한 영양 보충식으로 딱이다. 값도 1만 5천 원으로 너무 비싸지도 않고.

👟 땅끝에 가면 누구나 증명사진 삼아 찍던(물론 나도 찍었다) 바닷가로 내려가는 길옆 토말비가 사라졌다!!! 비석이 있던 곳이 지형적으로 땅끝도 아니고 비석의 유래도 확실치 않아서 없앴다고 한다. 그래도 좀 서운했다. 그냥 놔두면 안 됐나, 땅끝에서 그만큼 좋은 기념 사진 배경도 찾기 어려운데 말이다. 바닷가에 공식적인(?) 땅끝탑이 있긴 하다. 그러나 아기자기한 앞바다 풍경과 전혀 어울리지 않는 그 크고 뾰족한 탑보다 옛날 그 자그마한 비공식 비석이 훨씬 나았다.

👟 마을 주차장에서 땅끝전망대까지 2005년부터 모노레일이 생겼다. 두 대가 붙어서 다니는데 내려가는 길에 앞 차에 타면 남도 바다가 한눈에 보인다. 모노레일 안에서는 '해남 아가씨, 나를 데려가줘요'라며 지나간 유행가가 이 마을의 주제가로 화려하게 부활하여 울려퍼진다.

해남군 송지면에는 해남 땅끝해양자연사 박물관이 새로 생겼고, 황산면에는 공룡 화석 자연사 유적지도 있다. 선명한 공룡 발자국 화석 등을 볼 수 있는데, 무려 9천만 년 전 고생대의 것이라고 한다. 상상해보라. 지금 이 동네가 옛날에는 빌딩만 한 공룡들이 어슬렁거렸던 곳이라니.

땅끝마을에서 강진 가는 사이에 통호-사구-북평 길을 걸어야 하는데, 처음 나오는 초록색 대형 교통 이정표가 '강진'이 아니라 '완도/군외'다. 놀라지 마시길(실은 나도 놀랐다)! 제대로 잘 가고 있는 거니까.

영전 천주교회 공소에서 자진해서 동네 아이들을 돌보던 김소라 씨. 이 몸집 아담한 천사는 지금은 서울에 살며 여전히 성당 일을 열심히 돕고 있다. 그 때 다섯 살, 세 살이던 아들들은 벌써 중학교 1학년, 초등학교 5학년이 되었단다.

책이 나간 뒤 국토종단 하는 젊은이들이 '겁나게' 많이 찾아왔다고 한다. 본인은 즐거웠다고 하지만 어찌 매번 즐겁기만 했을까. 귀찮을 때도 많았겠지. 단지 나를 안다는 이유 하나만으로 번거로움을 준 건 아닌가 조금 미안하다. 그래도 소라 씨, 거기 다녀갔던 젊은이들 중에 나에게 이메일을 보낸 사람들은 한결같이 소라 씨 칭찬했어요. 전라도 인심, 교인 인심, 아니 사람 냄새 물씬 나는 인심을 보여줘서 정말 고마워요.

여기서 국토종단 중인 사람들에게 꼭 하고 싶은 한 마디!

지나가는 길에 신세 진 사람들에게 약속한 것은 반드시 지킬 것. 예를 들어 같이 찍은 사진을 보내주겠다고 하면 무슨 일이 있어도 보내고, 국토종단 끝나고 전화하겠다고 했으면 꼭 그렇게 할 것. 여행하는 사람은 종단 길에 수많은 사람들을 만나니 그런 약속이 별것 아니라고 생각할지 모르지만 그때 신세를 진 사람들은 당신이 약속한 사진과 전화할 날을 무척 기다리고 있다는 사실! 특히 '한비야 루트'로 다니는 사람들은 명심하시길 바란다.

길가에 '베트남 며느리 정말 착해요. 재혼, 장애인, 연세 많으신 분 우대', '베트남 처녀와 결혼하세요. 어떤 조건이라도 100퍼센트 성사'라는 현수막이 무수히 붙어 있다. 예전에는 볼 수 없던 사회 현상이다. 하기야 그때도 농촌 총각과 중국 동포 처녀들 간의 결혼이 있었지만 지금처럼 농촌 결혼의 30~40퍼센트가 국제결혼에 이른 것은 최근 일이다.

베트남 신부만 보더라도 2000년에 95명에 불과했는데 5년 사이에 1만 명을 훌쩍 넘었고, 전체 국제결혼 건수도 7만 5천 명으로 기하급수적으로 늘었다. 요즘은 농촌의 고령화와 이농을 막기 위해서 지자체 차원에서 국제결혼을 적극 장려하고 있다. 이곳 해남에서도 국제결혼 하는 총각들의 자금을 500만원 정도 지원하고 있다고 들었다. 농촌 총각으로서는 국제결혼이 결혼하여 아이 낳고 가정을 꾸릴 수 있는 거의 유일한 길이라고 한다.

지난 5년 사이 농촌에서 태어난 아기 중, 70~80퍼센트, 곳에 따라서는 100퍼센트가 한국 아빠와 동남아에서 온 외국인 엄마 사이에서 태어난 아이들이란다.

이런 얘기를 접하면 나는 조금 걱정이 된다. 그리고 자문해본다. 우리들은 한국으로 시집온 이 외국인 엄마들을 '우리'로 받아들일 마음의 준비와 제도적 준비가 되어 있는가? 그들 사이에서 태어난 아이들을 학교에서, 또 사회에서 차별 없이 대할 자신이 있는가? 지금 우리는 이들을 '우리' 안으로 포함시키기 위해, 마땅히 해야 할 노력을 하고 있는가?

엄마가 외국인이라는 것만 빼고는 이들도 엄연한 한국 국적을 가진 대한민국 국민이라는 사실을 잊지 말아야 한다. 더 나아가 이들은 이런 저런 이유로 대다수가 기피하는 우리 농촌의 미래를 짊어지고 갈 귀하고도 고마운 사람들이라는 사실 역시 잊지 말아야 할 것이다.

그간 모텔이 확실히 진화했다. 수건도 두꺼워지고, 욕실 타월도 깔끔하고, 샴푸와 물비누도 호텔처럼 벽에 붙박이로 붙어 있으며, 더덕더덕 붙어 있던 다방과 야식 광고는 곽휴지통에 가지런히 인쇄돼 있다. 무엇보다도 방 안에 초고속 인터넷에 정수기에 콘돔 자판기까지 있다. 또 웬만한 호텔에도 없는 월풀 욕조도 갖추고 있다. 이름도 진화하여 예전의 '알프스, 다이아나, 꿈의 궁전, 파크 모텔' 등에서 '탑, 인터넷, 사이버' 등으로 바뀌고 있다.

모텔뿐만 아니라 목욕탕과 사우나도 진화를 거듭하여 24시간 찜질방이라는 좋은 숙소 대체 업소가 생겼다. 특히 비오는 날 혼자 모텔에서 묵기 싫은 날은 찜질방을 이용해도 좋을 것 같다. 찜질방에서 파는 살얼음 섞인 식혜는 천하 별미다.

🥾 화장실을 갈 때나 자판기 커피를 마시고 싶을 때 애용했던 길가 주유소 이름이 그동안 모조리 바뀌었다. 그때는 유공, LG정유, 현대정유, 쌍용정유였는데, 지금은 SK엔크린, GS칼텍스, 현대 오일뱅크, 그리고 그 유명한 S-Oil이 되었다(그런데 몇 년 만에 이렇게 정유 회사 이름이 싹 바뀌는 게 다른 나라에도 있는 일인가?).

🥾 광주시 광산구 비아동. 여전히 이곳은 비아 천지다. 예전보다 훨씬 더한 것 같다. 비아성당, 비아전화국, 비아중학교, 비아농협 등 공공 건물은 그렇다고 쳐도 비아비즈아트, 비아근로자대기소, 비아종로약국, 비아타이루, 비아카센터, 심지어 '비아이학의한의원'까지 있다. 어느 건물에는 그 건물에 입주한 거의 모든 가게가 '비아'라는 간판을 걸고 있었다. 자기 동네의 이름을 이렇게 상호로 많이 쓰는 동네는 정말 처음 본다. '비아'라는 이름이 마음에 드는 게 분명하다. 괜히 기분 좋으면서 나도 이름값 잘 하고 살아야지, 하고 굳게(!) 결심했다.

🥾 담양에서 순창까지의 메타세쿼이아 길은 눈부시게 멋있다. 예전에 이 길을 걷던 초봄에는 녹음이 울창한 여름이라면 얼마나 좋을까 상상했는데, 역시 여름에 제 맛이 나는 것 같다. 이 근처로 차 타고 가는 사람들은 꼭 한번 내려서 10분이라도 걸어보시길.

🥾 국토종단 당시 담양의 '죽물 박물관'이란 표지판을 보면서 어감도 별로 좋지 않은데 그냥 예쁜 한글로 '대나무박물관'이라고 하면 안 되나 생각했다. 드디어 2003년부터 대나무박물관으로 이

름이 바뀌었단다(그것 보세요. 이게 훨씬 낫잖아요).

👟 임실에서 묵었던 목욕탕 집 셋째 딸 진희씨. 내가 하룻밤 신세 진 그날 밤 낳은 아들이 벌써 초등학교 1학년이란다. 이름은 조동영(8세), 한 살 어린 여동생 이름은 조은비(7세). 세월이 그렇게 흘렀다.

👟 그동안 전국이 피시방 천지가 되었다. 큰길가는 물론 골목마다 피시방이 보인다. 우리나라 인터넷 사용자 수가 3,358만 명이라는 게 실감난다(놀랍게도 전국의 등록 피시방은 2만여 개란다). 피시방보다 눈에 더 띄는 것은 성인게임장이다. 바다이야기, 황금성, 오션파라다이스……. 가게 유리창 및 간판을 바다 속 경치와 상어, 고래 등으로 화려하게 장식한 게임장들이 시원해 보이기는커녕 마음을 무겁게 한다.

강원랜드처럼 정해진 장소도 아니고 이런 시골에서까지 성업 중인 저 많은 성인게임장들. 말만 게임장이지 내용은 명백한 사행성 도박장이라는데 정부는 왜 규제하지 않을까. 규제할 법규가 없다면 국회는 왜 규제법을 만들지 못하는 것일까. 어디까지 가야 사단이 날지 두고 볼 일이다.

👟 진안 마이장 박진 씨는 국토종단 여행자들이 자기 여관에 오면 날 만난 듯이 '특별 대우'를 해주었단다. 지금은 전주로 직장을 옮겼는데, 이제는 중학생이 된 아들과 함께 나의 영원한 지역구 팬이라고 한다. 호호호.

2장 : 전라북도 무주에서 → 충청북도를 거쳐 강원도 마지 삼거리까지(111쪽~202쪽)

👟 내 고장 7월은 청포도가 익어가는 계절이라고 했던가? 전북 무주부터 충북 영동을 거쳐 경북 삼포에 이르기까지 가는 길 전후좌우가 온통 포도밭이다. 전에도 사나흘은 포도 없는 포도밭 사이를 걸었던 것 같다. 지금은 여름이라 눈여겨보면 야트막한 차양 아래 한창 익어가는 포도가 주렁주렁 매달려 있다. 수십만 송이는 될 것 같다. 그런데 우리가 정말 저렇게 많은 포도를 다 먹는단 말인가?

최근 우리나라의 포도 재배 면적이 급증하여 30년 만에 생산량이 열다섯 배가 늘었단다. 한국 사람들은 포도를 후식으로 먹는 것이 아니라 간식으로 먹기 때문에 서구인에 비해 아주 많은 양을 소비하고 있다는 사실. 포도주, 포도잼, 포도즙, 포도식초 등 가공품은 물론 포도 씨로 만든 포도씨오일도 웰빙 시대에 각광받고 있다고 이 고장사람들은 자랑삼아 전한다.

👟 그동안 상주가 고향이라는 사람들에게 여러 통의 메일을 받았다. 자신들의 고장에서 언짢은 일을 겪게 해 미안하다며, 다시 한 번 오면 최상품 상주 곶감을 대접하겠다고. 무슨 말씀을. 그런 일은 여행 중이라면 어디에서건 일어날 수 있는데 하필이면 상주 부근에서 몇 가지가 겹쳐서 생겼을 뿐이다. 나로서는 그렇게 마음 써주는 그분들에게 도리어 죄송하다.

🥾 문경 직전까지는 길옆이 온통 사과와 고추밭이더니 이화령을 넘자마자 옥수수밭이 넓게 펼쳐진다. 그전에는 없던 문경 도자기 전시관도 눈에 띈다. 2002년에 개관했단다. 지자체 이후 그 지방 특산물과 관련된 전시관이나 박물관이 많이 생긴 것 같다.

🥾 문경새재 조령의 김복순 할머니는 내 책을 읽고 도보여행을 하는 사람들 사이에 '한비야네 할머니'로 통한다. 할머니는 집 앞을 지나가는 도보여행자마다 눈만 마주치면 밑도 끝도 없이 '한비야 알아?'라고 물어보신단다. 안다고 하면 무척 반가워하시며 밥도 주고 잠도 재워주신다고 한다.

이렇게 할머니를 만난 사람 중 내게 이메일이나 전화로 할머니 안부를 전해주는 사람이 십수 명이다. 그동안 가끔 전화만 하다가 수년 만에 다시 할머니를 만났다. 조령 집으로 찾아갔을 때 마침 수안보로 물리치료를 하러 가셨다고 해서, 어느 병원인지도 모르고 그 길로 수안보의 병원이란 병원은 샅샅이 뒤져 마지막 병원에서 만나 뵈었다. 날 보고 깜짝 놀라시며 얼마나 반가워하시던지.

"워이, 한비야, 왜 이제야 와? 얼마나 보고 싶었는데. 내가 언제나 내 막내딸이라고 맘속으로 생각하고 있는데⋯⋯" 하시며 뺨과 손에 입을 맞추셨다. 여전히 열정적이시다. 그러고는 하룻밤 자고 가라고 막무가내로 잡으신다.

전에 비해 살이 좀 빠지고 기력도 조금 쇠하셨지만 그래도 여전히 '탤런트 할머니' 별명대로 무척 고우시다. 신고 있는 운동화가 눈처럼 흰 것을 보니 변함없이 깔끔하고 정정하신 것 같아 마음이 놓인다.

김복순 할머니, 이제 자주 전화 드릴게요. 그리고 다음에 와선 꼭 하룻밤 자고 갈게요(다행히 지금은 아들 두 분이 가까이 살고 계시다)!

🥾 대화성당 황 신부님은 그 후 사제직을 그만두고 결혼을 하셨단다. 천주교 신자의 한 사람으로 보면 안타까운 일이지만, 그분의 선택을 존중한다. 하느님과 동행하는 길에는 사제의 길 이외에 다른 길도 분명히 있을 것이다.

3장 : 강원도 평창에서 → 통일전망대까지(205쪽~286쪽)

우리나라 말고 세상 어느 나라가 저렇게 멋진 바닷가에 이런 험악한 가시 철망을 쳐놓겠는가. 경계용 철책……. 삼척부터 북쪽 끝 고성군까지 총 연장 길이 212킬로미터가 넘는 저 철조망이 다름 아닌 남북 분단과 대립의 실체다. 바다 풍경을 다 가리고 있는 철책이 꼴 보기 싫기도 하고, 저런 철책을 둘러야만 하는 우리의 현실이 가슴 아프기도 하다.

🥾 강원도 정선에서 '대철베드로의 집' 엄마 수녀로 15년간 살았던 내 친구 김혜경 데레사. 몇 년 전 서울에 올라와 수녀원 원장으로 재직하다 올해 초 임기를 마치고, 지금은 22년 만에 강원도 강릉에서 휴식년을 갖고 있다. 제발 이번 기회에 몸과 마음을 충분히 쉬었으면 좋겠다, 친구야!

🥾 앞의 4월 19일 자에 쓴 것처럼 나는 지금도 깔끔하고 올바른 우리말을 쓰려고 노력하는 중이다. 우선 '멋있게' 보이려고 외국어를 남발한다든가, 근원을 알 수 없는 비속어나 듣기 민망한 표현은 되도록 쓰지 않으려고 한다.

글을 쓸 때 예전에는 단어의 뜻이나 문장 표현이 아리송하면 사전을 찾았지만, 지금은 국립국어연구원에 전화를 해서 일일이 확인해본다(가나다전화 : (02)771-9909). 기계음이 아니라 친절한 연구원이 직접 설명해준다. 물론 누구라도 이용할 수 있으며, 이용 시간은 평일 오전 9시부터 오후 6시까지이다(단, 12시부터 1시까지는 점심시간이며, 주말에는 쉰다).

🥾 동해가 보이기 시작하면서 금강산 육로 관광 현수막이 눈에 많이 띈다. 1998년 시작된 해로 관광 시대는 막을 내리고 2003년부터는 육로로만 금강산을 오가고 있다. 화진포에 있는 육로 관광 집결소도 새롭고, 그 앞의 '금강산도 식후경'이라는 식당 이름도 이채롭다. 남한 최북단 해수욕장인 여기까지 베트남 처녀와 결혼하라는 현수막이 어지럽게 붙어 있다.

🥾 통일전망대 출입 신고소에서 차량 통과 허가증을 받고 민통선 앞에서 차례를 기다리고 있다. 도보여행 때는 바로 저 검문소에 앉아 호위해줄 군인을 기다리고 있었는데……. 그때 내 세계일주기를 읽고 열렬한 팬이 되어 민간인 통제 구역을 걷게 도와준 육군 대대장 김병덕 중령과는 지금도 친하게 지내고 있다. 그후 이 군인 친구는 대령으로 진급해서 1~2년에 한 번씩 근무지를 옮기

며 열심히 우리나라를 지키고 있다. 든든하다.

👟 민통선에서 통일전망대까지의 4킬로미터 구간은 웬일인지 예전 같은 장엄함이 없어졌다. 곳곳에 지뢰 위험 표시와 지뢰 제거 작업 중이라는 현수막만이 민통선에 왔구나, 느껴질 뿐. 아무래도 금강산 육로 관광 때문에 오가는 사람들이 많아지니 땅의 분위기도 그 번잡함을 피할 수 없는 모양이다. 줄을 이어 지나가는 레미콘을 보니 민통선 어딘가에서 도로 건설이 한창 진행 중인 모양이다.

👟 통일전망대. 도보 국토종단을 끝냈던 그때 그 자리에 다시 섰다. 정면의 말무리 반도와 오른쪽의 동해는 변함없는데, 왼쪽에는 전에 없던 길이 두 줄기 나 있다. 하나는 동해북부선 철길, 다른 하나는 동해선남북연결도로, 일명 '금강산 길'이다.

철길은 부산과 러시아를 연결하는 최단 거리 수송로라고 한다. 2002년 남북 양측은 동해선철도와 도로를 연결시키기로 합의, 공사를 완료하고 올해 5월 철도 시범 운행을 하기로 했는데 무산되었단다. 그리고 저 도로의 정식 명칭은 '국도 7호선'이다. 2004년 남쪽의 고성과 북쪽의 고성을 잇는 동해선 도로가 개통, 이를 통해 금강산 육로 관광을 다니고 있다.

그러고 보니 새도 바닷물도 철길도 아스팔트 길도 모두 저렇게 자유롭게 오가는데 똑똑하다는 사람들만 못 다니는구나. 통일이 별건가. 내가 해남 땅끝마을에서 여기 통일전망대까지 온 것처럼 사람들이 저 길을 따라 내키는 대로 허가증 같은 것 없이, 지뢰 밟을 걱정 없이 왔다갔다 하면 되는 것 아닌가?

처음 통일전망대에 섰을 때를 떠올려본다. 세계일주의 꿈을 드디어 이루었다는 자각으로 가슴 벅찼었지. 그러나 나중에 정신을 차리고 찬찬히 생각해보면 세계일주를 끝낸 것보다 훨씬 기쁘고 뿌듯한 것이 있었다. 바로 국토종단을 통해 꿈을 이루는 확실한 방법을 발견했다는 사실이다.

한 걸음 한 걸음의 힘. 도저히 이룰 수 없는 꿈처럼 보여도 처음 마음 변치 않고 하루에 한 걸음씩 가다 보면 반드시 목적지에 도달할 수 있다는 굳은 믿음이 생겼다. 그리고 이런 믿음과 깨달음은 내 인생의 어느 시기, 어떤 상황에도 그대로 대입되고 적용되는 불변의 '인생 공식'이 되었다. 국토종단 이후 내 인생의 키워드가 '빨리 빨리'에서 '꾸준히'로 변했다는 믿지 못할 사실도 함께 고백한다.

여러분은 어떤 키워드와 공식을 가지고 인생이란 길을 종단하고 있는가? 그 길을 종단하는 동안 부디 좋은 말 많이 하고 많이 듣고 많이 웃기를 진심으로 바란다. 나도 그렇게 하도록 매일매일 열심히 노력할 것이다.

한비야의 알짜 도보여행 정보

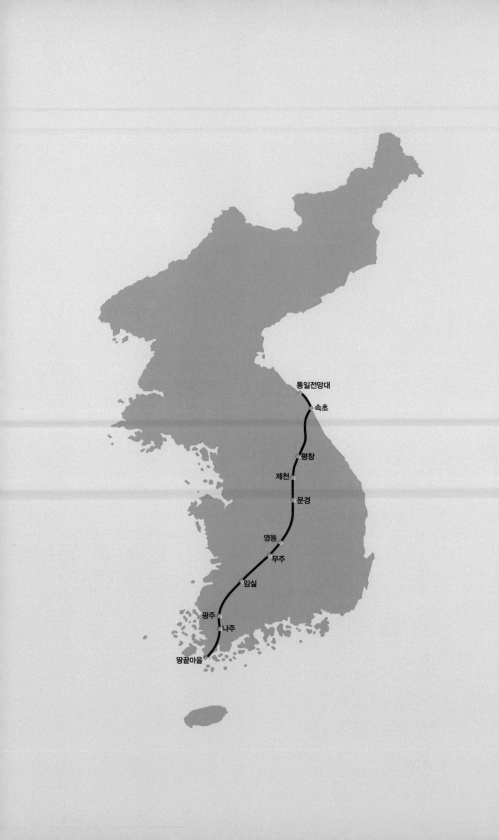

1 도보 국토종단 일지

이 일지는 1999년 3월 2일부터 4월 26일까지 전라남도 해남 땅끝마을에서 강원도 고성 통일전망대까지의 도보여행 기록이다. 거리는 도로 이정표와 20만분의 1 지도를 참조하였고, 시간은 내 걸음 속도를 기준으로 중간에 쉬는 시간까지 포함하였다.

3월 2일　서울에서 광주까지는 고속버스로(약 4시간), 광주에서 땅끝마을까지는 시외버스를 이용했다(약 4시간). 저녁에 도착하여 푸른 모텔에서 일박함(25,000원).

3월 3일　구간 : 전라남도 해남군 송지면 토말에서 지방도로 813번을 따라 영전까지 약 14킬로미터.
　　　　걸린 시간 : 약 5시간
　　　　특징 : 오르락내리락 길. 왼편으로 보이는 바다 경치가 일품이다.
　　　　묵은 곳 : 영전성당 공소

3월 4일　구간 : 송지면 영전에서 아랫길로 가다가 지방도로 813번을 따라 북평면 남창을 거쳐 북일면 신월까지 약 20킬로미터.
　　　　걸린 시간 : 5시간
　　　　특징 : 전형적인 반농반어촌. 달마산, 대륜산, 두륜산이 왼쪽으로 이어진다. 바닷바람도 상쾌하다.
　　　　묵은 곳 : 북일면 중앙교회

3월 5일　구간 : 신월에서 다산초당 길을 지나 강진읍 학명리 호산까지 약 25킬로미터(지방도로 813번과 국도 18번이 호산에서 만난다).
　　　　걸린 시간 : 약 7시간

전라북도

정읍시

임실

순창군

담양군

장성군

대치

담양

순창

영광군

곡성군

함평군

광주

전라남도

나주

회순군

무안군

한비야의 도보여행 코스
땅끝마을~임실

영암

월출산

보성군

장흥군

영암군

성전

해남군

강진

고흥군

신월

완도군

땅끝마을

308 바람의 딸, 우리 땅에 서다

특징 : 따라오던 산들이 어느 순간 없어진다. 도문부터 호산까지는 호젓한 산길.

묵은 곳 : 호산 삼거리 가게에서 소개해준 할머니네

3월 6일 구간 : 호산에서 서성까지 국도 18번으로, 성전면 성전까지는 국도 2번, 거기부
터는 국도 13번을 따라 걷는다. 무위사로 가는 샛길로 들어가 월남사까
지 약 24킬로미터.

걸린 시간 : 약 6시간

특징 : 성전부터는 도로 포장 공사 중이라 복잡하다. 하루 종일 월출산을 바로
보고 걷는 길. 무위사에서 월남사까지 가는 길 옆의 차밭이 장관이다.

묵은 곳 : 월남사의 여관식 민박집(15,000원)

3월 7일 구간 : 무위사에서 월출산을 넘어 영암까지 약 10킬로미터.

걸린 시간 : 5시간 30분

특징 : 금강산의 한귀퉁이를 떼어다놓은 것 같은 월출산.

묵은 곳 : 영암 농장 모텔(공짜!)

3월 8일 구간 : 영암에서 국도 13번을 따라 신북면 월평을 지나서 갈곡리까지 16킬로미터.

걸린 시간 : 4시간 30분

특징 : 차량 통행이 많아 걷기 힘든 국도길. 배나무밭이 보이기 시작한다.

묵은 곳 : 수녀원에서 소개해준 교우집

3월 9일 구간 : 신북면 갈곡리에서 13번 국도로 나주시 영산포까지 약 7킬로미터.

걸린 시간 : 2시간

특징 : 텔레비전 방송 녹화하느라고 아무것도 하지 못했음.

묵은 곳 : 영산포 여관(15,000원)

3월 10일 구간 : 나주시 영산포에서 노안을 거쳐 광주시 송정동까지 약 20킬로미터. 아직
도 국도 13번이다

걸린 시간 : 4시간 30분

특징 : 시내를 관통해야 하는 길이다.

묵은 곳 : 무등산 도립공원 안에 있는 베스트 모텔

3월 11일 구간 : 광주시 송정동에서 월곡동까지 3킬로미터.

걸린 시간 : 1시간 미만

특징 : 텔레비전 방송 녹화와 여러 가지 인터뷰. 오늘도 광주 시내를 걷는다.

묵은 곳 : 광주 사는 친구네 집

3월 12일　구간 : 광주시 월곡동에서 광산구 비아동을 거쳐 담양군 대전면 대치까지 약 16

킬로미터. 오늘 역시 국도 13번이다.

걸린 시간 : 4시간 30분

특징 : 비아를 지나 대치까지는 걷기 좋은 시골길이다.

묵은 곳 : 호텔 서라벌(15,000원)

3월 13일　구간 : 대치에서 담양읍을 지나 전라북도 순창군 순창면 백야리까지 약 25킬로

미터. 국도 24번을 따라 걸었다.

걸린 시간 : 8시간

특징 : 담양에서 금성 간의 유명한 가로수 터널 길을 지난다. 전라남도에서 전라

북도로 넘어감.

묵은 곳 : 백야리 할머니네

3월 14일　구간 : 순창군 백야리에서 순창읍을 거쳐 국도 27번으로 덕치면 망월까지, 거기

서부터 다시 국도 30번으로 청웅면 부흥까지 약 20킬로미터.

걸린 시간 : 약 7시간

특징 : 갈재를 사이에 두고 양쪽에 펼쳐지는 경치가 좋다.

묵은 곳 : 임실 목욕탕 주인집

3월 15일　구간 : 부흥에서 국도 30번을 따라 임실까지 약 12킬로미터.

걸린 시간 : 3시간

특징 : 오르락내리락 길. 길 옆에 밭도 보이고 집도 보이는 전형적인 시골길.

묵은 곳 : 임실 목욕탕 주인집

3월 16일　구간 : 임실부터 30번 국도를 따라 백암까지 17킬로미터.

걸린 시간 : 약 5시간

특징 : 한참을 올라가다 한참을 내려가는 산길.

묵은 곳 : 백암에 있는 식당 '청송'의 문간방

3월 17일　구간 : 백운면 백암에서 진안읍까지 15킬로미터.

걸린 시간 : 약 4시간

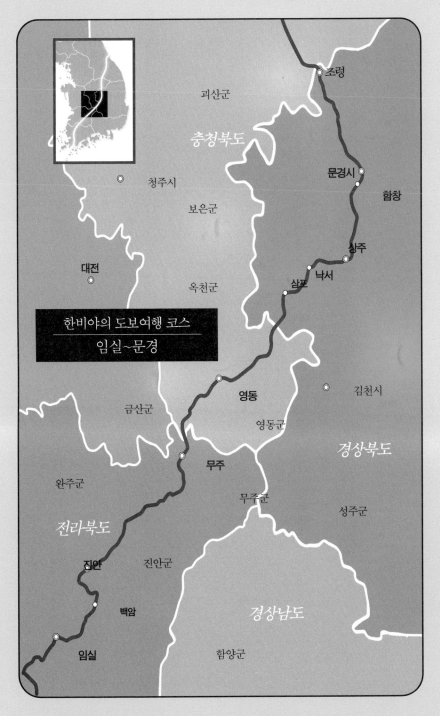

괴산군

충청북도

조령

문경시

함창

청주시

보은군

상주

대전

옥천군

삼포

낙서

한비야의 도보여행 코스
임실~문경

영동

김천시

금산군

영동군

경상북도

무주

완주군

무주군

성주군

전라북도

진안

진안군

경상남도

백암

함양군

임실

특징 : 까만 천을 씌운 인삼밭과 쫑긋 솟아 있는 마이산을 보게 된다.

묵은 곳 : 진안 읍내의 진안장(공짜!)

3월 18일 구간 : 진안읍에서 국도 30번을 따라 불로치 터널을 지나서 안천면 용담거리까
지 약 16킬로미터.

걸린 시간 : 약 4시간 30분

특징 : 고개를 한참 오르내리는 길. 무서운 터널을 두 개나 지난다. 그러나 두 터
널 사이의 길도 눈길을 어디에 둬야 좋을지 모를 정도로 대단히 아름답다.

묵은 곳 : 무주읍에 있는 여관(이틀에 30,000원)

3월 19일 하루 휴식.

3월 20일 구간 : 안천면 용담거리부터 무주읍까지 10킬로미터.

걸린 시간 : 3시간 30분

특징 : 무주 근처라서 산은 높아지고 골은 깊어진다.

묵은 곳 : 어제 묵었던 여관

3월 21일 구간 : 전라북도 무주읍에서 국도 19번을 따라 충청북도 양강면 괴목까지 약
21킬로미터.

걸린 시간 : 6시간

특징 : 압치재를 넘을 때까지 오르막 산길. 넓은 포도밭이 펼쳐진다. 전라북도에
서 충청북도로 넘어감.

묵은 곳 : 영동읍내 대원장(15,000원)

3월 22일 구간 : 괴목에서 영동까지 국도 19번, 거기서부터 황간까지 국도 4번을 따라 24
킬로미터.

걸린 시간 : 7시간

특징 : 넓고 넓은 포도밭이 이어진다.

묵은 곳 : 황간의 여관(20,000원)

3월 23일 구간 : 황간에서 지방도로 49번을 따라 오도치를 넘어 모서면 삼포까지 약 17
킬로미터.

걸린 시간 : 5시간

특징 : 산을 넘어가는 아주, 아주 예쁜 내리막길.

묵은 곳 : 모서면 경찰서 내 방범 초소

3월 24일   구간 : 삼포에서 지방도로 49번을 따라 낙서를 거쳐 국도 25번을 만난다. 경상
　　　　　　 북도 상주시까지 28킬로미터.
　　　　　 걸린 시간 : 7시간
　　　　　 특징 : 사람도 구멍가게도 없는 너무나 호젓한 산길과 시골길. 신촌에서 상주까
　　　　　　 지는 갓길이 전혀 없는 아주 고약한 국도변. 충청북도에서 다시 경상북
　　　　　　 도로 넘어감.
　　　　　 묵은 곳 : 상주 시내 아리랑 모텔(22,000원)

3월 25일   구간 : 상주시에서 국도 3번을 따라 함창읍까지 20킬로미터.
　　　　　 걸린 시간 : 5시간 30분
　　　　　 특징 : 넓은 들판에 눈이 시원하다.
　　　　　 묵은 곳 : 길가 여관(20,000원)

3월 26일   구간 : 함창읍에서 문경시를 거쳐 문경읍까지 약 27킬로미터.
　　　　　 걸린 시간 : 7시간 30분
　　　　　 특징 : 길가에 수석 가게가 많고 시멘트를 나르는 레미콘이 많이 다닌다.
　　　　　 묵은 곳 : 문경읍 수림장 모텔(20,000원)

3월 27일~4월 1일   서울에 다녀옴.

4월 2일   구간 : 경상북도 문경읍에서 문경새재를 넘어 충청북도 괴산군 연풍면 고사리
　　　　　　 까지 약 12킬로미터.
　　　　　 걸린 시간 : 5시간
　　　　　 특징 : 걷는 사람을 위해 만들어놓은 길 같다. 산길과 오솔길의 멋을 흠뻑 맛볼
　　　　　　 수 있다.
　　　　　 묵은 곳 : 고사리 할머니네

4월 3일   구간 : 고사리에서 안보를 거쳐 지방도로 597번을 따라 월악산 미륵사지까지
　　　　　　 약 15킬로미터.
　　　　　 걸린 시간 : 5시간
　　　　　 특징 : 고사리에서 안보까지는 내리막길, 월악산 미륵사지까지는 트럭이 다니
　　　　　　 지 않는 국립공원 내의 걷기 좋은 길.

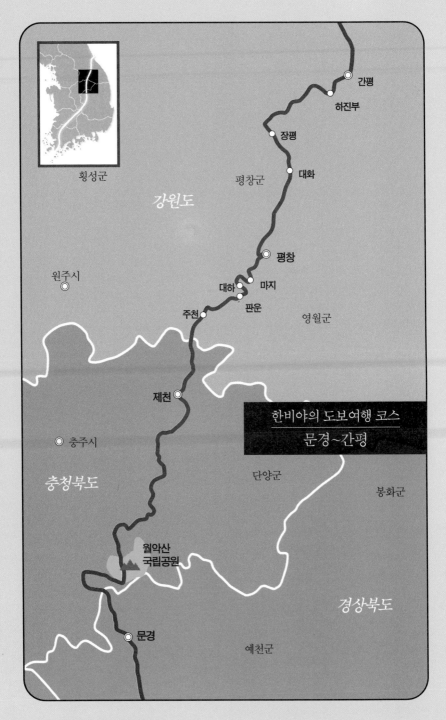

횡성군

강원도

평창군

원주시

충청북도

충주시

제천

월악산
국립공원

봉화군

경상북도

예천군

문경

단양군

영월군

주천

판운

대하 마지

평창

대화

장평

하진부

간평

한비야의 도보여행 코스
문경~간평

묵은 곳 : 미륵사지 근처의 영업용 민박집(20,000원)

4월 4일   구간 : 미륵사지에서 지방도로 597번을 따라 송계계곡을 지나서 월악나루까지.
　　　　　거기에서 다시 국도 36번을 따라 한수면 숫갓마을까지 약 20.5킬로미터.
　　　　걸린 시간 : 6시간
　　　　특징 : 산과 계곡과 호수가 어우러진 아주 아름다운 길.
　　　　묵은 곳 : 제천 터미널 근처의 여관 밀집 지역(25,000원)

4월 5일   구간 : 숫갓마을에서 신현리를 지나 봉화재를 넘어 오티까지 이름 없는 산길. 그
　　　　　후에는 다시 지방도로 597번을 따라 청풍면 물태리까지 약 22킬로미터.
　　　　걸린 시간 : 약 6시간 30분
　　　　특징 : 전후좌우 경치가 너무나 좋아 발걸음이 떨어지지 않는다. 시간을 넉넉히
　　　　　잡아 천천히 즐겨야 하는 곳이다.
　　　　묵은 곳 : 물태리 청풍 여관 앞 할머니네

4월 6일   구간 : 물태리에서 금성면을 지나 제천 못 미쳐 신곡리까지 20킬로미터. 지방도
　　　　　로 597번을 따라 걷는다.
　　　　걸린 시간 : 7시간
　　　　특징 : 어제에 이어 아주 예쁜 길. 걷는 거리에 비해 시간이 많이 걸렸다. 이번
　　　　　국토종단의 하이라이트 중의 하나.
　　　　묵은 곳 : 제천 사는 교우집

4월 7일   하루 휴식.

4월 8일   구간 : 제천 신곡리에서 포전을 지나 주천면 주천까지 20킬로미터. 역시 지방도
　　　　　로 597번을 따라갔다.
　　　　걸린 시간 : 5시간
　　　　특징 : 시내를 지나자마자 펼쳐지는 인적 드문 구불구불 산길이 신기하다.
　　　　묵은 곳 : 주천 입구 여관(18,000원)

4월 9일   구간 : 주천부터 판운을 거쳐 마지 삼거리까지 20킬로미터. 아직도 지방도로
　　　　　597번을 따라간다.
　　　　걸린 시간 : 5시간
　　　　특징 : 판운부터는 아름다운 평창강을 끼고 도는 길. 충청북도를 넘어 드디어 강

원도다.

묵은 곳 : 마지 삼거리 휴게소(비수기 가격 15,000원)

4월 10일 구간 : 마지 삼거리에서 국도 31번을 따라 평창을 거쳐 대화면 대화읍까지 28
킬로미터.

걸린 시간 : 7시간 30분

특징 : 강을 따라 걷는 길. 지루한지도 힘이 드는지도 모르는 아름다운 길이다.

묵은 곳 : 대화성당

4월 11일 성당에서 하루 동안 노력 봉사함.

4월 12일 구간 : 대화에서 장평까지는 국도 31번으로, 그곳에서 이목정까지 국도 6번을
따라 20킬로미터＋되돌아갔다 온 길 8킬로미터(총 28킬로미터).

걸린 시간 : 약 8시간

특징 : 장평까지는 아름다운 평창강을 보고 걷다가 장평부터는 고속도로와 나
란히 걷는다.

묵은 곳 : 하진부읍 금호 여관(15,000원)

4월 13일 구간 : 용평면 이목정에서 속사, 하진부를 지나(국도 6번 이용), 월정 삼거리에
서 지방도로 446번으로 월정사 입구까지 24킬로미터.

걸린 시간 : 6시간 30분

특징 : 국도 6번과 영동고속도로가 나란히 가는 번잡한 길. 월정사 들어가는 길
목인 간평에 와서야 한숨을 돌릴 수 있다.

묵은 곳 : 월정사 입구의 전원카페 '오대산 가는 길'(욕실이 딸린 호화판 가족용
민박 방이 50,000원).

4월 14일 구간 : '오대산 가는 길'에서 월정사까지 10킬로미터.

걸린 시간 : 3시간

특징 : 오랜만에 전나무 숲길을 걷는다.

묵은 곳 : 강원도 정선 수녀 친구의 '대철베드로의 집'

4월 15일 구간 : 월정사 입구에서 상원사를 거쳐 적멸보궁까지 11.5킬로미터

걸린 시간 : 5시간 30분

특징 : 오대산의 울창한 숲과 계곡을 거니는 기분, 필설로 형용할 수 없다.

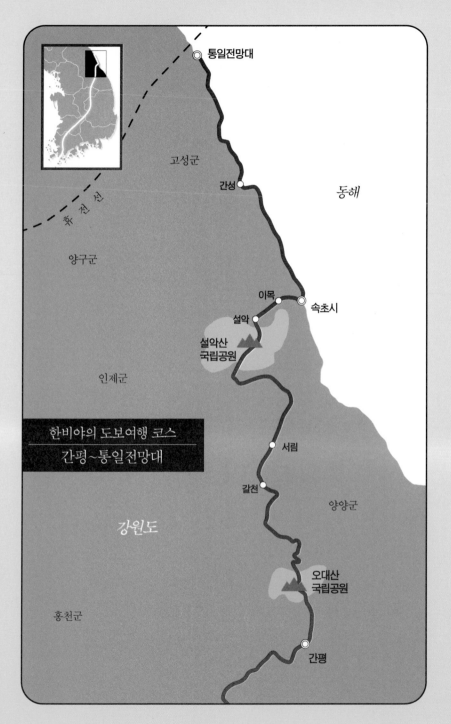

통일전망대

고성군

간성

동해

양구군

이목

설악 속초시

설악산
국립공원

인제군

한비야의 도보여행 코스
간평~통일전망대

서림

갈천

양양군

강원도

오대산
국립공원

홍천군

간평

묵은 곳 : '오대산 가는 길'(50,000원)

4월 16일 구간 : 적멸보궁에서 명개리까지 20킬로미터(지방도로 446번)＋거기서 국도
56번을 따라 구룡령 휴게소까지 10킬로미터(총 30킬로미터).

걸린 시간 : 9시간

특징 : 오대산 길은 굵은 모래와 돌 조각들이 많지만 맨발로 걸을 만하다. 명개
리에서 구룡령까지는 오르막 깔딱고개. 산과 어깨동무하고 걷는 맛이
있다.

묵은 곳 : 적멸보궁 밑 사자암(10,000원 시주)

4월 17일 구간 : 구룡령 휴게소에서 국도 56번을 따라 서림까지 20킬로미터.

걸린 시간 : 약 6시간

특징 : 갈천까지는 내리막길, 서림까지는 아름다운 계곡길이다.

묵은 곳 : 갈천 모텔(25,000원)

4월 18일 구간 : 서림에서 미천계곡을 지나 논화까지 약 11킬로미터. 국도 56번을 따라
걷는다.

걸린 시간 : 약 4시간

특징 : 깊은 산과 마을이 잘 어우러진 전형적인 강원도 경치를 맛볼 수 있다.

묵은 곳 : 양양 물갑리의 소설가 이경자 씨 시골집

4월 19일 구간 : 논화에서 백암리까지 8킬로미터.

걸린 시간 : 2시간 30분

특징 : 왼편으로 보이는 설악산 백암계곡의 아름다운 자태.

묵은 곳 : 백암리의 민박집(15,000원)

4월 20일 구간 : 백암리에서 오색약수를 지나 설악산 대청봉까지.

걸린 시간 : 약 6시간

특징 : 오색약수에서 대청봉까지 아무도 없는 설악산.

묵은 곳 : 설악산 중청 휴게소(5,000원)

4월 21일 구간 : 중청 휴게소에서 희운각, 천불동계곡을 지나 설악동으로.

걸린 시간 : 8시간

특징 : 대청봉에서 천불동계곡을 거쳐 비선대까지 혼자 전세 낸 설악산.

묵은 곳 : 설악동 민박 지구의 어느 모텔(15,000원)

4월 22일 하루 휴식.

4월 23일 구간 : 설악동에서 속초시를 지나 국도 7번을 따라 고성군 청간정까지 약 22킬
　　　　　　　로미터.
　　　　　걸린 시간 : 6시간
　　　　　특징 : 척산온천까지는 아직도 멋진 산길. 속초를 지나니 드디어 바다가 보인다,
　　　　　　　동해 바다가.
　　　　　묵은 곳 : 낙산 유스호스텔(깨끗한 벙커룸이 10,000원)

4월 24일 구간 : 청간정에서 간성 가진부대까지 18.5킬로미터.
　　　　　걸린 시간 : 5시간
　　　　　특징 : 바다 냄새 물씬 나는 길.
　　　　　묵은 곳 : 간성의 군인 친구네 여름용 아파트

4월 25일 구간 : 간성에서 통일전망대 입구인 마차진까지 약 10킬로미터.
　　　　　걸린 시간 : 약 3시간
　　　　　특징 : 바닷가에는 철조망이 쳐져 있고 군사 시설이 많다.
　　　　　묵은 곳 : 오늘도 간성의 군인 친구네 여름용 아파트

4월 26일 구간 : 강원도 고성군 마차진에서 여행의 목적지인 통일전망대까지 11.9킬로미터.
　　　　　걸린 시간 : 4시간
　　　　　특징 : 해금강과 말무리반도가 손에 잡힐 듯 내다보인다.
　　　　　묵은 곳 : 낙산비치호텔의 바닷가가 내다보이는 특실(148,000원. 국토종단을 무
　　　　　　　사히 끝낸 기념으로 내가 나한테 한턱 썼다.)

2 도보여행 기본 장비

도보여행의 3대 필수 장비는 신발, 비옷, 배낭이다. 장비의 질은 천차만별이지만 나는 이런 기본 장비를 살 때는 반드시 전문점에서 사고, 조금 비싸더라도 고급 제품을 산다(결국에는 이것이 돈을 버는 일이다).

신발

■ 하루, 이틀 정도의 짧은 도보여행에는 가지고 있는 신발 중 편한 것이라면 어떤 것이라도 괜찮지만, 일주일 이상의 장기 도보여행일 때는 신발 선택이 매우 중요하다.

■ 옷도 때와 장소에 따라 달리 입듯이 신발 역시 마찬가지다. 걷기에 일반 등산화는 너무 딱딱하고 테니스화나 조깅화는 바닥이 얇아서 아스팔트 길을 오래 걸으면 발이 금방 피곤해진다. 도보여행에는 우선 무겁지 않고(신발 무게 1킬로그램이 배낭 무게 5킬로그램에 해당한다), 목이 올라와서 발목을 보호할 수 있어야 하며, 부드러운 재질로 되어 있어 발의 움직임이 편해야 한다. 또 발 뒤꿈치에 쿠션이 있고 바닥이 두꺼워야 충격 흡수가 잘 된다. 시중에 나와 있는 것으로는 경등산화나 하이킹 슈즈가 권할 만하다.

■ 긴 여행을 떠나기 직전에 신발을 사는 것은 금물 중의 금물이다. 여행 계획이 있으면 적어도 일주일 전에는 구입해서 그 신발에 익숙해지는 것이 좋다.

■ 신발을 살 때는 온라인 상점이나 홈쇼핑에서 구하지 말고 반드시 직접 가서 사야 한다. 발의 생김새는 천차만별이라서 어느 회사의 어느 브랜드가 좋다고 말할 수 없으니 본인이 직접 신어보고 몇 발짝이라도 걸어보아서 편한 것을 고르는 게 최상책이다.

■ 발은 저녁이 되면 붓거나 혈액이 모여 조금 커지므로 신발 구입은 저녁에 하는 것이 좋다.

■ 신발을 신어서 발가락을 놀릴 수 있을 정도의 공간, 혹은 손가락이 간신히 들어갈 수 있을 정도의 공간이 필요하다. 발끝으로 서 있어도 발가락이 불편하지 않고, 앞부리나 뒤꿈치로 차보았을 때 발이 아프지 않아야 한다. 경등산화는 구두를 살 때보다 5밀리미터 큰

것으로 산다.

- 명심해야 할 것은 자신의 발 크기만으로 신발을 고르면 안 된다는 것이다. 신발은 발의 크기보다는 볼 넓이 등 발의 형태에 맞아야 하며, 모양이나 색깔이 예쁘다고 선택하는 것은 절대 금물이다.

- 참고로 비가 와서 신발이 젖었을 경우에는 신발 안에 신문지를 구겨 넣어 습기를 없애고, 그늘에서 말린다.

비옷

- 내 경험에 의하면 낚시용 판초는 펄럭거리기 때문에 아주 불편하고 때로 위험하기까지 하다. 도보여행에는 아무래도 재킷과 바지가 떨어져 있는 것이 좋다.

- 비옷에는 모자가 달려 있어야 한다. 걷는 중에는 비가 와도 손을 자유롭게 하기 위해 대개 우산을 쓰지 않으므로, 모자에 비를 막기 위한 챙이 있어야 하고 목까지 가려주어야 한다. 그리고 모자를 썼을 때 너무 얼굴을 덮지 않도록 한다. 시야가 가려져서 위험할 수도 있기 때문이다.

- 길이는 엉덩이까지 덮이고, 소매 끝이 약간 긴 것이어야 방수복으로서의 제 기능을 할 수 있다. 또한 봉합 부분이 제대로 되어 있는지, 특히 몸체와 모자가 이어지는 부분의 봉합이 방수 봉합되어 있는지 꼼꼼히 살펴야 한다. 허술하게 만들어진 것은 아무리 소재가 좋아도 솔기 등에서 물이 새기 때문에 비옷의 구실을 잘 할 수 없다.

- 좀 비싸기는 해도 '물방울은 통과하지 못하지만 수증기는 통과시킨다'는 고어텍스로 한 벌 준비해두면 평생 즐거운 빗속의 산행을 즐길 수 있을 것이다.

- 개인적으로 나는 비옷 입는 것을 싫어한다. 아무래도 걸리적거려서 걷기 불편하고 땀이 나서 끈적거리기 때문이다.

배낭

1) 배낭 고르는 법

- 도보여행이라고 해서 등산이나 다른 배낭여행 때와 전혀 색다른 배낭이 필요한 것은 아니지만, 만약 도보여행을 위해 따로 살 생각이라면 다음 세 가지 점만 염두에 두자.

- 첫째, 등과 어깨끈에 쿠션이 있고, 허리 부분에 벨트가 있어야 한다. 무게 중심이 허리 쪽으로 기울어야 허리와 어깨는 물론 등뼈에 부담이 가지 않는다고 한다.

- 둘째, 양손을 마음껏 흔들어도 팔꿈치가 닿지 않을 정도로 날씬하면서도, 양쪽에 주머니가 달려 있어야 번번이 가방을 여는 번거로움이 없다.
- 셋째, 짐을 다 넣은 배낭을 지어보아 등에 남는 공간 없이 찰싹 달라붙어야만 등과 어깨의 부담을 덜어준다. 어깨와 허리도 몸에 딱 맞아야 한다.

2) 배낭 꾸리는 법

- 배낭을 고르는 것도 중요하지만 배낭을 어떻게 싸느냐가 훨씬 더 중요하다. 짐이 얼마 없다고 모든 짐을 한 꾸러미에 넣는 건 현명하지 못한 방법이다. 배낭을 잘 싸면 그만큼 힘도 덜 들고 어깨와 허리를 보호할 수 있다. 배낭 꾸리기는 아주 중요하니까 이번 기회에 기초부터 한번 살펴보겠다. 이미 잘 알고 있는 사람들은 복습이라고 생각하시길.
- 배낭 꾸리기의 제1조 1항은 '첫째도 가볍게, 둘째도 가볍게, 셋째도 가볍게'이다. 배낭을 쌀 때 조금이라도 망설이게 되는 물건은 빼놓고 가고, 여행 중이라도 큰 소용이 없다고 판단되는 것은 집으로 보내든지 다른 사람을 주든지 과감히 없앤다.
- 가볍고 부피가 큰 물건은 아래로, 무거운 것은 위로 좌우 대칭이 되게 넣어야 무게 균형이 맞는다.
- 자주 사용하는 것은 손쉽게 찾을 수 있는 배낭 머리나 사이드 포켓에 넣는다.
- 깨지기 쉬운 것은 타올이나 티셔츠 등으로 한 번 감싼 뒤 배낭에 넣는다.
- 세면도구나 화장품 등 자질구레한 것들은 종류별로 내용물이 비쳐 보이는 투명한 지퍼백에 넣어야 찾기 쉽다.
- 비가 자주 오는 시기에 여행을 떠난다면 배낭 안에 아예 큰 비닐봉지를 넣고 배낭을 싸는 것이 좋다.
- 배낭의 모양이 찌그러져 있을 경우, 적어도 등 부분만은 판판해야 걷기 좋으니 그 부분에 신문지를 이용한다.

지도

- 20만분의 1 지도 : 하루하루 지나온 구간을 표시하기에 적당하다. 물론 지도란 자세할수록 좋겠지만 무겁고 두꺼우면 가지고 다니기에 불편하다. 나는 지도책의 뒷부분에 있는 주요 도시 세부도는 아예 잘라버리고 전 구간이 열 페이지로 나뉘어 있는 앞부분만 가지고 다녔는데 그것으로 충분했다.

- 한 장짜리 전국지도 : 내가 오고 갈 길을 한눈에 볼 수 있어서 좋다. 그러나 하루에도 몇 번씩 펴보게 되니 접는 부분이 닳아 곧 너덜너덜해지고 비가 와서 물에 젖으면 쓸모가 없어진다. 이런 일을 방지하기 위해 나는 지도를 비닐로 싸서 봉해가지고 다녔다.

일기장과 작은 노트

- 기록의 중요성은 다시 강조할 필요가 없다. 국토종단은 개인으로 보면 일생에 한 번 있을까 말까 한 중요한 사건이다. 그냥 마음속에만 담고 있기에는 너무 아깝지 않은가. 며칠 묵혀두었다 쓰는 것도 당시의 느낌이 걸러져버리므로 그날 일기는 그날 쓰는 것을 원칙으로 해야 한다.

- 일기 이외에 걷다가 그때그때 생각나는 것도 놓치기 아까운 것들이 많다. 그럴 때는 주머니에 가지고 다니기 좋은 작은 노트가 제격이다. 목걸이 볼펜도 아주 유용했다. 작은 녹음기를 가지고 다니는 사람들도 있는데 나는 쓰는 게 훨씬 편하고 좋다.

3 도보여행 준비물

옷

- 입고 걷는 옷 한 벌, 갈아입을 옷 한 벌, 잠옷 대용으로 입을 반팔 티셔츠와 편한 반바지, 점퍼, 등산 조끼, 양말, 속옷 등을 가져간다.

1) 겉옷

- 기본적으로 가볍고 편하고 땀 흡수가 잘 되는 옷이 좋다. 또 단추나 지퍼가 달려서 입고 벗기에 편한 옷이어야 한다. 나는 걷기 시작할 때는 충분히 따뜻하게 입었다가 걸으면서 몸이 풀리면 하나씩 벗었다. 3월에는 순모로 된 폴라 티에 스판텍스 면바지, 그 위에 폴리에스테르로 된 지퍼 달린 점퍼를 입었다. 날이 굳거나 바람이 불면 울 소재의 내복을 입고, 스카프를 둘렀다. 주머니가 많은 등산 조끼는 점퍼 밑에 껴입었다. 조끼 주머니에 카메라와 메모지 등 당장 필요한 것들을 넣고 다닐 수 있어서 편리했다(책 표지를 보시라! 얼마나 주머니가 많은지).

- 여름에 도보여행을 하는 사람은 땀 흡수가 잘 되고 통풍도 잘 되고 빨리 마르는 쿨맥스 소재의 옷을 준비하는 것이 좋겠다. 초여름이라면 반소매에 반바지가 좋겠지만, 한여름에는 오히려 얇은 천의 긴 소매 옷과 얇은 면바지를 입는 것이 시원하다. 챙이 넓은 모자는 필수품. 한여름에는 머리를 모두 덮는 모자를 쓰는 것이 좋다.

- 겨울철의 도보여행에 입을 겉옷은 앞이 터진 순모 제품이라야 따뜻하고 입고 벗기에 편리하다. 두꺼운 옷보다는 얇은 옷을 여러 겹 입는 것이 훨씬 따뜻하다. 겨울 여행에는 울 모자와 목도리가 필수다. 체열의 50~70퍼센트가 머리로 빠져나간다고 한다.

- 바지는 여유가 있는 것이어야 한다. 여름이라면 면 반바지도 좋겠지만(청바지는 좋지 않다), 편안해 보이는 쫄바지는 통풍이 안 되어서 장시간 걸을 때는 권하고 싶지 않다.

2) 속옷

- 속옷은 잘 마르는 것으로 두 벌이면 충분하다. 여관 방은 한여름만 빼고는 대개 따뜻하므로 웬만한 빨래는 밤 사이에 다 마른다.

- 여름철 외에 입는 내복은 차가워지지 않고 보온성이 있는 울 제품이 좋다.

3) 양말

- 양말은 무척 중요하니 각별히 신경써야 한다. 이번 여행 중 면 양말 두 켤레, 울 양말 두 켤레로 충분했다. 면 양말은 땀에 잘 젖기 때문에 상처를 일으키기 쉬워서 울 양말을 더 선호하지만, 나는 제일 안쪽에는 땀이 잘 배는 얇은 면 양말을, 그 위에는 약간 두꺼운 울 양말을 신어 쿠션이 생기게 했다. 그러나 겨울철에는 안쪽에 면 양말을 신으면 땀이 나서 젖었을 때 동상에 걸릴 수도 있으니 울 양말을 두 켤레 겹쳐 신는 게 보온에도 좋고 발도 푹신푹신하게 할 수 있을 것이다.

- 양말은 반드시 발 크기에 맞는 것이어야 한다. 작으면 발을 죄어 혈액 순환을 방해하고 (겨울에는 동상에 걸린다), 너무 크면 신발 안에서 주름이 새겨서 피부 마찰을 일으켜서 물 집이 생기는 원인이 된다.

- 양말이나 속옷 등 가벼운 빨래거리를 말릴 때 마른 수건에 김밥 말듯 말아서 한 번 꽉 짜 널면 훨씬 빨리 마른다. 수건이 없을 경우에는 신문지로 대체해도 좋다.

비상약

- 국내여행 중에는 그리 많은 약들이 필요없지만 그래도 비상시에 쓸 것들을 챙겨보았다.

- 근육통 진통제(안티프라민, 멘소래담 로션, 제놀), 일회용 밴드, 압박 붕대, 지사제, 진통 제, 감기몸살약, 바르는 마이신, 먹는 마이신, 청심환, 소화제, 입술 연고, 찰과상 연고, 소독용 알코올, 솜, 반창고, 거즈.

- 위스키나 진 등 독한 술 소량(약이라기보다는 혹시 잠이 안 올 때를 대비하여……).

세면도구와 화장품

- 나는 여행 중에 화장은 하지 않지만 기초 화장품인 로션, 영양크림과 SPF15 이상의 자외선 차단제를 발랐다. 땀띠가 난 곳이나 족욕 후 바르는 베이비 파우더도 아주 요긴하게 썼다.

그 외의 물건들

- 다목적 보자기 : 흰색이나 노란색 등 밝은 색이 좋다. 여행 도중 빨랫감을 싼다든지 부득 이 해지고 나서 걸어야 할 때 우산대를 이용하여 깃발을 만들기에도 유용하다.

■ 소창으로 만든 침낭(180cm×90 cm) : 잠자리가 바뀌거나 께름칙하면 잠을 설치는 사람들을 위한 소품. 소창을 이용해 몸이 들어갈 만한 크기로 만들면 어떤 숙소에서도 상쾌한 기분으로 잘 수 있다.

■ 대형 비닐봉지 : 나는 집에서 쓰는 까만 비닐봉지를 가지고 다니면서 비가 올 때 배낭 안에 있는 물건을 우선 여기에 한 번 싸서 넣어두어 짐이 젖지 않게 했다. 산에 가서 쓰레기를 치울 때도 여기에 담아 오면 좋다. 아주 추울 때는 옷 사이에 껴입으면 바람도 막아주고 보온도 된다.

■ 호신용 가스총과 호루라기 : 이번 여행 중에는 가스총을 사용할 일이 한 번도 일어나지 않아 다행이지만 가지고 있으면 마음이 편하다. 시중에서 3만 원 정도면 구할 수 있다.

■ 이 외에 책 한 권, 배낭 방수 커버, 우산, 조그만 손전등, 얇은 보조 배낭(여행 중에 잠시 가벼운 나들이를 할 때 필요하다), 카메라, 휴대폰과 충전기, 반짇고리, 장갑, 성냥, 신문지, 주머니칼, 신분증, 잡동사니 넣는 헝겊 주머니와 투명한 지퍼백을 여벌로 여러 장 가지고 다녔다.

여행 경비

내가 여행했던 1999년에는 세 끼 식사와 간식비, 숙박비를 포함해서 하루에 30,000~35,000원 정도 잡으면 충분했다. 그때 나는 하루 30,000원×50일=150만 원 남짓 들었지만, 두 명 이상 같이 다닐 경우 숙박비를 반으로 줄일 수 있어 훨씬 적게 든다.
게다가 음식을 만들어 먹거나 야영을 할 경우에는 비용을 절반까지 줄일 수도 있다. 그러나 야영이나 취사를 하려면 텐트와 버너 같은 도구를 지니고 다녀야 하며 취사 시간도 만만찮게 걸린다. 돈을 아낄 것인가, 몸과 시간을 아낄 것인가는 각자의 주머니 사정과 체력에 맞게 하면 된다.

4 잘 걷는 법

본문에서도 여러 번 말한 대로 도보여행에서 잘 걷는다는 것은 빨리 걷는 것이 아니라 자신의 속도를 찾아 즐겁게 걷는 것이다. 그러기 위해 꼭 알아두어야 할 사항은 다음과 같다.

■ 걷기 전이나 휴식을 취하고 난 후에는 단 5분간이라도 스트레칭을 하여 근육과 관절을 풀어주어야 한다. 근육이나 관절은 따뜻해진 후에 탄력이 생기고 유연해진다. 스트레칭을 통해 무리한 운동으로 인대가 늘어나는 것 같은 부상을 예방할 수 있다.

■ 내 경우에는 아침에 일어나기 전에 이불 안에서 팔과 다리를 최대한 펴면서 힘껏 기지개를 켰다. 그러고는 특별히 당기는 근육 부위를 중심으로 스트레칭을 했다.
누워서 두 손을 잡고 한쪽 다리씩 안고 있기, 앉아서 양손으로 무릎을 껴안으면서 상체도 같이 굽히기, 일어서서 무릎을 굽히지 않고 허리를 될 수 있는 대로 깊숙이 굽히기, 일어서서 한쪽 다리를 의자나 창틀에 대고 힘껏 펴기, 똑바로 서서 발 앞꿈치로 서 있기 등 평소에 하던 대로, 또 그날 그날 하고 싶은 대로 하면 된다.

■ 걷기 좋은 자세란 몸통을 바로 세우고, 어깨와 엉덩이가 일직선상에 놓이도록 하고, 머리는 똑바로 세우며, 턱은 목 쪽으로 약간 끌어당긴 상태로 걷는 것이다. 그렇다고 군인처럼 뻣뻣하게 걸으라는 얘기가 아니라 힘을 빼고 자연스럽게 하라는 말이다. 고개를 숙이거나 어깨를 움츠리고 걸으면 얼마 가지 못해서 목과 어깨가 아파올 것이다.

■ 리듬에 맞추어 경쾌하게 걷는다. 터벅터벅 혹은 뒤꿈치를 질질 끌면서 걷게 되면 무릎과 등에 무리가 온다. 무릎을 편 채 발 뒤꿈치부터 딛고 나서 발바닥 전체를 땅에 디디는 것이 좋은 자세라고 한다. 나는 팔을 마음껏 휘두르고 걷기만 하면 저절로 경쾌해졌다.

■ 보폭은 평소에 하던 대로, `무릎은 많이 굽히지 않으며, 발을 옮길 때는 가급적 일직선상에 놓이도록 한다. 소위 말하는 11자 걸음이다. 보폭을 크게 하면 빨리 걸을 수 있다고 생각하는데 그것이 자기에게 맞지 않으면 엉덩이를 불균형하게 만들고 무릎에도 무리를

준다. 그러니 자기 걸음 속도와 보폭으로 걷는 것이 얼마나 중요한 일인가.

- 걷기 시작한 후 처음 20~30분은 평소보다 약간 속도를 줄여서 느긋하게 걸으면서 배낭이 균형 있게 잘 싸여졌는지, 뭔가 딸각거리지는 않는지, 신발 끈은 적당히 매어졌는지 등을 확인하는 시간을 갖는다.

- 도보여행 중 얼마 만에 한 번씩 쉬어야 좋은가는 순전히 걷는 사람의 보폭과 속도, 그리고 주변 경치나 그날의 날씨에 달렸다. 1시간에 10분도 좋고, 2시간에 20분도 좋다. 나는 경치가 좋을 때는 30분에 한 번씩도 쉬고, 궂은 날은 5시간 내내 한 번도 쉬지 않고 걷기도 했다. 나는 걷는 도중 휴식을 취할 때면 신발은 물론 양말까지 다 벗고 발을 최대한 편안하게 해주었다. 다리를 배낭에 올려놓아 아래로 몰린 피를 분산시켜주는 것도 잊지 말자.

- 국토종단 중 산을 넘어야 할 때가 있다. 산을 올라갈 때는 신발 끈을 조금 느슨하게, 내려올 때는 꼭 매고 내려온다. 특히 내려올 때 신발에 발끝이 닿게 되면 물집이 생기고 아픔을 느끼게 되므로 양말은 푹신하게 신발은 넉넉하게 신어주어야 한다.

- 도보여행에서 꼭 지켜야 하는 두 가지 규칙

  첫째, 반드시 차가 오고 있는 쪽으로 걷는다. 이렇게 해야만 앞에서 오는 차를 감지할 수 있고, 만약의 사고에 대비할 수 있다. 다시 한 번 강조하지만 차 진행 방향을 따라 걷는 것은 대단히 위험한 일이다.

  둘째, 해가 지고 나면 걷지 않는 것을 철칙으로 한다. 여름에 한여름의 땡볕을 피하느라 부득이하게 걸어야 할 경우에는 밤에도 잘 보이는 흰색 등의 옷을 입어야 하며 흰 깃발을 달아(없을 경우에는 흰 내복이나 보자기로 만든다) 운전자에게 앞에 사람이 걷고 있다는 것을 알려야 한다. 시중에서 구할 수 있는 야광 조끼나 응원용 야광봉도 유용하다. 참고로 도보여행 중 사고는 저녁 어스름에 가장 많이 난다고 한다. 각별히 주의하세요!

다리의 피로를 푸는 방법

- 뭉친 근육은 한시바삐 풀어주는 것이 좋다. 하루의 일과가 끝나는 대로 눈에 띄는 사우나나 숙소의 욕조에 뜨거운 물을 받아 몸을 담그는 등 바로바로 피로를 푸는 것이 상책이다.

- 만약 욕조가 딸린 숙소나 사우나에 갈 수 없다면 간단히 족욕을 하는 것도 좋다. 족욕 시간은 대개 10~20분 정도면 적당하지만 사람에 따라 다를 수 있다. 보통 온몸이 따뜻해지고 겨드랑이나 이마에 촉촉한 정도로 땀이 배거나 허리 언저리가 따뜻하다고 느낄 때까지가 가장 적당하다. 소금이나 겨자가루를 넣으면 더 좋다. 발의 부기를 없애고 피로 회복을 도와 하루의 마감으로 그만이다. 군대에서는 신발창에 생솔잎을 깐다고 한다.

- 목욕이나 족욕 후 벽에 종아리를 올리고 있거나 병으로 종아리를 마사지해주는 것도 큰 도움이 된다.

- 물집 예방 : 도보여행 중에 신발이나 양말이 발에 익숙치 않다든지 갑자기 무리한 행군을 했을 때 발에 물집이 생기는 것은 피할 수 없다. 우선은 예방이 최선이다. 걷기 직전 발 사이사이와 뒷꿈치에 세숫비누를 갈아 넣어두면 마찰을 피하게 해 물집이 생기는 것도 막고 지독한 발 냄새까지 방지할 수 있어 일석이조다. 내가 긴 산행을 할 때 자주 이용하는 방법이다. 여름에는 면 양말을 신기 전에 베이비 파우더를 듬뿍 발라주고, 겨울에 걷게 되면 양말에 마른 고추를 넣어둔다. 피가 잘 통해서 발가락이 시리지 않고 따뜻해져서 좋다.

- 물집 관리 : 일단 물집이 생겼다면 따는 것이 상책이다. 바늘에다 실을 꿰어 물집을 통과시켜서는 실을 그대로 둔 채 끝을 자르고 내버려두면 실을 타고 물이 흘러나와 아침이면 말끔해진다. 이 외에도 저녁에 자기 전에 발 로션을 발라 손으로 꼼꼼히 마사지해준 다음, 브러시로 발을 두드려주는 것도 좋은 발 마사지법이다. 걷는 사람에게는 발이 제2의 심장이라는 것을 늘 명심하시길!

- 가끔씩 무릎이 아플 때도 있다. 나는 저녁에 뜨거운 물수건을 만들어 무릎 마사지를 하고 근육 로션을 듬뿍 발라 압박 붕대로 감았는데, 제법 효과가 있었다. 물론 밤새도록 압박 붕대를 감아놓으면 혈액 순환이 제대로 되지 않아 발이 붓게 된다. 국토종단 후반부에는 무릎에 충격을 덜 주기 위해 운동선수용 인대 보호대를 했다.

- 쥐가 났을 경우 : 쥐는 평소에 잘 걷지 않는 사람이 한꺼번에 많이 걸으면 근육이 갑자기 수축해 단단해지면서 나타나는 현상이다. 발바닥이나 종아리에 많이 나는데, 쥐가 나면 우선 쥐가 난 부위를 더운 물에 담그는 것이 제일 좋다. 그럴 수 없는 경우에는 쥐가 난 부분이 아니라 그 윗부분을 부드럽게 마사지하여 혈액 순환을 돕는다.

5 도보여행 중의 식생활

■ 며칠씩 계속 걷는 데는 대단한 열량이 소모된다. 예를 들어 체중이 60킬로그램인 성인 남자에게 하루에 필요한 에너지가 2,500칼로리인데, 중노동을 할 때는 약 3,000~3,500칼로리, 일정한 속도로 걸을 때는 4,000칼로리 이상이 필요하다고 한다. 하루에 이만큼의 열량을 공급하는 것은 쉽지 않은 일이다. 그래서 나는 여행 내내(특히 초기에) 하루 종일 배가 고팠다.

■ 영양학 교과서에서 말하는, 걷는 사람을 위한 바람직한 영양소 비율은 탄수화물 50~60%, 지방 20~30%, 단백질 10~20%이다. 따라서 탄수화물 중심으로 식사를 하되 기력을 돋을 수 있는 고단백 음식을 섭취하고 가능한 한 규칙적인 시간에 식사하는 것이 중요하다. 오랫동안 끓인 탕이나 푹 삶은 찜보다는 짧은 시간 센 불에 요리한 고기를 먹는 것이 좋다고 한다. 도보여행 중 종합영양제도 함께 복용해 부족한 영양소를 채워주는 것이 좋다.

■ 나는 우선 밥을 평소보다 1.5배로 많이 먹고, 평소에는 즐기지 않는 고기를 3일에 한 번 정도는 먹었다(죽을 뻔했다!). 고기 외에도 고단백 섭취를 위해 아침에 우유와 떠 먹는 요구르트를 마셨고, 걸으면서는 두유를 물 대신 마시기도 했다. 또 간간이 추어탕 등 '보양강장식'도 눈에 띄는 대로 틈틈이 먹었다.
충분한 비타민C 섭취도 중요하다고 들어서 저녁식사 후에는 과일을 꼭 먹으려고 노력했고, 그것만 가지고는 부족할 것 같아서 비타민C의 보고라는 감잎차를 하루 두 잔 정도 마셨다. 약국에서 파는 빨아 먹는 비타민C 정도 주머니에 넣고 다니면서 심심할 때마다 먹었다.

■ 물은 약간 과하다 할 정도로 마셨다. 전문가들은 목이 마르기 전에 물을 미리미리 마셔두라고 권한다. 나도 하루에 2~2.5리터 정도는 마신 것 같다.

■ 그러나 물을 많이 마시다 보면, 특히 여름철에는 평소보다 땀을 더 많이 흘리므로 '저나트륨혈증'이 나타날 수 있다. 나트륨은 체내 수분량을 일정하게 유지하는 역할을 하는데, 물을 지나치게 섭취하거나 땀을 많이 흘리면 혈액 중 나트륨이 부족하게 되어 집중력이 떨어진다든지 쥐가 나든지 근육무력증이 생긴다. 이를 방지하기 위해서는 음식을 평소보

다 짜게 먹거나, 소금을 한 움큼 입에 넣고 물을 마신 다음 녹여서 삼키면 된다.

- 비상식량으로 나는 땅콩이나 육포, 건포도, 사탕, 곡물 비스킷, 초콜릿, 양갱 등을 늘 조
  끼 주머니에 넣고 다녔다. 그러나 과자나 간식, 청량음료 등은 오히려 입맛을 떨어뜨릴뿐
  더러 소화 기능을 저하시켜 복통이나 설사를 일으킬 수도 있으므로 가급적 먹지 말라고
  한다(그런데 혼자 걸으면서 어떻게 군것질을 안 할 수 있단 말인가!).

- 하지만 하루의 열량이나 영양소 비율을 엄격하게 따지지 않고, 여행하는 지방의 독특한
  먹을거리를 맛보는 것도 여행의 즐거움이 아닐까.

6 한비야가 추천하는 도보여행 베스트 코스

이번 국토종단 길 중에서 1박 2일이나 2박 3일 정도의 기간으로 초보자들도 부담 없이 즐기면서 걸을 수 있는 코스를 도별로 골라보았다. 가는 길은 적당히 오르막내리막이 있어 지루하지 않고, 너무 으슥하거나 번잡하지 않으며, 호수나 바다, 계곡, 산이 있는 길을 택했다. 20~25킬로미터 정도가 하루 코스로 걷기에 알맞다(해당 구간에 대한 자세한 내용은 본문을 참고하길 바란다).

전라도 길

1) 해남 땅끝마을부터 영전을 거쳐 남창까지 약 24킬로미터

특징 : 오르락내리락하며 바다와 숨바꼭질하는 호젓한 시골길. 바닷바람, 솔바람이 일품이다. 오른편엔 섬들이 동동 떠 있는 다도해, 왼편으로는 두륜산과 달마산이 보인다.

잘 곳과 먹을 곳 : 여름철이라면 길을 따라 민박집들이 있다. 근처에 마땅한 숙소가 없다면 강진까지 차를 타고 가서 시내에서 1박을 한 후 다음 날 어제 끝낸 자리까지 돌아가 다시 시작하면 된다. 식사는 국도변 시골 '가든'에서도 좋지만 허름한 동네 식당의 음식도 맛깔스럽다.

2) 전라남도 담양읍에서 금성을 지나 전라북도 순창까지 약 25킬로미터

특징 : 그 유명한 메타세쿼이아 가로수 길을 볼 수 있다. 특히 담양에서 금성까지의 길은 양편의 가로수가 머리를 맞대고 있어 나무 터널을 이룬다. 여름에 걸으면 시원할 거다. 다른 길도 야트막한 산과 논밭이 어우러진, 아기자기한 농촌 풍경을 맛볼 수 있다.

잘 곳과 먹을 곳 : 순창읍으로 오면 숙소가 있다. 이 구간은 담양 떡갈비 등 토박이 먹거리를 먹어봐야 하지 않겠는가.

경상도 길

1) 문경새재 입구에서 조령 제3관문을 지나 안보까지 약 18킬로미터

특징 : 걷는 사람을 위한 길이다(조령 제1관문부터 제3관문까지는 자동차가 다니지 않음). 산 사이 계곡을 따라 걷는 즐거움도 있고, 흙길을 맨발로 걸어보는 것도 좋다. 제3관문에서 안보까지는 내리막길이다.

잘 곳과 먹을 곳 : 제3관문 근처에는 식당도 있고 호텔도 있고 '영업용' 민박집도 여러 곳 있다.

2) 경상북도 황간에서 삼포, 낙서를 거쳐 상주까지 약 45킬로미터

특징 : 내륙으로 깊숙이 들어왔다는 느낌의 오르막내리막 길. 시골 오지의 정취를 물씬 느낄 수 있다.

잘 곳과 먹을 곳 : 황간이나 상주에는 숙소가 있으나 그 사이 마을들은 너무 작아서 묵을 곳이 마땅치 않다. 삼포와 상주 사이에는 변변한 구멍가게도 없으니 간식과 비상식을 단단히 준비하고 떠나라(이런 점이 이 길의 장점이기도 함).

충청도 길

1) 안보에서 미륵사지를 거쳐 월악산 송계계곡을 따라 걷는 약 30킬로미터

특징 : 빼어난 산세의 월악산 국립공원을 내 정원인 양 거니는 즐거움을 맛볼 수 있다. 하루 종일 포근하게 산 안에 안겨 있는 듯한 느낌이다.

잘 곳과 먹을 곳 : 미륵사지 근처에는 민박촌과 음식점이 있고, 송계계곡을 거의 내려오면 식당이 여러 곳 있다.

2) 월악 나루터에서 숫갓, 봉화재를 거쳐 오티, 청풍, 금성까지 가는 약 40킬로미터

특징 : 국토 도보여행의 하이라이트 중 하나. 숫갓에서 오티로 가는 길은 산속 오솔길 느낌이다. 거기에서 좀더 걸어가면 나지막한 산에 둘러싸인 청풍호가 한눈에 보이는 아주 아름다운 길이 펼쳐진다. 중간에 충추호 수몰 때 잠긴 유적과 민속 자료를 모아놓은 민속촌이 있다. 대한민국 사람이면 일생에 한 번은 반드시 걸어보아야 하는 길이라고 생각한다.

잘 곳과 먹을 곳 : 물태리에는 여관이 있고, 금성으로 가는 도중에도 도로변에 묵을 만한 곳이 나타난다. 호숫가여서인지 횟집도 많다.

강원도 길

1) 오대산과 구룡령을 넘어 양양군으로 가는 길(2박 3일 코스)

국토종단 맛보기를 해볼 사람들에게 권하고 싶은 코스다. 한꺼번에 3일을 걸을 수 없다면 이 주일에 걸쳐서 해도 좋을 길이다.

① 첫째날은 월정 삼거리→월정사→상원사 혹은 적멸보궁까지 약 20킬로미터

특징 : 울창한 전나무숲과 시원한 오대산 계곡이 마음까지 상쾌하게 해준다.

잘 곳과 먹을 곳 : 상원사 밑에 민박집도 있고, 상원사나 적멸보궁 밑 사자암에서도 숙식을 할 수 있다(불교 신자가 아니라도 상관없다).

② 둘째날은 적멸보궁에서 북대사를 거쳐 명개리까지 18킬로미터＋다시 구룡령 정상까지 약 30킬로미터

특징 : 남한에서 네 번째로 높은 산을 길 따라 걸으며 온 산을 만끽할 수 있다. 명개리부터 시작되는 오르막을 올라가다 보면 어느새 주위의 산들과 어깨를 나란히 하고 걷게 된다.

잘 곳과 먹을 곳 : 출발해서 도착할 때까지 아무것도 없는 산길이라는 것을 명심하시길. 아침 공양을 일찍하므로 밥을 잔뜩 먹고 출발하고, 상원사 입구 가게에서 점심과 간식거리를 든든히 준비해야 한다. 구룡령 휴게소에 도착하면 간단한 식사를 할 수 있다. 이 구간에는 묵을 곳이 따로 없으니 이날의 최종 목적지에 도착하면 거기에서 차를 얻어 타고(시외버스도 거의 다니지 않는다) 갈천까지 나가야 한다.

③ 셋째날은 구룡령 정상에서 미천계곡, 서림을 거쳐 논화까지 약 30킬로미터

특징 : 전날 올라온 만큼 내려가는 길. 내려다보는 경치가 일품이다. 내리막이 끝나면 바로 아름다운 계곡이 시작되고 정다운 시골 풍경이 펼쳐진다.

잘 곳과 먹을 곳 : 길가에 '가든'이나 가게가 많고 숙소도 있다. 좀더 다양한 먹을거리나 고급 숙소를 찾는 사람은 논화에서 양양으로 가는 것이 좋다.

2) 평창군 주천에서 판운, 평창, 대화를 거쳐 이목정까지 약 50킬로미터

특징 : 구불구불 산길과 아름다운 평창강을 끼고 도는, 참으로 사랑스러운 길이다. 이틀 정도 산과 강이 어우러진 한 폭의 동양화를 보고 걸을 수 있다. 우리나라를 왜 금수강산이라고 일컫는지 알게 해주는 길이다.

잘 곳과 먹을 곳 : 여름철이라면 개인 민박집이 많지만, 다른 때라도 어렵지 않게 숙소를 구할 수 있다. 길가에 '가든'들도 심심치 않게 있다.

3)고성군 간성에서 마차진을 거쳐 통일전망대까지 약 22킬로미터

특징 : 바닷바람을 맡으며 걷는다. 이따금씩 해변에서 쉬어가는 재미도 있다. 휴전선을
향해 가고 있어서인가, 뭔가 장엄한 기분이 드는 길이다.

잘 곳과 먹을 곳 : 도로변에 민박 등 각종 숙박 시설이 있고, 바다 횟집이 즐비하다.

★ 보너스로 한 곳만 더

이번 국토종단 코스에는 끼어 있지 않지만 도보여행 하면 빼놓을 수 없는 곳을 소개한
다. 평창군 하진부에서 국도 405번을 따라 나전을 거쳐 정선까지 혹은 아우라지까지 가
는 약 40킬로미터 길이다. 느긋한 1박 2일 코스로 적극 추천하는 기가 막힌 곳.

특징 : 오대천, 조양강을 낀 구불구불 계곡과 산을 보며 걷는다. '포근한' 강원도의 진면
목을 맛볼 수 있는 길이다. 온갖 새소리와 들꽃, 나무 향기에 하루가 언제, 어떻게 가는
줄도, 몸이 피곤한 줄도 모른다.

잘 곳과 먹을 곳 : 도중에 영업용 민박집도 있고 식당도 많다.

바람의 딸, 우리 땅에 서다

첫판   1쇄 펴낸날 1999년 11월 11일
개정판 28쇄 펴낸날 2011년 6월 10일

지은이 한비야
펴낸이 김혜경
기획편집부 이재현 이진 김미정 김교석 이다희 백도라지 윤진아
디자인팀 서채홍 김명선 권으뜸 지은정
마케팅팀 김용환 문창운
홍보팀 윤혜원 김혜경 오성훈 강신은
경영지원팀 임옥희 양여진

펴낸곳 (주)도서출판 푸른숲
출판등록 2002년 7월 5일 제 406-2003-032호
주소 경기도 파주시 교하읍 문발리 파주출판도시
       529-3 푸른숲빌딩, 우편번호 413-756
전화 031)955-1400(마케팅부) 031)955-1410(편집부)
팩스 031)955-1406(마케팅부) 031)955-1424(편집부)
www.prunsoop.co.kr

ⓒ 한비야, 1999

ISBN 89-7184-475-2 03810